2ᵉ Année.   6 Décembre 1850.

LES

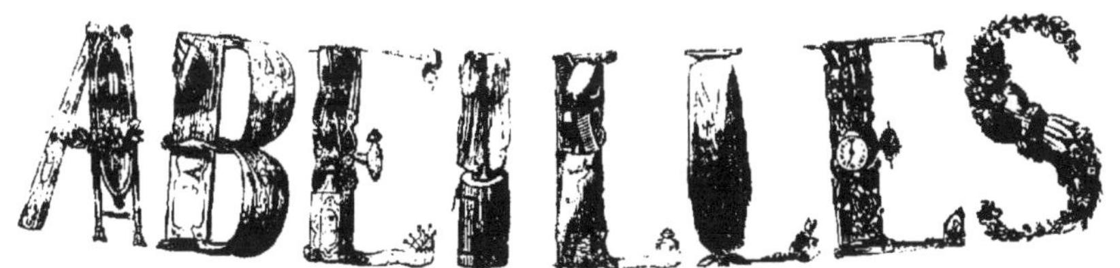

PARISIENNES

ILLUSTRATION DE L'INDUSTRIE COMFORTABLE

PAR

Mᵐᵉ Constance Aubert.

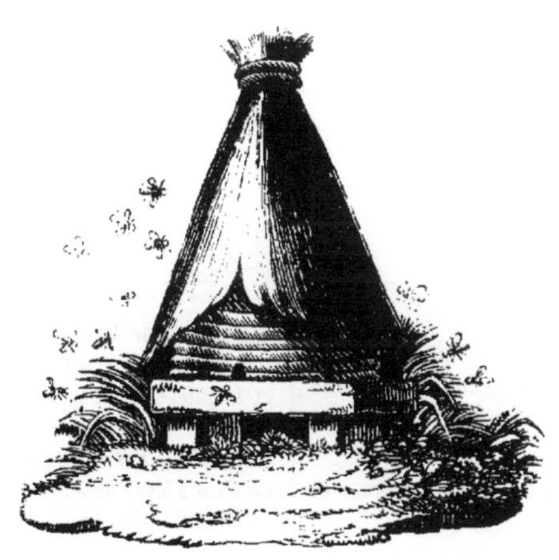

PARIS

Magasin de Léon Bidau et Cⁱᵉ, *boulevart des Italiens, 19;*

Maison du Cosmaceti, *rue Vivienne, 55*

MAISONS SPÉCIALEMENT RECOMMANDÉES.

Alexandrine	*Modes*	rue d'Antin, 14.
Aumoitte	*Graveur*	passage des Panoramas, 7.
L. Bidau	*Calorifères*	boulevart des Italiens.
Blétry	*Cachemires français*	rue Richelieu, 102.
Blum frères	*Vêtements pour hommes et enfants*	rue Montmartre, 139. Villes e Suisse.
Bona	*Dessinateur*	place de la Madeleine, 10.
Clémençon (Madame)	*Corsets*	rue du Port-Mahon, 8.
Cazal	*Cannes et ombrelles*	boulevart des Italiens, 27.
Cosmacéti	*Vinaigre de toilette*	rue Vivienne, 55.
Constantin	*Fleurs artificielles*	rue d'Antin, 7.
Demy-Doineau	*Étoffes pour meubles*	rue Vivienne, 16.
Duvelleroy	*Éventails*	passage des Panoramas, 17
Eau Napoléon	*Eau de toilette*	place Vendôme, 23.
Froment-Meurice	*Joaillier*	rue du faubourg Saint-Honoré, 52
Groult	*Pâtes*	passage des Panoramas, 3.
Guerlain	*Parfumeur*	rue de la Paix, 15.
A. Giroux	*Papeterie*	rue du Coq Saint-Honoré.
Julien	*Fleurs artificielles*	rue Montmartre, 167.
Kiesel	*Tapissier*	boulevart du Temple, 33.
Laboulée	*Parfumeur*	rue Richelieu, 83.
Lachaume	*Fleurs naturelles*	rue de la Chaussée-d'Antin, 46
Lenègre	*Relieur*	rue Saint-Germain-des-Prés, 11.
Mansard	*Grès de Voisinlieu*	rue Richelieu, 93.
Marion	*Papetier*	cité Bergère, 14.
Masson	*Chocolat*	rue Richelieu, 28.
Mercier Limet	*Boulanger-pâtissier*	rue Taitbout, 44.
Montel Galy (Madame)	*Modes*	rue Choiseul, 17.
Piffaut (Madame)	*Robes*	rue de la Chaussée-d'Antin, 52
Rudolphi	*Bijoutier*	rue Tronchet.
Sajou	*Ouvrages et dessins*	rue Rambuteau, 52.
Savary et Mosbach	*Diamants faux*	rue Vaucanson, 4.
Tahan	*Coffrets et meubles*	rue de la Paix, 32.
Thomas	*Argenture*	boulevart des Italiens, 10.
Trois-Quartiers	*Nouveautés*	boulevart de la Madelaine.

HOTEL DU HELDER,

Rue du Helder, 9.

Appartements et chambres meublés. Service actif et intelligent. Proximité du boulevart, de la Bourse, de l'Assemblée, des théâtres ; très-bonne table.

On trouve dans l'hôtel même un restaurant et des voitures de remise.

EAU NAPOLÉON.

Place Vendôme.

Eau de toilette d'un parfum très-agréable et d'un usage salutaire. On l'emploie pour les bains et différents usages hygiéniques.

MERCIER LIMET,

Rue Taitbout, 44.

Boulangerie fine, petits pains de toutes sortes, et tout ce qui tient le milieu entre le pain et le gâteau à l'usage des déjeuners et du thé du soir. Muffings. Pâtisserie de table. Galette de ménage. Petits Fours pour dessert. — *Spécialités* : Messinois, saint-honorés au café et au chocolat pour entremets. Gelées, macédoines glacées.

P. SYSTERMANS,

Rue Fontaine-au-Roi, 17.

Facteur de pianos. Réparations, Locations, Echanges et Accords, Service prompt et exact.

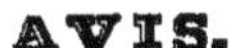

AVIS.

Les personnes dont l'abonnement est expiré, sont priées de le renouveler pour éviter tout retard dans l'envoi du Journal.

Le prix de l'abonnement doit être adressé à Mme C. AUBERT, *rue Bourdalone*, 9, personnellement et *franc de port*, en un mandat sur la poste. Dans Paris, s'adresser aux divers bureaux qui reçoivent l'abonnement aux ABEILLES.

Deuxième Année.

Les changements qui sont faits aux *Abeilles*, — les améliorations que j'ai cru devoir y apporter, ont occasionné un retard dans le service.

Le renouvellement ne datera que du présent numéro, 25 novembre. — Le mode de publication est remis comme par le passé à une fois par mois, et le prix est fixé à 6 fr. par an.

L'agrandissement du format, l'addition des dessins, m'ont paru un attrait plus réel que la multiplication des livraisons.

Quant au but du journal, il reste le même : c'es^t un recueil d'*enseignements* et de *renseignements*. C'est le guide théorique et pratique de celui qui veut apprendre de loin les secrets de la vie parisienne, de cette vie comfortable qui double les avantages de la fortune et qui y supplée.

Je n'ai pas l'intention de faire ce que l'on appelle un journal de modes. Les *Abeilles* sont une publication sérieuse.

Sérieuse est le mot, car elles traiteront toutes les questions qui doivent intéresser la femme, depuis le joujou avec lequel s'amusera son enfant, jusqu'à l'oreiller de malade sur lequel peut reposer la tête de son vieux père ; depuis la guirlande de fleurs que portera sa fille un jour de bal, jusqu'à la robe de chambre chaude dans laquelle elle s'enveloppe elle-même au coin de son feu.

Tout le monde connaît les secrets de la vie fashionable. Il suffit d'aller de loin en loin dans le monde, de choisir chez *Constantin*, chez *Froment Meurice*, les parures d'un grand prix, se faire habiller par *Palmyre* et *Félicie*, pour être à la hauteur de la première élégance.

Mais le comfortable a des jouissances et des difficultés bien plus réelles. Ce ne sont pas des succès accidentels qu'il procure, c'est l'intérieur qu'il modifie. Le premier ne s'adresse qu'aux fantaisies ; le second a pour but d'éloigner ces gênes journalières dont on souffre continuellement sans s'en apercevoir, ou du moins que l'on croit inévitables jusqu'au jour où l'on a appris à les éviter.

L'élégance ne doit jamais passer qu'après le le comfort.

Voici pour l'enseignement.

Quant aux renseignements, c'est en cherchant moi-même la vérité que je pourrai vous l'enseigner. — C'est en étudiant la valeur des renommées, sans préjugés comme sans prévention, que mon conseil sera sincère et utile.

J'ai ajouté à mon titre : *Abeilles parisiennes*, celui de : *Illustration de l'industrie comfortable*, parce que, pour donner de l'attrait à une rédaction souvent aride, mon projet est d'y joindre, à l'occasion, un objet de goût auquel ma description ne serait pas suffisante.

Le crayon me viendra en aide.

MODES DE NOVEMBRE.

Voici le velours et les fourrures. — Voici le drap et le feutre. — L'hiver n'a plus rien à nous apporter.

Les étoffes de soie sont d'une si grande richesse que pour la ville en négligé on a adopté généralement le drap de fantaisie. Il permet du reste des détails élégants, et la femme de goût sait en faire une toilette de distinction.

A la ville, les formes de corsage semblent se fermer. Les basquines qui font une taille d'Andalouse et **habillent** à ravir, sont boutonnées sur la poitrine; la manche est plus ou moins ouverte, mais toujours assez pour laisser sortir la manche blanche.

Cette basquine se porte dans la chambre, mais dehors elle est cachée par le paletot ou le manteau.

Il résulte du changement de température, des corsages fermés et des manches resserrées, que la lingerie a un peu changé. Les fichus à jabots sont très en usage, et les manches doivent se terminer par un haut poignet ou un bouillon, fermé à la main; à moitié de hauteur, à peu près, on pose souvent une garniture qui figure la manche pagode et accompagne l'avant-bras.

Mme **Od** a déterminé la forme des chapeaux. Ce sont les formes capotes très-abattues sur le derrière de la tête, quelquefois à coulisses comme la passe, souvent aussi en coiffe de bonnet, à larges plis formant bavolet.

Les couleurs fumée, caramel, café, ces teintes graves et harmonieuses, sont distinguées et vont avec tout. A l'exception du noir, il n'y a dans les couleurs foncées que ces nuances douteuses qui puissent aller avec toutes les toilettes.

Les ornements intérieurs sont très-volumineux; la figure est richement accompagnée par les fleurs qui remplissent ces passes, évasées comme une auréole.

Le feutre, lorsqu'il est très-beau, avec un arrangement très-simple, peut être de bon goût; mais il faut que le feutre en lui-même soit de très-belle qualité, ainsi que les plumes posées dessus, et qu'il réponde à la pensée d'une simplicité sérieuse.

Le velours épinglé est fort en faveur.

La peluche revient, et je le consigne avec plaisir.

En général, le mélange est adopté. Il est rare que le velours de soie ne soit pas mêlé au velours épinglé ou au satin; que le satin n'ait pas des accessoires de blonde ou de rubans, et enfin que, dessous, les fleurs ne soient pas confondues aux rubans.

Chaque maison a ses modes à elle. **Alexandrine** n'a pas accepté certaine façon prononcée; ses calottes restent toujours un peu soutenues, et e trouve qu'elles ont un comme il faut tout aussi

coquet et moins de laisser aller. Le véritable talent d'Alexandrine est son originalité et la manière large dont elle exécute sa propre pensée. Ses charmantes capotes en velours plain ou velours épinglé, avec la passe à hautes fronces sur le devant, sont plus habillées que les capotes ordinaires et très-élégantes; elle met dessous de larges nœuds en rubans de plusieurs teintes, ou d'énormes touffes irisées, ou encore un charmant mélange de fleurs et *rubans irrégulièrement posés autour du visage.* Ses capotes en velours et satin et ses chapeaux de visite en velours épinglé, à plumes, ont en même temps la grâce qui sied à la jeunesse et la sobriété de détails qui constitue le bon goût.

Il est sorti ces jours derniers, de chez *Alexandrine,* un chapeau de mère, en velours capucin avec des dessous en ruban irisé bleu, et deux capotes de jeunes filles, dont l'une, moitié satin, moitié velours épinglé rose, avait dessous des cocardes en rubans rose irisés; l'autre, en *velours épinglé blanc, un ornement de côté* en velours girofflée. Il était difficile de réunir trois genres plus divers, tous trois charmants.

Les coiffures du soir n'ont aucun nom. Ce ne sont plus des bonnets, et cependant elles sont faites comme jadis les bonnets en blonde, rubans et fleurs.

Ce qu'il y a, c'est qu'une jeune femme peut porter de délicieuses coquetteries, telles que jamais la toilette n'en avait connu. Ces touffes de fleurs accompagnant la figure sont bien plus seyantes que les masses de dentelles et rubans.

Mme **Montel Galy** sait disposer avec un art tout spécial de gracieuses branches de fleurs soutenant un fond de dentelle, et je sache peu de maisons qui entendent aussi bien la parure du soir. Nous trouvons chez elle de charmantes petites coiffures en velours et plumes qui coiffent avec noblesse et complètent une toilette sérieuse : souvenir de la châtelaine, qui reste impérissable à très-peu de variations près dans nos modes françaises.

Mme Montel Galy a fait ces jours derniers un bonnet de blonde avec des fleurs et des rubans souci, qui sera certainement souvent répété cet hiver.

Les bottines à claques vernies, boutonnées sur le côté, sont adoptées pour la chaussure de ville, quand on ne porte pas de caoutchoucs.

Les gants en daim ou castor sont les plus distingués pour le négligé, quoique beaucoup de femmes élégantes portent les gants de Suède en toutes saisons. Quant aux gants de chevreau, leur faveur a encore une longue durée ; ils vont bien à la main, et à présent leur prix est très-raisonnable.

Il y a bien encore les gants de drap, mais ceci doit être pris comme économie ou soin hygiénique ; ce n'est pas une mode.

Les manteaux sont un des points les plus importants de la toilette. Mais je n'en dis rien ici pour m'en occuper spécialement tout à l'heure.

DES MANTEAUX.

Il faut se servir de ce mot adopté pour généraliser tout ce qui se porte comme vêtement pardessus, pour sortir, et même aujourd'hui à la chambre.

L'impérissable manteau conserve d'ailleurs toute la faveur d'estime qu'il mérite ; il revient chaque année sous une forme nouvelle et rajeunie. Les talmas, les collets, sont réellement ce que je dois désigner par le nom de manteau. Puis viennent les paletots, les casaques et les pardessus, variés par des nuances dans la coupe, ayant généralement des manches, et enveloppant la personne presque complétement.

La pelisse convient aux femmes qui ont passé jeunesse, et sa forme s'arrange des fourrures en bordures.

Les dentelles ne sont plus guère en harmonie avec les toilettes de ville. A mon avis, la dentelle ne va pas sur les robes d'hiver dans la rue, à moins qu'il ne fasse très beau, que la femme qui les porte ne soit très élégante et qu'elle descende de sa voiture.

Mais une dentelle mesquine avec de la soie ou du velours retombant sur une robe de laine, me paraît un anachronisme de mauvais goût.

Pour les femmes très simples, il y a des vêtements de fatigue tout à fait élégants, en drap, bordés de galons plats ou de galons froncés. C'est aussi le vêtement de jeune personne, pardessus, paletot ou mantelet.

La forme mantelet, formant le châle par devant, arrondi par derrière, quoiqu'assez long, et un peu échancré sur le bras, est excessivement gracieuse et distinguée. En disant gracieuse, je n'entends pas ce que beaucoup interprètent par le mot dégagé, coquet : — cette forme au contraire est un peu lourde et embarrasse les mouvements ; mais elle donne à la personne une extrême distinction, et il faut d'ailleurs se sentir en soi-même une certaine bonne grâce pour la choisir et comprendre que l'on saura la porter.

Il y a des espèces de mantes en casimir à deux ou trois rangs de hautes garnitures pareilles qui vont à merveille à des tailles élancées.

J'ai rencontré une de ces mantes en casimir gris de fer : vrai type de toilette à reproduire.

Le velours est souvent garni de très hautes franges ; souvent aussi brodé en soie ronde, avec ou sans mélange de galons et de passementerie.

Depuis quelque temps les femmes les plus vraiment élégantes ont adopté certaines fantaisies qui donnent aux premières personnes qui les adoptent, l'aspect d'étrangères. Les broderies de jais sur le velours auraient été regardées comme du plus mauvais goût il y a seulement un an, et cette année les femmes les plus distinguées les mettent à la mode.

Les justaucorps en velours brodés d'or, tout à fait dans le genre des vestes orientales, ne sont pas portés généralement, mais ils le sont par les femmes qui font autorité. Plus d'une raison leur garantit qu'ils ne tomberont pas dans le vulgaire : leur prix et leur excentricité. Il n'y a pas beaucoup de budgets féminins qui mettent quatre ou cinq cents francs à un petit corsage de fantaisie, et surtout il n'y a pas beaucoup de femmes dont les toilettes soient de nature à l'accepter.

Je n'en ai pas encore vu d'aussi jolies que celles faites il y a peu de jours par Madame **Dreué Buc** pour Mesdames de T. L'une était en velours noir et l'autre en velours gros-vert. Les broderies étaient en même temps riches et délicates.

Certes, cette mode dépasse le luxe des dentelles de l'été. Car, en résumé, une dentelle se retrouve, c'est une acquisition qu'on peut utiliser ; mais ce justaucorps brodé d'or est réellement un caprice, et c'est la splendeur dans toute son expression.

ÉTOFFES ET NOUVEAUTÉS.

Magasin des Trois-Quartiers, boulevart de la Madeleine.

Voici qui peut compléter une revue des modes. Nous allons de ce point de vue embrasser d'un coup d'œil général tout ce qui tient à la toilette, et en même temps prendre une idée des prix les plus consciencieux qu'il soit possible de rencontrer.

Le magasin des **Trois-Quartiers** a la double ambition de s'attacher une clientèle fidèle, en lui offrant constamment les plus belles nouveautés, taxées à des prix qu'on ne retrouve nulle part. Beau choix et bon marché : voilà ce que je puis vous signaler et ce qui m'engage à m'arrêter dans cette maison, où nous allons voir des choses qui méritent examen.

Je dois vous parler des *draps* pour robes de ville. Quoique leurs définitions soient fort difficiles, les draps étant unis et les nuances toutes dans les teintes foncées, cependant je veux vous engager à les juger vous-mêmes. Les draps de *Paris*, les draps *Chambord*, les draps *Montpensier*, paraîtraient semblables si j'essayais de vous les décrire. Néanmoins, ils offrent une différence sensible à l'œil. Les couleurs préférées sont : café brûlé, fumée, tabac de Manille, vert myrte, vert des bois, mousse, gris de fer et enfin noir.

En étoffes de laine, il y a de fort jolies fantaisies à carreaux écossais. Indépendamment des popelines, qui se portent beaucoup, il y a des mélanges de laine et soie et des croisés de laine d'un effet charmant, comme réunion de couleurs. Le valancias satiné est une charmante demi-toilette de jeune personne.

Laissons de côté les flanelles et les tissus de laine façonnés, bien que ce soit une injustice de ma part, car je les ai fort admirés en passant. Mais c'est que nous avons longtemps à rester devant les étoffes de soie, dont je veux vous donner une idée exacte à peu près générale, et fixer, pour ainsi dire, votre choix à l'avance.

Commençons par ces magnifiques étoffes hors ligne, les moires antiques chinées, richesses splendides qui semblent avoir pris de capricieux

dessins de fleurs pour conserver la fantaisie de la jeunesse ; des bouquets de roses et d'anémones, jetés sur un fond rose ou gris ont un caractère tout-à-fait vieille mode. Une autre à bouquets de fleurs, jetés sur un fond blanc entre des raies bleues, a un cachet de parure plus sérieuse ; puis, enfin, une des plus jolies est en noir de vert, sur lequel des bouquets genre V glacé à ramages délicats, se détachent en nuances pures et précises.

Plus riche encore, une noire sur fond antique, fond noir, à bouquets de couleur brodés : c'est magnifique comme étoffe, charmant comme travail ; — et le prix de 42 fr., quelque élevé qu'il soit, est véritablement justifié. Les premiers ne valent guère que de 25 à 32 fr. le mètre.

Pour robes de grandes réceptions, les lampas à dessins cerises ou bleus laissent sur le fond blanc, uni ou façonné, une teinte vague comme un reflet, ravissant aux grandes lumières. Ce sont encore des robes chères ; elles varient de 29 à 39 francs. — Du reste, tout ce dont je viens de parler a une largeur de 90 centimètres.

Le lampas est une étoffe admirable : c'est le luxe de la fabrication habile. — Je veux vous en recommander un qui semble pris dans quelque garde-robe de vieux château féodal. Il est traversé par un ramage couleur vin de Bordeaux, feuillage riche d'une foule de petites roses en toutes nuances, vertes, roses, lilas, or, bleu, se détachant sur un fond noir. — Je ne puis rien imaginer de plus souriant à l'œil que cette étoffe sérieuse, et son prix de 28 fr. la recommande pour les obligations qui se multiplient.

A peu près dans les mêmes exigences, j'ai remarqué le taffetas Ivanhoë, dont une délicieuse pièce est, à mon avis, un fond café à ramages damassés, couleur sur couleur, entre lesquels sont jetés des bouquets assez prononcés paille et bleu, au travail spouliné brillant, en relief comme une broderie.

Mais tout ceci est pour les exceptions. Quoique les prix de 25 à 42 fr. le mètre soient réellement, par comparaison, peu élevés, ils éloignent encore bien des désirs. — Il faut donc passer de là à quelque chose qui soit abordable par la généralité.

Les **Trois-Quartiers** ont en ce moment de

ces choix que l'on peut bien appeler des occasions : occasions rares et précieuses, je puis le répéter.

Voyez donc ses étoffes façonnées , dont je vais essayer une courte description : des dessins guipure, mélanges de fleurs et dentelle à effets glacés, très-belle soie cuite et durable ; de nuances foncées pour le jour ou le négligé , comme vert et noir ; — de nuances tendres pour le soir, comme gris et lilas ; — le taffetas liseron , espèce de lampas à fond glacé, — et des pékins à larges raies, selon la nuance, pour robes de ville ou robes du soir ; bleues ou roses, larges et inégales sur fond blanc ; raies de plusieurs couleurs sur fond de couleur foncée. Tout ce que je viens de mentionner, très-belle largeur de soie , ne coûte que 5 fr. 90 c. — C'est inouï. — C'est une de ces tentations auxquelles les femmes raisonnables ne résistent pas, parce que c'est un argent parfaitement placé. Qu'a-t-on en robe habillée pour 60 fr.? — Celles-ci sont charmantes , fort belles et distinguées. Encore une fois, j'insiste pour vous donner le désir de les voir.

Taffetas satinés , à petits carreaux de toutes nuances ; — popelines-taffetas à carreaux satin et reps à fleurs. Vous pouvez avoir de fort jolies petites robes de dîner ou de jeunes personnes.

Enfin , une moire antique , à 12 fr. le mètre, large de 90 centimètres , est précieuse pour parures du soir. Elle est aussi brillante, aussi chatoyante, aussi soutenue que ces pompeuses moires de 28 fr. D'où vient donc la différence? C'est que la trame est en coton. — Peut-être , direz-vous, n'aura-t-elle pas tout-à-fait autant de durée? — Je ne sais, mais elle sera belle longtemps ; et la durée d'une moire rose ou blanche tient à son éclat plus qu'à sa solidité.

N'est-ce pas une jolie robe de mariée, riche et de peu d'importance en même temps?

Avant de quitter le magasin des *Trois-Quartiers*, il y a deux spécialités auxquelles nous devons une attention particulière : la lingerie et les manteaux.

Il y a quelques jours, les femmes de goût admiraient un trousseau fort simple en apparence , mais disposé avec cette science vraie du beau qui laisse loin derrière elle l'essai de quelques fantaisie. Le linge en fine toile de Hollande garnie

de valenciennes ; les jupons , les camisoles brodées ; les mouchoirs en magnifique batiste, dont la plupart avec un simple ourlet à jours : tout était empreint d'un cachet de réelle distinction. — Il y a dans la recherche de tout ce qui tient à la personne l'exigence impérieuse d'une certaine simplicité , c'est-à-dire que jamais le beau ne doit être sacrifié au caprice. Cette pensée, qui avait présidé à la demande de ce **trousseau**, modèle en son genre, avait été parfaitement comprise dans son exécution.

Je terminerai donc par les manteaux, qui m'ont paru infiniment plus soignés et plus gracieux que ce que je vois ailleurs.

Quant à la variété des formes, pensez à tout ce qui se fait cette année, et vous aurez une idée du choix qui peut vous être offert. — J'ai surtout beaucoup aimé des Talmas en drap avec des ornements de fort bon goût, un entre autres, en drap poussière, fermé par des glands algériens. — Le manteau Chambord ressemble au Talma , mais il est échancré sur le bras ;

Des paletots de velours, unis, brodés ou garnis de fourrures ;

Des coins de feu de toutes sortes, en velours , casimir, lévantine ou cachemire d'Écosse ;

Tant de variétés, en un mot, qu'à cette collection, il ne manque même pas l'étoffe anglaise à longs poils , le *lama* , blanc ou roux , grossière fourrure inconnue jusqu'à présent dans le répertoire de la coquetterie parisienne, mais qui paraît devoir s'y introduire.

Un dernier regard aux fourrures. — Qui êtes-vous, ma lectrice? grande dame ou travailleuse?... — Si vous êtes riche et élégante, j'ai à vous parler de fort belles martres dont le prix ne s'élève pas à 300 fr.; ou de grèbes , cette délicate fourrure d'oiseaux aquatiques dont le duvet chatoyant est **argenté** comme la nacre. Vous aurez un beau grèbe pour 95 fr. C'est rare.

Mais pour vous, qui êtes bien loin de ces possibilités, j'ai aussi un renseignement et je vais vous le donner avec empressement. — Allez aux *Trois-Quartiers* voir les manchons à 5 fr. Ils ne sont pas seulement bien, et fort bien *pour le prix*, ils sont bien positivement.

DU PARAPLUIE.

Au moment où j'écris, il n'est pas oiseux de s'occuper du parapluie. Rien, au contraire, n'est plus
à propos, si ce n'est pourtant la chaussure amé-
ricaine, à l'aide de laquelle on peut entreprendre
la *traversée* des boulevarts sur cet amas boueux que
produit le macadam.

A Paris, du reste, il n'est jamais superflu de
s'occuper du parapluie, par la double raison qu'il
y pleut souvent et qu'il y est obligatoire d'avoir
un parapluie à la mode.

A la mode? me direz-vous. Est-ce qu'il y a
une mode pour les parapluies? Sans doute. Non
pas cependant une mode aussi rigoureuse qu'en
Chine, où l'on reconnaît la position sociale d'un
mandarin au parapluie ou parasol que l'on porte
devant lui, et où la fantaisie a mille variétés.

vrage auquel je vais emprunter quelques mots.

« Jamais, dit-il, un Chinois d'une classe un peu
» élevée ne sort sans son parasol ; tout Chinois
» d'un ordre supérieur se fait suivre d'un esclave
» qui porte son parasol déployé.

» Le parapluie est destiné au même usage en
» Chine que le parasol. Il appartient à tous.
» Jamais, dans les jours tant soit peu douteux,
» un Chinois ne sort sans son parapluie.

» Quand un Chinois est condamné, qu'il est
» privé de tout et réduit à la misère, il possède
» une chose : c'est son parapluie ; il mendie sous
» son parapluie et sous sa grande capeline ou cha-
» peau ombrelle.

» Les parapluies et parasols les plus communs
» en Chine se font en papier huilé et colorié, avec
» des sentences de Confucius et des figures ou allé-
» gories religieuses. Les branches ou arcs bou-

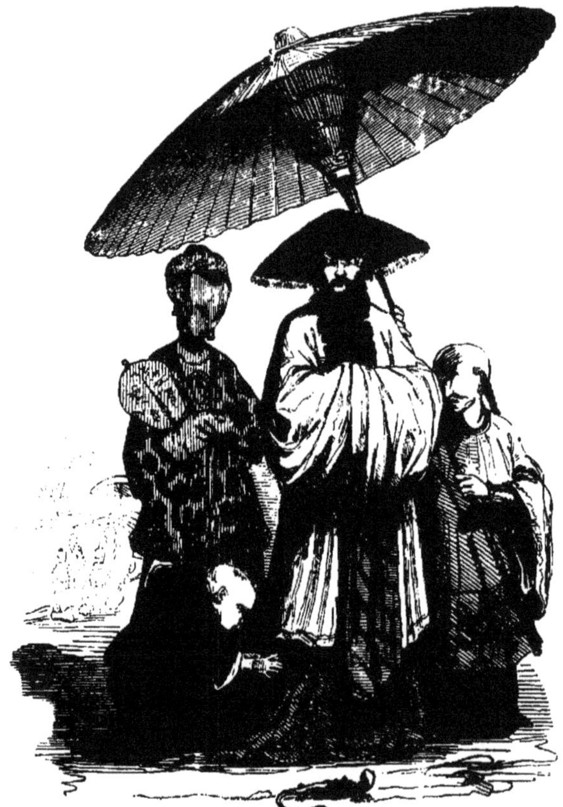

Cazal, l'inventeur infatigable, a fait de précieuses
recherches qu'il a consignées dans un joli petit ou-

» tants sont en bois léger et flexible, et les tiges en
» bambou. »

En France, au contraire, le parapluie a été longtemps ridiculisé, et on osait à peine avouer son usage. Il y a quarante ans, une personne du monde n'eût jamais osé sortir avec le parapluie informe dont nous retrouvons encore la trace sur les côtes de Bretagne et de Normandie où il est resté comme une ancienne propriété de famille Il ne fallait rien moins que la force du paysan ou l'abnégation du pasteur pour se charger de cet horrible et fatigant compagnon de route.

en même bois sculpté, en ivoire ou en corne de cerf, sont des affaires de goût. Ce que je puis vous dire, c'est que M. Cazal n'a pas seulement étudié le parapluie des Chinois et des Indiens, mais qu'il a merveilleusement compris les différentes nécessaires du nôtre. Si vous allez visiter son magasin du boulevart des Italiens, vous jugerez de son excellent système de fermeture, au moyen duquel le parapluie s'ouvre seul à l'aide d'une seule main.

Il me semble que je n'ai pas besoin de m'éten-

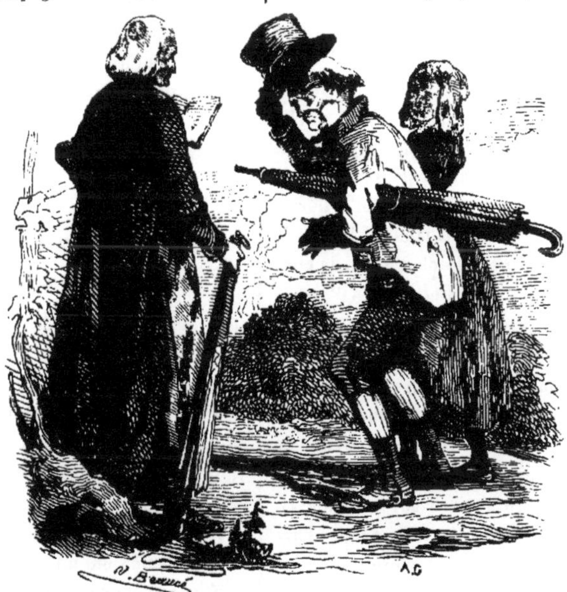

Aujourd'hui, le parapluie est léger, délicat; ses proportions ont été diminuées de façon à ce qu'il ne gêne ni la marche, ni la circulation. Cette année, le parapluie est très petit; à peine le manche dépasse-t-il les baleines; les couleurs foncées, vert myrte, brun, noir, tête de nègre, sont toujours les plus distinguées. Le manche en aurier, en rottin, en bambou, avec une crosse

dre longuement pour faire comprendre à mes lectrices ce qu'il y a d'éminemment commode à ouvrir son parapluie de la seule main qu'on ait libre quand on tient la robe de l'autre, et que l'on est pressée à la descente de l'omnibus ou à la sortie d'un magasin.

Du reste, jolie forme élégante, monture solide, et étoffes distinguées.

DETOUCHE.

rue Saint-Martin, 160.

Il y a des maisons à Paris qui me paraissent ne pouvoir être désignées que par leur nom. De ce nombre est celle dont je vais m'occuper.

Detouche,... c'est — Detouche — c'est le joail-

lier, l'orfèvre, l'horloger, le lapidaire. c'est comme plusieurs maisons réunies en une seule — maison colossale.

Il n'est personne qui n'ait regardé avec une longue attention l'horloge placée devant son magasin, régulateur indiquant à la fois l'heure et la seconde, la différence du temps moyen et le quantième du mois.

Huit petits cadrans placés au-dessous du grand cadran qui marque l'heure de Paris, disent l'heure de Londres, Sainte-Hélène, New-York, Taïti, Alger, Alexandrie, Pétersbourg et Canton ; et pour éviter toute erreur sur le jour et la nuit, chacun de ces petits cadrans est divisé en 24 heures.

Cette œuvre capitale a été exposée dans les salles de l'industrie, et tout le monde se souvient de la foule qu'elle attirait chaque jour.

Les curieux, les amateurs s'arrêtent encore attentifs dans la rue pour l'admirer, et en même temps devant cette quantité prodigieuse d'objets de prix, réunis dans ce seul magasin.

M Detouche a eu en vue d'attirer un public universel. Il n'est personne, à Paris, qui n'ait, un jour ou l'autre, une raison pour passer la porte de cet établissement gigantesque. L'horlogerie répond à toutes les demandes, depuis la pendule de bronze qui serait placée sur la cheminée d'un ministre, jusqu'à la montre d'argent du collégien.—L'orfévrerie, depuis la petite cuillère à café jusqu'au service de table richement travaillé. — La joaillerie, depuis l'alliance de 6 francs jusqu'aux diamants d'un grand prix.

Il est donc bien vrai de dire que M. Detouche appelle à lui une clientèle universelle, et il n'est pas rare de voir la porte s'ouvrir sur la femme en voiture qui vient acheter une riche pièce d'argenterie au moment où elle se referme sur l'artisan qui venait chercher une clef d'argent pour sa grosse montre.

L'autre jour il se trouva en même temps deux mariages. L'un, confondant deux grands noms, faisait des acquisitions importantes ; les diamants sur papier, les pierres de couleur, scintillaient sur les comptoirs ; la vaisselle plate étalait ses jolis modèles brillants et riches.

L'autre unissait deux jeunes ouvriers de la campagne. C'étaient les pendants d'oreille, la chaîne de cou et l'épingle de fichu pour la fiancée ; l'épingle de chemise et la chaîne de montre pour le jeune homme ; l'anneau nuptial pour chacun d'eux.

M. Detouche fait agrandir ses magasins. Un emplacement vaste et parfaitement éclairé lui permettra de mettre plus en évidence un choix considérable de beaux bronzes, mal exposés en ce mo-

ment. Il est bien difficile de voir une plus complète collection de pendules, et je ne sais ce que je dois signaler avec plus d'attention des magnifiques pendules de 6 à 800 fr. ou celles de 25 à 30 fr., charmantes pour cabinet de travail ou chambre de jeune homme.

N'est-ce pas une ressource pour les donneurs d'étrennes, qu'une maison où le cadeau se présente sous tant de formes ; et surtout n'est-ce pas un vrai service à rendre aux donneurs d'étrennes que de leur enseigner une maison où le cadeau consciencieusement fabriqué est vendu à un prix tout à fait de circonstance ?

Dans quelques jours nous viendrons faire notre visite d'actualité ; ne fût-ce qu'en curieux, elle ne sera pas sans intérêt.

Encore quelques mots

À PROPOS

DU CACHEMIRE FRANÇAIS ET DE BIÉTRY.

Il me paraît indispensable de m'expliquer une bonne fois sur la résolution que j'ai prise de m'occuper souvent de la question du cachemire français, et de revenir encore sur ce que l'on appelle une prévention en faveur du magasin de **Biétry**.

Les *Abeilles* ont une spécialité.

Elles s'occupent, non pas absolument *des modes*, mais de la toilette ; elles ne font pas ce que l'on appelle généralement de *l'annonce*, mais elles donnent des renseignements exacts.

Les *Abeilles* ne disent pas : Voici la mode ; mais elles disent : Voici les nouveautés ; puis elles les étudient et presque les discutent.

L'annonce n'est pas accueillie sans discernement : elle y est pesée, jugée, approfondie. Il ne suffit pas d'une réputation, souvent hasardée, ou d'une prétention, pour être appuyé dans cette feuille. — C'est après examen que les *Abeilles* font leurs recommandations.

Si donc j'ai annoncé que je parlerais longuement et souvent du cachemire français, c'est que je crois la plupart des femmes ignorantes de ce qu'il est, non-seulement par lui-même, mais par comparaison à son rival le cachemire de l'Inde.

Si j'ai dit que j'irais souvent et toujours l'étudier chez **Biétry**, c'est que pour moi il n'y a de sécurité que là.

Non pas, certes, que je veuille dire que cette maison ait seule de beaux et bons châles, mais elle est, à mes yeux, la seule qui les garantisse. Or, comme notre éducation n'est pas faite sur cette matière, comme je défie la femme la plus exercée de reconnaître les qualités ou les faiblesses d'un châle, je vais, avec la confiance de la certitude, chez l'homme qui a pris de lui-même toutes les mesures nécessaires pour se lier vis-à-vis l'acheteur.

Et puisque nous sommes sur ce sujet, disons donc une bonne fois d'où vient cette guerre que **Biétry** déclare depuis tantôt dix ans. A qui s'attaque-t-il ? Ce n'est pas au public, puisqu'il le supplie de se laisser éclairer, puisqu'il lui met en main l'arme avec laquelle il doit soutenir ses intérêts; il s'attaque à ceux qui pourraient, comme lui, soutenir une industrie nationale, que des considérations personnelles ou une fausse appréciation tentent d'annihiler.

La lutte de **Biétry** contre ses confrères est celle de la vérité contre l'erreur, c'est celle de la bonne foi contre la fausseté; c'est la conviction qui, non-seulement est forte de sa croyance, mais qui veut la propager et la proclamer.

Et vous ne croiriez pas que ces animosités soulevées autour de lui ne sont pas autant de témoignages qui lui donnent raison?

Mais qu'est-ce que cela fait au fabricant de monnaie de la Banque qu'il y ait une loi contre le faux monnayeur; elle ne peut au contraire, que le protéger ?

Que fait au joaillier honnête l'obligation de poinçonner, s'il n'a pas envie de mêler l'alliage à l'or de ses bijoux?

Pourquoi donc tant de fabricants et marchands de cachemires se refusent-ils à accepter la marque de fabrique? C'est qu'elle les gênerait, sans nul doute.

Viennent à côté de **Biétry** d'autres maisons qui marchent avec lui, et je m'empresserai de les signaler. Jusque-là je ne comprendrais pas une autre recommandation. **Biétry** a, sans contredit, ce qui se fait de plus beau en cachemires français. — Selon moi, il n'y a rien de plus beau en châles de l'Inde.

Je sais que j'ai l'air de soutenir un paradoxe. — Mais je parle aux femmes sensées qui n'ont pris pour leur part aucune résolution de se tenir dans le préjugé vieilli. — Je ne leur demande pas le sacrifice de leurs préférences, mais je leur demande de s'instruire et raisonner.

Ce plaidoyer est déjà long pour aujourd'hui. Je ferai, la prochaine fois, le parallèle des deux rivaux ; aujourd'hui j'ai personnifié la question du châle français dans son défenseur. **Biétry** a sauvé cette industrie, et il est appelé à assurer son triomphe. Beau triomphe pour lui-même qui, simple ouvrier, est arrivé par sa persévérance, son courage et son énergie à une des plus belles renommées dont la France industrielle s'honore.

Des Étrennes.

La livraison prochaine sera entièrement consacrée à la recherche des étrennes. Si je m'occupe de la toilette, ce sera au point de vue des cadeaux de jour de l'an. Aujourd'hui je suis à peine renseignée moi-même; j'ai bien vu chez **Tahan** des nouveautés plus ravissantes que jamais: coffres et coffrets, tables et nécessaires, éblouissants ou sévères. Je sais bien que nos joailliers de prédilection, **Froment Meurice**, **Marlé**, **Rudolphi**, **Mury**, ont des bijoux qui nous paraissent devoir être de rudes tentations pour les visiteurs qui jetteront les yeux sur ces merveilles; j'ai entendu dire que jamais **Boissier** n'avait porté si loin l'art de ses secrets délicieux; et les machines de **Maison Turpin** sont en pleine activité pour créer avec le chocolat des figures et des formes inconnues. Mais tout cela est encore lettre close pour moi, ou du moins il m'est impossible, sous peine de félonie, de révéler des mystères confiés à ma bonne foi.

Si je vous fais seulement aujourd'hui cette incomplète révélation, c'est qu'il ne m'est pas défendu de piquer votre curiosité, et j'espère que vous commencez à croire assez à mes conseils pour aller visiter un magasin sur ma simple recommandation.

Ainsi pourquoi serait-il besoin que je vous décrivisse à l'avance les ouvrages précieux et rares que **Curmer** va exposer dans quelques jours ? Ne suffit-il pas de vous rappeler que les plus beaux livres illustrés, les plus beaux keapsakes, les *livres* artistiques les plus intéressants sont dans cette maison de première ligne. Remarquez bien que je me sers du mot livre, parce que j'ai fait cette distinction entre **Curmer** et les autres éditeurs, que lui du moins s'attache non-seulement à la forme de l'ouvrage, mais au fond, et ainsi à illustrer des œuvres d'une valeur réelle. Cette année il aura de belles et bonnes choses littéraires et artistiques.

Personne n'oubliera certainement d'aller visiter dans quelques jours les magasins d'**Alphonse Giroux**, ce bazar du luxe et des arts, ce rendez-vous annuel de ens du monde : des mères de famille et des enfants ; j'ai ais dire aussi : — des curieux, car les salons de **Giroux** sont hospitaliers, et l'on y accueille avec une rare bienveillance les flatteurs qui viennent, par une flânerie constante, rendre ainsi à cette maison l'hommage dû à une exposition intéressante.

Tout le monde y vient parce qu'il y a quelque chose pour tout le monde : les bronzes, les chinoiseries et les fantaisies magnifiques, et pour cinq ou six francs un joli petit objet, un joujou, un petit bronze, marqué à ce cachet de bon goût qui justifie une faveur de prédilection.

Nous avons une très-intéressante visite à faire à un magasin qui relève tout à la fois de la fantaisie et de l'utilité : au grand magasin de porcelaines de M. **Rousseau**, rue Coquillière. Vous avez sans doute remarqué souvent en passant une alliance frappante d'objets de luxe et d'objets de ménage de la plus grande simplicité dans cette maison, où le service de table est traité avec le plus grand soin.

Mais j'aurai des choses toutes particulières à vous dire sur ce magasin, et je ne veux pas effleurer ces détails qui auront un réel intérêt.

Nous aurons aussi à voir les éventails et les écrans de **Duvelleroy**. Je n'ai pas mémoire qu'un premier de l'an se soit passé sans que nous ayons trouvé chez lui quelques chinoiseries nouvellement débarquées, quelque antiquité modifiée, et puis ses belles peintures de toutes les époques, et ses écrans pris à tous les pays du monde.

Nous reviendrons ensemble, du reste, partout où je me borne pour ce moment à vous envoyer, et je vous donnerai dans quelques jours un dernier détail plus complet.

De l'Étrenne sérieuse.

Comme je le disais l'an dernier, l'étrenne n'est pas seulement l'obligation futile à laquelle on satisfait **avec** un sac de bonbons ou une fantaisie. L'étrenne est encore le présent utile auquel l'usage du premier de l'an sert de prétexte.

L'idée des provisions de ménagère a trouvé bon accueil ; **Potel** et **Groult** ont été visités comme **Boissier**, et le seront encore. Il est certain qu'une boîte de pâtes précieuses, ou quelques rares gourmandises, seront reçues avec empressement par une maîtresse de maison qui ne se les donne pas sans discussion avec elle-même. Comme ceci n'est pas de ces choses qui demandent à être disposées à l'avance, je me propose de rappeler seulement cette idée à votre esprit, aujourd'hui, sauf à nous arrêter sur les détails dans quelques jours.

L'étrenne maternelle comprend encore l'habillement pour l'âge auquel les joujous ne conviennent plus. Quand le hochet n'est plus un grelot d'argent, c'est qu'il est devenu un paletot à la mode, une jolie cravate ou du linge bien fait. N'y a-t-il pas des mères qui ont besoin d'être renseignées sur les acquisitions que l'on aime autant que possible à faire avec goût et économie.

Vous vous souvenez de ce que je vous ai dit à propos de la maison **Blum** frères, *aux Villes de Suisse*, rue Montmartre. Si vous y avez été, vous avez pu vous assurer de l'exactitude de ma recommandation, et j'ai toute confiance pour vous engager à voir ses dernières nouveautés. MM. **Blum** ont compris que pour chercher le bon marché on n'est pas moins désireux de trouver un bon travail et de bonnes qualités, et tous leurs soins se portent sur cette double exigence.

Je ne donnerais pas ici le détail minutieux de leurs prix, mais je puis en formuler l'ensemble en vous disant que pour 150 francs on peut avoir aux *Villes de Suisse* un habit, un pardessus, un pantalon et un gilet ; c'est-à-dire L'HABILLEMENT COMPLET, en fort bonne étoffe et d'une coupe très-élégante, pour 150 fr.!

Mon indication serait nulle s'il s'agissait de vêtements communs et vulgaires, et vous n'auriez pas besoin de guide pour aller là où vous feriez habiller votre fils comme un homme du peuple ; si je vous conduis chez MM. **Blum,** c'est que l'homme du monde peut aller partout avec l'habit qu'il aura pris chez eux, c'est qu'on lui fera compliment du gilet qu'il y aura choisi, et qu'on lui demandera qui lui a fait le pantalon qu'il a acheté.

Qne les femmes qui me lisent n'oub ient donc pas cet enseignement ; elles trouveront dans cette maison, non seulement le costume d'homme pcur un fils aîné, mais tous les cos'umes d'enfants pour de jeunes garçons, des cabans bien désirés par les collégiens, et de jolis uniformes, moins souhaités sans doute, mais plus utiles encore.

Le linge est aujourd'hui la recherche la plus exigée. On peut à la rigueur porter uue redingote qui date de quelques mois ; les étoffes grossières sont de bon goût ; il est permis de se chausser avec de grosses bottes, mais il faut du beau linge, et du linge bien fait.

Depuis que la *spécialité* s'est emparée de ce détail, les lingères l'ont presque abandonné, par la raison qu'aujourd'hui on veut une précision que le *tailleur* seul peut obtenir Un tailleur refait, il rectifie jusqu'à ce que l'ouvrage soit sans reproche. Reste à l'ouvrière à coudre et à disposer les petits plis, les broderies, ces caprices féminins qui ont envahi les toilettes d'hommes.

C'est la réunion de ces exigences qui rend assez difficile le choix d'un *chemisier,* quand on ne veut pas payer les prix exorbitants des chemisiers de la gentry, d'autant plus que l'ouvrage sorti de chez eux n'a ni plus de perfection, ni plus de grâce que celui de certaines bonnes maisons plus habiles et moins prétentieuses.

Celle dont je vous signale le mérite tout particulier, où vous trouverez le plus beau linge qui se puisse porter, et consciencieusement taxé à des chiffres sans discussion, est passage du Saumon, 10, M. **Marc Half.**

Les façons les plus nouvelles et les plus gracieuses sont nées dans cette maison, simple d'apparence, mais travaillant sans cesse à une amélioration d'utilité et d'élégance. La mère qni entrera chez M. **Marc Half,** avec la bonne pensée de faire une emplette qui soit à la fois indispensable et agréable à son fils, sera sûre d'être satisfaite elle même et de lui faire plaisir. — Je recommande les cols-cravates appelés par M. **Marc Half** le *prompt col,* s'ôtant et se mettant instantanément, sans boucle, ni agrafe, sans rien qui demande à être attaché ou détaché.

Du reste, toutes sortes de cols et de cravates, de même que toutes sortes de chemises simples ou riches, unies ou brodées.

Avant de terminer mes recommandations à propos de toilettes d'hommes, et quoique je n'aie rien à dire du chapeau en général, je veux faire faire une dernière station aux mères, en m'arrêtant chez M. **Jay,** où nous trouverons de jolis bonnets de chambre dont nous avons précisément à nous occuper aujourd'hui.

M **Jay** a un talent acquis comme chapelier ; ses formes, qui ont toute l'élégance la plus recherchée, ont en même temps l'exactitude la plus rigoureuse, puisqu'il les modèle sur la tête.

La pensée artistique préside aux ouvrages de cette maison ; c'est à cela que l'on doit ces charmantes formes de bonnets de chambre et casquettes de voyage que je vous signale.

DU BRONZE.

Les bronzes sont en même temps un ornement principal et la fantaisie de l'ameublement.

Ce sont les joyaux du logis.

Un bronze doit être en harmonie avec tout l'appartement ; autrement, il vaudrait mieux qu'il ne s'y trouvât pas. Il y ferait la même figure qu'un bijou hors de propos dans une toilette.

Il est donc bien important de ne pas se tromper sur le choix qui convient à telle ou telle habitation. Et ce n'est guère que dans les magasins de premier ordre que l'on peut s'instruire, quand on ne vit pas soi-même de cette vie parisienne et élégante qui met toutes ces sciences à la portée de tous, sans étude et sans recherches.

Mais, je ne puis assez le répéter, je n'écris pas pour ces privilégiés de la fortune qui font les modes de l'époque. J'écris pour les gens riches, dont le goût devine une distinction qu'ils ignorent ; éloignés de Paris d'ailleurs, peut-être, ces instructions doivent leur parvenir formulées par l'exemple.

C'est à **Thomire** que nous irons le demander.

Thomire nous montrera le petit flambeau de chambre à coucher aussi bien que le candélabre de salon, la pendule miniature pour le bureau, et l'horloge antique de salle à manger.

Voici où se montre le goût. C'est à savoir préférer entre ces genres si divers celui qui convient, et il est nécessaire d'être guidé par une autorité. Comme conseil général, il est bon de faire observer que le goût consiste bien moins à avoir de belles choses qu'à n'en pas avoir de vulgaires. Ayez une maison aussi simple que possible, elle pourra être distinguée entre beaucoup d'autres, mais ne croyez pas arriver à un but sans une certaine harmonie.

Voilà pourquoi le choix du magasin est déjà un premier pas fait vers le but. Chez Thomire, par exemple, vous êtes assuré de ne pas être exposé à une fâcheuse erreur. Tout y est de bon goût. C'est l'artiste qui compose pour une clientèle recherchée. Cherchez-y un bougeoir, un porte-cigarre, vous trouverez des modèles tout exceptionnels. Si c'est un lustre ou des girandoles, vous y trouverez la magnificence.

Et, encore une fois, voilà le goût que l'on peut rechercher, même sans fortune.

Qu'il y ait sur une cheminée de jolis flambeaux, une pendule distinguée, c'est suffisant pour donner un cachet à un ameublement.

Pour les flambeaux, le genre Louis XV et surtout Louis XVI est fort à la mode. Mais ils doivent être en rapport avec la pendule.

Si l'on a à choisir des flambeaux courants, c'est le genre Louis XVI qui convient, parce qu'il a un caractère de fantaisie assez en rapport avec la généralité des détails d'ameublements.

Les girandoles ou bras adaptés à la muraille conviennent pour le salon, et accompagnent même le candélabre à plusieurs branches qui se pose sur la cheminée.

Pour les petits salons, où la place est souvent restreinte, on pose encore quelquefois les candélabres sur des tablettes en velours de chaque côté de la glace.

Thomire a des pendules ravissantes avec des figures en **biscuit**; ce mélange du blanc mat et de l'or, à côté des socles bleus ou verts qui imitent le lapis ou la malaquite, est d'une richesse antique.

COURS DE DANSE.

Je vais donner un avis précieux aux mères qui sont embarrassées pour faire prendre des leçons de danse convenables à leur fille.

C'est une difficulté très-grande à rencontrer, en raison des mille conditions qu'elle impose.

Beaucoup de mères ne voudraient pas conduire leurs filles au cours d'un maître; et ces mêmes mères seraient cependant bien aises qu'elles apprissent avec d'autres les danses du monde, qu'elles sont appelées à danser au bal.

Une jeune femme, excellent professeur, vient d'ouvrir un cours tout spécialement consacré aux femmes, aux jeunes filles et aux enfants. Mme *Jarry* (rue Mogador, 12) réunit plusieurs élèves, les mardis, jeudis et samedis de 2 à 4 heures. —Elle reçoit chez elle ou se rend chez ses élèves pour les leçons particulières.

Je ne puis assez recommander cet enseignement aux mères que doivent tout naturellement préoccuper ces détails difficiles de l'éducation. C'est immense de trouver une convenance parfaite dans une obligation toujours entourée d'obstacles.

Il ne faut pas considérer la leçon de Mme *Jarry* comme un cours. L'idée d'un cours de danse, public, effraie et repousse. — Ici, c'est plutôt un salon où se réunissent quelques jeunes filles sous la surveillance d'une femme douce et sérieuse; c'est comme un lieu de réunion où se rencontrent dans le même but quelques familles du monde.

Mme Jarry n'enseigne que les danses de salon. —Elle ne veut pas faire d'élèves pour le théâtre. Sa danse, qui est celle de la bonne compagnie, comprendra peut-être la gavotte, parce que, quoiqu'on l'oublie, on conserve la légèreté que l'on doit à son étude; mais ce qui sera fondamental c'est le *menuet*, ce régulateur de la grâce, de la pose et du maintien.

Je voudrais que mes lectrices mères prissent en note cette recommandation, dont elles me sauront le plus grand gré.

MÉMENTO.

Mallard, au Solitaire,

Rue du Faubourg-Poissonnière, 4.

Puisque le froid est déterminé, vous avez déjà pensé à visiter les magasins de **Mallard,** où vous allez chaque année à cette époque.

Mallard est le premier qui ait fondé ces maisons où l'emplette est facile, où l'on trouve la martre de 4,000 fr. et..... l'angora lustré de 40 fr. comme points de départ et de but, mais où réellement on va pour acheter le bon et joli manchon de martre, de vison, de renard, dont les prix varient de 35 à 450 fr.; entre ces deux chiffres il y a d'excellents intermédiaires que vous achetez avec confiance, sans crainte d'être trompée ni sur la qualité de la fourrure, ni sur sa durée probable.

On a accepté à Paris comme amélioration, l'apparition d'une foule de magasins précaires qui ouvrent à l'entrée de l'hiver avec des masses de manchons à vils prix; on ne s'explique pas pourquoi ils donnent à si bon compte, mais on est séduit, on achète. Mallard n'a pas de ces bons marchés inexplicables, mais chez lui vous êtes assurée que votre manchon n'aura pas été porté plusieurs années avant de l'être par vous, que votre fourrure n'est pas teinte, et enfin chez lui vous êtes certaine d'être parfaitement et consciencieusement renseignée sur l'emplette que vous aurez à faire.

Les fourrures ne sont pas de ces acquisitions habituelles que l'on apprend à connaître. Il faut les faire là où vous avez confiance; autrement vous courrez toutes les chances d'être trompée.

En allant au *Solitaire* pour les fourrures, vous verrez un choix remarquable de manteaux et pelisses de toutes sortes et de toutes grandeurs. — La sortie de bal en cachemire blanc, le Talma de drap noir ou de velours, le paletot de la jeune pensionnaire, et la palatine d'hermine.

BIJOUX.

Diamants faux. — Corail.

Dans ma prochaine livraison je vous dirai ce que **Savary** et **Mosbach,** ces nouveaux *faiseurs de diamants* ont monté en nouveautés pour l'hiver : bijoux pour le bal et étrennes charmantes. Deux circonstances nous amènent chez

Savary et *Mosbach* : c'est le retour à la mode du diamant vrai et l'acceptation du strass. Le diamant a été longtemps délaissé, il n'appartenait qu'aux *parures de cérémonie*, et les toilettes n'avaient pas ce caractère. Le goût est en ce moment à la fantaisie de luxe : le diamant en est l'expression.

Que l'on veuille suppléer à la pierre précieuse, ou avouer franchement l'escarboucle, c'est à MM. **Savary Mosbasch,** rue Vaucancon, 4, qu'il faut aller demander leurs magnifiques imitations.

Pensez au *corail* que M. **Bert** vous offre en bijoux artistiques, de la plus charmante distinction. Il n'y a pas une femme de goût qui n'apprécie une jolie garniture de bouton, un bracelet, tels que j'en ai vus ces jours derniers. C'est tellement en dehors de tout ce qui se fait, que ce je vous dirai laissera toujours vos suppositions près de ce que l'on vend chez tous les joailliers. Voyez donc vous-mêmes chez M. **Bert,** rue du Faubourg-Poissonnière, 43, ses jolies broches en serpents ou camés, et ses bracelets sans monture d'or, coquetterie d'artiste, sans éclat.

FLEURS NATURELLES.

Lachaume,

Rue de la Chaussée-d'Antin.

Les bals, l'Opéra, les réunions d'hiver ramènent au petit salon de **Lachaume** toutes les jeunes têtes, qu'il couronne avec tant de goût et d'élégance. Cette année, Lachaume ne s'est pas borné à copier les guirlandes artificielles de nos bons fleuristes, il a créé des montures en rapport avec ses fleurs de nature; il a recommencé ses délicieux travaux pour les dîners et les soupers, ses corbeilles et ses pyramides de fleurs que personne ne sait disposer comme lui.

CARTES DE VISITE. — RELIURE.

Aumoitté-Lenègre.

Il faut vous souvenir de ces deux noms pour les nécessités du moment : **Aumoitte,** le graveur élégant qui sait la physionomie que doit avoir une carte de visite, quelle est la lettre qu'on grave sur un cachet ou sur une bague; **Lenègre,** le relieur dont nous avons déjà parlé. A cette époque de cadeaux, l'adresse d'un bon relieur est importante; celle-ci est une bonne fortune.

LES ABEILLES PARISIENNES

Paraissent le 25 de chaque mois.

PRIX pour un an :

	fr.	c.
PARIS	6	»
DÉPARTEMENTS	10	»
ÉTRANGER	15	»
UNE LIVRAISON	»	50

Les Abonnements ne peuvent être de moins d'un an, et datent du 25 novembre ou du 25 mai.

AVIS.

Les Abonnés de Province ou de Paris qui ne recevraient pas exactement leur abonnement sont instamment priés d'en donner avis à la rédaction, rue Bourdaloue, 9.

Pour les Abonnements :

PARIS,

Magasin de Léon Bidau et Cie, *boulevart des Italiens, 19;*
Maison du Cosmaceti, *rue Vivienne, 55.*

DÉPARTEMENTS,

Adresser un bon sur la Poste à Mme C. AUBERT, à la rédaction, *rue Bourdaloue, 9.*

(Affr.)

PARIS. IMPRIMERIE CENTRALE DE NAPOLÉON CHAIX et Ce, RUE BERGÈRE, 20.

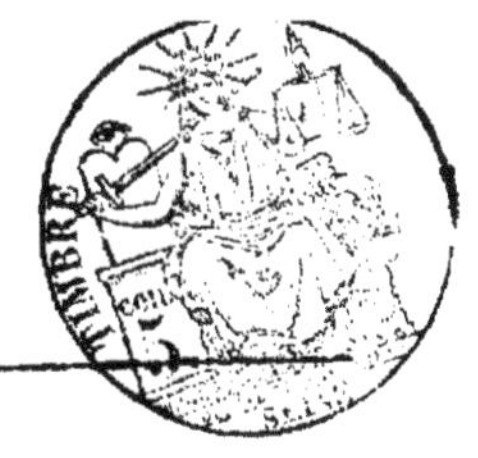

25 Décembre 1850.

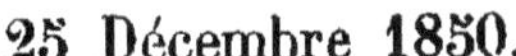

AVIS.

Les personnes dont l'abonnement est expiré, sont priées de le renouveler pour éviter tout retard dans l'envoi du Journal.

Le prix de l'abonnement doit être adressé à M**me** C. AUBERT, *rue Bourdaloue*, 9, personnellement et *franc de port*, en un mandat sur la poste. Dans Paris, s'adresser aux divers bureaux qui reçoivent l'abonnement aux ABEILLES.

Nouvelle Année.

Comme tout ce qui date dans la vie, le premier jour de l'an est solennel et sérieux pour ceux qui savent ce que les ans contiennent de bons et de mauvais jours !

Comme tout ce qui est nouveau, le premier jour de l'an est riant et radieux pour la jeunesse qui ne croit qu'aux printemps et qui n'attend de la vie que ses plaisirs.

Pensons donc à la jeunesse, et faisons-lui cette journée aussi belle et aussi souriante qu'il nous sera possible.

Pensons à l'enfance, et laissons-lui croire que l'année qui finit a emporté tous les petits chagrins et les pleurs.

Ayons tous des souhaits du cœur pour tous ceux que nous aimons.

La meilleure philosophie est de fuir le doute et l'inquiétude. Appelons le bonheur sur ceux qui nous sont chers; il nous en restera toujours à nous-mêmes une vraie joie.... — leur bonheur !

Je voudrais être sûre qu'il n'existe pas un être assez isolé en ce monde pour passer entière cette journée du premier de l'an sans qu'un être ami lui tende affectueusement la main, en lui disant : Sois heureux ! Peut-être à des vies misérables et désolées n'a-t-il manqué que ce vœu du cœur pour conjurer le sort et changer la destinée ?

Une bonne année donc, à vous, mes amis, qui me lisez de loin, et qui savez tous le bonheur que je vous souhaite.

Une bonne année à vous tous, mes lecteurs, qui voulez bien prêter aux *Abeilles* l'intérêt de votre concours.

Une bonne année à tout ce qui est bon et généreux. — Courage et consolation à ceux qui souffrent.

De l'Étrenne.

Elle a donc mille exigences impérieuses : tant de formes, tant de physionomies, et des destinations si diverses.

Depuis l'étrenne de famille, qui comprend le pâté de Strasbourg que **Potel** expose à côté d'une volaille truffée du Périgord ou d'une corbeille de fruits rares,

Jusqu'à l'étrenne futile que l'on va demander à **Giroux**, à **Tahan**, à **Boissier** ou à **Lachaume**,

Il y a bien des présents qui vont nous occuper pendant ces quelques jours de recherches.

J'ai dit : *L'Etrenne de famille.* C'est celle qui satisfait au besoin de fantaisie.

La maison, la toilette ont des besoins réels qui peuvent être remplis par une fantaisie, et c'est en même temps satisfaire à la nécessité et au caprice.

Du moment que l'on a accepté l'idée du cadeau utile, tout est permis.

Il n'y a pas encore bien longtemps qu'il n'était pas très-déplacé d'*offrir* entre proches un pain de sucre ou quelques livres de chocolat.

C'est qu'alors l'un et l'autre coûtaient fort cher.

Aujourd'hui, le pain de sucre se dépense avec facilité, et si l'on donne du chocolat, c'est sous la forme de *fantaisie.*

Il est bien entendu que, lorsque je pense à l'étrenne *utile*, c'est que j'entends par là ce cadeau intime qui représente, non plus un usage banal mais une de ces attentions familières qui effacent une privation ou qui procurent une jouissance à l'intérieur gêné.

L'an dernier, je vous ai parlé d'une visite à **Potel** ; je vous la rappelle aujourd'hui. Bien des grands parents peuvent se permettre une surprise qui égaierait joyeusement le repas de famille et animerait les toasts traditionnels.

Je vous ai parlé aussi des boîtes composées chez **Groult**. Ne les oubliez pas cette année. Si je ne vous indique pas le programme de ce petit assortiment, c'est que vous trouverez au *Passage des Panoramas* de bons avis qui vaudront les miens. Ces magasins de la ménagère ont fait plaisir à des femmes sérieuses qui préfèrent cette recherche de nécessité journalière à un bonbon inutile ; et l'œil lui-même est agréablement impressionné par l'aspect de ces fraîches enveloppes en papier de couleur satiné, aussi coquettes que les sacs de bonbons.

En parlant tout à l'heure du *chocolat*, j'étais loin de le déprécier, — utile friandise, qui prend chez **Masson-Turpin** toutes les formes simples ou capricieuses du chocalat de ménage et du bonbon d'étrennes.

C'est **Masson** qui a établi la célébrité du *chocolat praliné*, et M. **Turpin**, le second propriétaire, l'a soutenue avec une sollicitude toute paternelle. Chaque année il y apporte quelque perfectionnement ; on peut dire que rien n'est plus parfait. Les chocolats à la pistache et à la crème, frères de celui-ci, ont les mêmes droits à notre appréciation ; nous les trouverons au magasin de la rue Richelieu, dans de charmantes boîtes, tout-à-fait nouvelles et élégantes, riches même, puis-je dire ; car, sous le prétexte de n'offrir que du bonbon, on peut faire un cadeau très-admiré et très-réel.

Je vous recommande les paniers et les corbeilles des Indes, travail délicat et solide ; — les cartonnages Pompadours, avec leurs flots de rubans et leurs bouquets de fleurs, ravissantes fantaisies que **Masson-Turpin** remplit de chocolats variés de goûts et de formes.

Chez **Masson**, l'étrenne peut en même temps être *présent* ou *bonbon*, et elle appartient à ce titre à l'étrenne de famille.

Je sais un parrain qui a envoyé, sous le pré-

texte de *quelques pastilles*, un choix si complet à une petite filleule, que la provision s'est trouvée suffisante pour l'année.

Les bonbons, franchement pris pour tels, sont au contraire la dernière limite de l'inutilité et de la cérémonie.

Boissier a les plus exquis.

Et enfin les fleurs.

Les fleurs sont un peu devenues les rivales des bonbons. On accepte au même titre une jardinière ou un sac de marrons glacés.

Vous savez que bonbons et fleurs sont au nombre des bons présages qui influent sur l'année ; — quand on commence le premier de tous ces jours en portant les yeux sur une fleur riante, ou en recevant ces douceurs, les jours qui suivent... se ressemblent, dit-on.

L'offrande de ce qui est agréable à l'œil, doux, dispose le sort pour l'année tout entière.

Vous accepterez, du reste, très-volontiers cette superstition, si vous allez voir les jardinières et les corbeilles que **Lachaume** dispose en quantité pour ce jour-là.

C'est un coup d'œil ravissant, et l'on emporte un regret, c'est de ne pas toujours être disposé à se souhaiter une bonne année à soi-même.

Lachaume ne doit pas être confondu avec les autres fleuristes. Je ne connais pas une maison où l'on ait aussi réellement la science des fleurs ; où l'on sache les disposer et les monter avec une grâce aussi élégante et aussi artistique.

Lachaume est un autre **Constantin**, et nous retrouvons au bal ses guirlandes et ses bouquets dans les toilettes les plus admirées.

Voici donc les deux points les plus éloignés de l'étrenne.

Celle qui va des grands parents aux descendants plus ou moins proches.

Puis le cadeau insouciant que l'on porte à une femme chez laquelle peut-être on n'a été qu'une fois, qu'on laisse au hasard aux mains d'un domestique, et qui témoigne seulement d'un souvenir un peu plus particulier qu'une carte.

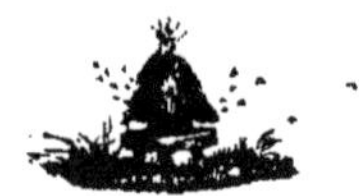

DE LA TOILETTE.

A propos d'Étrennes.

Ceci appartient encore à l'étrenne de famille, mais dans un cadre moins restreint.

Dire ce qu'à cet époque on convertit d'emplettes indispensables en cadeaux du jour de l'an, ne me serait pas possible, — ou plutôt je puis, sans trop généraliser, dire que tout prétexte est bon pour donner à l'objet de première nécessité la physionomie d'un présent de circonstance.

Les mères ont pour cela une sagacité merveilleuse.

Elles savent rendre le mois de décembre assez stérile pour faire souhaiter les choses les plus sérieuses.

Les maris critiquent certaines parures, dont le renouvellement les menaçaient depuis la saison précédente, et se font un mérite d'une générosité forcée.

Ainsi, avec un peu d'adresse, tout y gagne et rien n'y perd. Sous la forme d'une attention, c'est l'obligation qui défraie l'intérieur.

L'actualité, c'est l'étrenne plus que la saison. Pendant cette dernière semaine, il se fait bien peu d'emplettes qui n'aient pour principe le premier de l'an.

Les magasins se disposent à cette intention.—Ils vous accueillent et vous tendent leurs mille bras qui vous offrent mille cadeaux à faire.

Cette réflexion me venait en m'arrêtant, pour mon propre compte, dans les galeries des **Trois-Quartiers**, si diverses entre elles que l'on dirait cinq ou six magasins qui communiquent.

Aux soieries, c'était un mari qui se faisait conseiller pour donner à sa femme deux ou trois robes de plus ou moins d'importance. — Je vous ai dit ce qu'étaient les soieries des **Trois-Quartiers** : belles, bonnes, nouvelles, séduisantes.

Aux étoffes de laine, une mère de famille choisissait pour des jeunes filles la nouveauté du moment, les popelines, les valencias satinés; — et pour une femme de chambre la robe de mérinos, ressource perpétuelle des maîtresses de maison.

Les châles à bon marché, pour la même destination, y sont mieux qu'ailleurs. J'ai vu de très-jolies choses à 15 et à 18 francs.

Ici c'est le manteau de drap ou de velours; là c'est la lingerie, et les dentelles lingerie soignée avec conscience et exécutée avec goût. — Le choix des dentelles doit encore être recommandé.

Un voile est presque nécessaire cette année. Non-seulement un beau voile a son élégance, mais il est comfortable.

C'est le complément d'un négligé du matin.

Les voilettes au bord des chapeaux sont bien moins portées.

La dentelle est une emplette à laquelle je vous engage à penser aux **Trois-Quartiers**, quand vous irez pour ses charmantes robes de parure avec lesquelles la dentelle est obligatoire.

Je pourrais, du reste, résumer toute ma pensée par ces mots : *Visitez les Trois-Quartiers* cette semaine; —qui que vous soyez, vous serez satisfait, et vous me saurez gré de mon avis donné sous toute la responsabilité du conseil.

Constantin fait des coiffures, ou plutôt, devrais-je dire, des parures de bal qui ne ressemblent à rien de ce qui se fait ailleurs.—**Constantin** n'a pas seulement le mérite de l'artiste, en copiant fidèlement la nature, il a celui de l'industriel élégant, et ses innovations ont une distinction rare. Si dans le monde une femme entre dans un bal avec une de ces coiffures nouvelles, les autres femmes reconnaissent de suite l'imagination de Constantin. Personne comme lui ne sait orner aussi amplement une tête avec de grosses fleurs, d'énormes feuillages, tout en leur laissant la légèreté et la grâce. Son feuillage nacré, reflétant aux lumières l'iris chatoyant de la perle, et ses fleurs nouvelles formant, en une seule, de larges touffes, sont vraiment des beautés au-dessus de la coquetterie ordinaire.

Si vous avez à faire un cadeau auquel vous mettiez quelque prétention, allez demander à **Constantin** ses parures de bal en pavots à la feuille argentine; selon moi, c'est plus que joli, c'est beau.

Pendant que nous parlons coiffures du soir, entrons un moment boulevart des Capucines, 5, chez **Mme Montel-Galy**. J'ai eu souvent occasion de vous dire que j'avais remarqué dans cette maison des coiffures parées tout à fait exceptionnelles. Pour fixer vos idées, je vous décrirai surtout celles qui m'ont paru sortir de l'ordinaire sans tomber dans l'étrangeté ; et c'est, du reste, ce qui distingue les créations de *Mme Montel-Galy*. Entre divers petits bonnets dont tous sont d'une grâce parfaite, je vous signale un fond de taffetas rose, à touffes de roses sur les tempes ; c'est la coiffure à la pomponnette dans toute sa gracieuseté.—Comme parures habillées du soir, des torsades de velours. à franges de plumes, quelquefois touchées d'or ou d'argent , et agrafées de distance en distance par des anneaux algériens.—Vous verrez de très-jolies choses en dentelle noire dont je ne vous donne pas le détail, mais qui vous plairont.

Le négligé nous conduira dans une maison où nous étudierons un moment à loisir la lingerie du matin. **Mme Bernard-d'Origny**, rue de Riche-lieu, 87, renouvelle à cette époque ces jolis ou-vrages de goût qu'elle fait toute l'année pour les trousseaux de mariées, opulents ou modestes. — Quels qu'ils soient, **Mme Bernard** y met ce qui constitue la belle lingerie, le goût, la recherche, la distinction. Elle aime une broderie mate, irrépro-chable, sur une mousseline demi-claire ;—un mou-choir brodé comme une moulure, avec une bor-dure sans effets criards. Elle sait tirer parti d'une broderie ancienne, d'une vieille dentelle, et tout en les utilisant elles les respecte. En un mot, elle traite avec une justesse exquise ces questions de la toilette, ce qui est bien quelque chose par le temps de folies qui court.

Car, de bonne foi, il faut appeler folies certaines excentricités que les femmes ont acceptées, ne fus-sent que les dentelles à 30 fr. pour garnir des man-ches de robe de chambre, et des broderies d'or pour une sortie de théâtre.

Enfin, c'est bien *au Solutaire* que nous irons voir l'étrenne d'à propos : le manchon pour toutes les fortunes et pour tous les âges , la palatine de bal, et la pelisse fourrée. **M. Carton.** le nou-veau propriétaire du *Solutaire*, donne beaucoup de soins aux manteaux de toutes sortes : — man-teaux en drap, en velours ou en satin ; mantelets de satin ou velours, garnis de dentelles ou de hautes franges.—Le magasin du *faubourg Poisson-nière* est, depuis sa création, un port de salut pour les donneurs d'étrennes. Là , elle est toute faite ; reste à savoir le chiffre que l'on veut mettre à sa valeur. Souvent ce sont des hommes qui achètent

des fourrures ; c'est surtout à eux qu'une recom-mandation est utile. En général, ils ne se connais-sent pas le moins du monde à cette emplette ; il leur faut s'adresser à une maison toute de con-fiance : celle-ci leur garantit toute sécurité ; c'est un avis que j'adresse également aux femmes peu connaisseurs, en leur rappelant à quel point il est aisé d'être grossièrement trompée, dans ces mai-sons, comme il y en a tant aujourd'hui, sans passé et sans avenir

***

CACHEMIRES.

(*Suite.*)

J'ai dit dans ma précédente livraison l'in-fluence qu'un fabricant consciencieux et intel-ligent me paraissait exercer sur les progrès d'une industrie encore combattue.

Aujourd'hui c'est de l'industrie elle-même, en rapport avec une industrie rivale, que je veux m'occuper.

Les débats du châle de l'Inde et du châle français sont bien loin d'être à leur terme. Ils reposent sur une controverse qui peut encore se perpétuer ; mais néanmoins, il résulte d'une courageuse résistance, que si l'un des deux ad-versaires n'a pas perdu ses forces, l'autre en a beaucoup gagné.

Aujourd'hui le châle français est arrivé à un point de véritable perfection ; à une perfection qui égale si bien le beau châle de l'Inde, que l'on voit tous les jours les femmes riches du monde, celles qui soutiennent ce préjugé, celles qui ont l'habitude de juger l'un et l'autre, être obligées de regarder l'envers d'un châle pour s'assurer s'il a été fait en France.

Si donc il peut rester cette incertitude, où trouve-t-on la supériorité ?

Un grand nombre de juges désintéressés vont plus loin, et donnent la préférence aux cache-mires français.

Le cachemire, s'il est cachemire pur, sans mélange de laine, est positivement plus souple travaillé en France que travaillé dans l'Inde ; s'il a été filé avec soin, si la teinture est habile-ment composée, on en fera un châle solide et sans reproche.

Voilà le champion capable de lutter contre le cachemire de l'Inde.

Et encore, quant à l'aspect. Car il y a des positions que le cachemire français ne doit jamais abandonner ; il y a un terrain sur lequel il doit se placer constamment, et y attirer avec persévérance ses détracteurs. C'est celui des avantages réunis de l'un et de l'autre.

Discutons-les en quelques mots : « Le cache- » mire de l'Inde, dit-on, est plus beau que le » cachemire français, parce qu'il est plus fin et » plus souple, parce qu'il est rare et cher. »

D'abord, il n'est pas toujours beau, il est souvent même fort laid ; puis il est loin d'être toujours fin, et c'est d'ordinaire quand il est le plus fin qu'il est le moins souple sur la personne. Depuis qu'il n'est plus prohibé, il n'est plus assez rare pour que ce lui soit compté comme un mérite, et quant à mettre au nombre de ses avantages de coûter fort cher, le bon sens devra s'étonner d'avoir accueilli une pareille absurdité.

Ah ! si l'on disait : Les fabricants français n'ont pas fait un pas, nous sommes restés en arrière, et *malgré l'inconvénient* de son prix élevé, on se tient au châle de l'Inde, parce que seul, il a des beautés,

Ceci serait rationnel ; on passerait sur le mauvais côté de la chose en faveur de la nécessité.

Mais dans un temps où l'économie devient une maladie morale, mettre en principal avantage un prix exagéré, c'est une incohérence ridicule.

Le châle de l'Inde a encore des années de faveur ; mais le châle français a passé son *temps d'épreuves.*

Les mêmes épaules commencent à les porter l'un et l'autre, et c'est comme cela que le châle français doit arriver à la suprématie.

Il ne veut pas détruire des droits acquis, mais il veut établir les siens. Quand il aura bien fait comprendre ce qu'il est, ce qu'il vaut, le public et l'avenir lui donneront gain de cause.

A ce moment, où le cadeau prend l'étrenne pour prétexte, c'est une question de savoir bien employer une somme un peu ronde.

Si, par exemple, vous êtes disposé à mettre 6, 8 ou 900 fr. à un cadeau, que ce cadeau soit un châle, vous aurez un châle de l'Inde fort médiocre ; tandis que vous aurez un fort beau châle français, qu'on remarquera peut-être, et qui, à coup sûr, sera trouvé beau, s'il est reçu par une personne dégagée des préjugés que nous combattons.

BIJOUX.

Nous parlons ÉTRENNES, nous ne parlons pas splendeurs, parures, féeries, tout ce qui fait passer devant l'esprit les merveilles des Mille et une Nuits ou les trésors de Golconde.

Nous parlons étrennes, c'est-à-dire que nous causons ensemble des embarras de la situation, car il n'existe pas un donneur d'étrennes qui ne soit extrêmement en peine quand il s'agit de prendre une décision.

Alors vous demandez conseil, et moi je vous dis ce que j'ai vu pour vous, ce que vous ignorez peut-être ou que vous savez mal.

Il va être question de bijoux. Ce ne peut être au point de vue général, passant en revue toutes les grandes maisons qui font pour cette semaine des parures de vingt ou trente mille francs.

Cela m'entraînerait bien loin. Je n'entrerai même pas avec vous chez **Froment Meurice** ; nous savons bien qu'il ne fera défaut ni aux immenses demandes, ni à ces exécutions hardies et gracieuses qui ont fait son nom célèbre entre tous.

Le diamant est employé avec profusion, et presque toujours comme accessoire ou entourage, ce qui lui enlève de son importance.

Marrest. Bury et **Marlé** ont de petites parures de corsage en grenats et diamant, turquoises et diamant, qui doivent être signalées.

Mais, je le répète, les diamants ont pris un éclat si éblouissant, que nous les laisserons de côté aujourd'hui.

A moins que ce ne soit pour parler des diamants de **Savary-Mosbach,** véritable étrenne de jeune personne, et je dirai tout de suite, de jeune femme.

Voilà qui répond à bien des exigences ; — voilà qui satisfait bien des ambitions.

Il y a du reste deux façons dignes de porter les

diamants de **Savary-Mosbach,** c'est d'avouer franchement leur origine, ou de convenir, que, manquant de quelques pierres, on a dû les confondre. Les pierres de ces savants lapidaires sont belles et vraies. Les *défauts* qu'ils ont trouvé moyen d'imiter en perfection, donnent à leurs compositions la ressemblance la plus exacte avec la pierre précieuse.

Jusqu'à présent, le diamant et la pierre de couleur avaient été la principale étude de **Savary-Mosbach;** aujourd'hui ils s'attachent à l'imitation de la perle, et ils sont arrivés à quelque chose de merveilleux. La dureté, le poids, l'orient nacré un peu jaunâtre de la perle, a été compris avec un bonheur complet.

Les montures en or, souvent en or émaillé, sont élégantes et distinguées; c'est le bijou de prix moins sa valeur réelle, — durable, solide, aussi riche à l'œil des autres que celui d'une grande valeur.

On peut avoir pour 140 fr. une broche de corsage magnifique, perles et rubis, sur une monture d'or et d'émail. Chez eux, une boucle de bracelets en petits brillants a tant de vérité, que la personne à qui elle appartient peut à son gré la faire passer pour vraie.

Je vous signale avec toutes les recommandations imaginables des boucles de bracelets, forme de fantaisie, avec une pierre au milieu; des bracelets à trois rangs de perles, avec un fermoir en petits brillants et pierres de couleur; et des broches en camée ou peintures sur émail, entourées de moyennes perles dans un double filet d'or.

Le bijou est une fantaisie de mode; il ne faut pas y mettre une importance qui entraîne la privation pour la plupart des femmes.

Le bijou est une parure, — il contribue non-seulement au succès d'une toilette, mais à la beauté de la personne. Pourquoi les femmes se refuseraient-elles ce qui peut les rendre jolies?

Jusqu'à présent le semblant n'était pas avouable parce qu'il était grossier; mais ici, j'en appelle aux femmes riches, habituées à porter les diamants vrais et les pierres fines, — à moins d'être renseignées, elles se méprendront infailliblement sur le jugement qu'elles auront à porter.

Il y a encore des femmes qui résistent à porter des diamants faux, par la raison assez plausible

que beaucoup, par leur position, n'en doivent ou n'en veulent pas porter de vrais; mais il n'en est aucune qui se refuse à porter un bijou ordinaire; et pour beaucoup aussi un beau bijou serait une dépense, — possible peut-être, — mais difficile.

Qu'est-ce donc que ce petit secret entre la fantaisie et elle-même, cette innocente dissimulation entre la coquetterie de la femme et l'admiration qu'elle recherche? N'y a-t-il pas dans la vie des usurpations bien plus coupables dont on fait moins de bruit et qui trouvent moins d'opposants?

C'est aujourd'hui qu'il faut aller demander à **Rudolphi** ses bijoux d'argent nouvellement montés pour ces jours d'étrennes. Ses larges broches écossaises n'ont pas encore perdu leur distinction, et il a des bracelets que l'on dirait conservés depuis cette époque où la ciselure était le passetemps du statuaire.

Comprenez bien ce qu'est le bijou chez **Rudolphi**, et pourquoi je reviens souvent à ce magasin avec prédilection : c'est que les femmes de goût sans fortune, ces déshéritées de l'élégance et des splendeurs, ont là une source de joies pour leur vanité.

Le bijou d'argent est lui-même; ce n'est pas un semblant, ce n'est pas un à peu près. Il est ce qu'il est. OEuvre d'artiste, il s'adresse aux gens distingués; tout le monde ne le comprend pas, et c'est là ce qui fait sa gloire. — Quoiqu'il soit moins cher qu'un bijou de luxe, il a pourtant une valeur d'estime qui n'est pas en rapport avec son apparence sérieuse. — En un mot, il restera longtemps encore aux femmes d'un goût sûr et distingué.

Voyez ses épingles pour jabots d'amazones, ses boutons de manches et de fichus, formés de petits animaux ou de figures groupées avec grâce. — Pour les négligés de jour, et pour monter à cheval, il y a chez Rudolphi des breloquets, presque unis, à doubles chaînons, tombant d'une plaque ronde, qui sont, à mon avis, la plus charmante simplicité qu'une femme élégante puisse porter.

Vous ne pouvez oublier un de nos magasins favoris, le dépôt de corail de M. **Bert.** Je vous rappelle ses bracelets et ses rangs de magnifiques coraux unis ou à facettes, roses ou rouges. — C'est fort à la mode aujourd'hui; et le corail, d'ailleurs, est une pierre qui s'utilise longtemps. Comme petits cadeaux sans importance , nous trouvons chez M. Bert des breloques très-bien taillées, et des boutons de chemise de très-bon goût, également pour les fichus de femme et les manchettes.

Je ne vous dis rien des ouvrages artistiques de cette maison, — ouvrages d'un grand prix, réservés à de vrais amateurs ; mais je vous recommande, comme le plus charmant cadeau à faire , quand la convenance se rencontre, des petites tabatières en corail, montées avec un art très-bien entendu , sans travail inutile, plaques unies et monture unie.

Je ne m'arrête pas à des détails qui, cependant, méritent votre attention, si vous faites une visite au faubourg Poissonnière ; le récit en serait trop long ou incomplet. Je me renferme dans cette recommandation — d'aller voir. — Il y a dans cette maison des curiosités imprévues , dont l'usage n'est pas indiqué formellement peut-être , mais qui, par cela même, répondent à des nécessités plus exigeantes.

Le corail est en faveur, et il est de bon goût de l'accepter.

Étrennes de fantaisie.

A partir d'aujourd'hui , on verra la foule commencer à prendre le chemin de la rue du Coq-Saint-Honoré. Les galeries d'**Alphonse Giroux** sont visitées par tout ce qui habite Paris, — Parisiens ou étrangers.

C'est, dans toute l'acception du mot, une exposition publique.

Giroux , il est vrai , a pris le véritable moyen d'appeler à lui un public universel : il a les nouveautés les plus riches et les plus élégantes, et en même temps de charmantes choses simples qui portent le cachet d'une maison maîtresse , mais qui n'ont rien d'étrange.

Les premières coûtent fort cher, peut-être, et il est assez juste que l'on en fasse payer la primeur; les autres, au contraire, n'ont aucune prétention , si ce n'est celles d'un prix à la portée de toutes les bourses.

Dans un des salons, il y a tout un étalage composé de ravissants objets à 2, 3 et 5 fr. — porcelaines et terres artistiques, bronzes de goût , jolis cristaux ; bijoux d'étagères qui seront d'autant mieux reçus que la marque de **Giroux** leur donnera un mérite tout en dehors de celui qu'ils auront d'eux-mêmes.

Quant aux objets de prix , aux objets d'art ou de goût élégant, ai-je besoin de dire que nulle part vous ne trouvez ces riens nécessaires à l'usage habituel, comme vous les trouvez là, choisis et en nombre immense.

Tout ce qui est la fantaisie, pour l'ouvrage, le bureau, l'intérieur, est réuni dans les salons de la rue du Coq. La fantaisie imprévue, inutile et indispensable tout à la fois.

Vous savez ce qu'est le joujou dans cette maison où l'on vend une poupée de 5 fr. à côté d'un automate de 4 ou 500 fr. — Cet Hiver, les ballons, ne pouvant plus faire leur ascension à l'Hippodrome, se sont réfugiés chez **Giroux** , où s'est révélée tout à coup une quantité d'aéronautes distingués.

Si vous voulez visiter un magasin où la fantaisie est œuvre d'art, voyez le dépôt des **grès de Voisinlieu**, rue Richelieu, 95. Je ne parle pas de ces pièces capitales qui , comme des porcelaines de Sèvres, sont taxées à 5 ou 600 fr.; je vous y envoie pour de jolies corbeilles de toutes grandeurs, dont la destination première est de recevoir des fleurs, puis qui passent ensuite à la table pour y mettre le pain pendant le déjeuner, les gâteaux du thé, ou les fruits rapportés du jardin. Je vous parlerai de charmants petits pots à crème ou à moutarde, d'un style tout-à-fait exceptionnel. Je vous recommanderai les *pots à chocolat*, à fermeture de métal anglais, spécialité de cette saison, et les pots à cidre qui, l'été, deviennent pots à bière et qui font valoir sur une table toutes les plus belles porcelaines et les cristaux fragiles.

Enfin, je vous parlerai de la **récente** nouveauté, jardinières suspendues, qui contiennent des masses de fleurs, comme une corbeille, et d'où s'échappent des fleurs tombantes disposées comme par enchantement en guirlandes aériennes.

Je crois avoir tout dit ici sur les grès de **Voisinlieu**. C'est la simplicité sérieuse ; c'est le goût dédaigneux du caprice et de l'apparence. Cette terre brune, de forme grossière, appelant à son aide avec sobriété quelques touches d'argent ou d'émail, ne perd rien de sa gravité, si je puis dire le mot;—c'est toujours l'œuvre d'artiste, pot à tabac ou porte-violettes.

La *fantaisie* nous conduit chez **Duvelleroy,** non pas seulement pour les éventails, mais pour les écrans dont il *édite* de charmantes nouveautés. Vous connaissez les figurines en papier de riz, je ne vous en dis rien ; mais ce que je vous signale et vous recommande tout particulièrement, ce sont des bouquets de fleurs qui se confondent dans un nuage de marabouts, et des petites figures aériennes qui paraissent suspendues sans soutien dans le cercle de l'écran.

Vous savez aussi les richesses que **Duvelleroy** reçoit des Indes et d'Orient, les écrans à manches d'ivoire et de bambou, en laque, en taffetas, avec leurs bizarres peintures stationnaires ; il a tout ce qui entre en France, tout ce que l'on fait aux Indes. — C'est une nouveauté d'avoir rappelé l'écran français, et cette innovation est précieuse.

L'éventail n'est plus une affaire de goût, c'est une obligation. Il n'y a pas de toilette complète sans éventail.

Au spectacle, on porte quelquefois de grands éventails très-simples, ou dans la chambre, chez soi, comme maintien et comme écran ; j'aime pour cela de jolies fantaisies chinoises dont **Duvelleroy** n'a que quelques rares modèles.

Il y avait, ces jours derniers, au petit salon du passage des Panoramas, une très-belle monture en nacre sculptée, faite exprès pour une feuille moderne.

Si je me permettais de dire quelle était sa destination, on comprendrait que ce soit un des beaux ouvrages de ce fabricant artiste. Je me borne à la consigner.

———

LIVRES D'ETRENNES.

Rue Richelieu, 44.

Le livre d'étrenne est ou très-sérieux ou tout-à-fait futile.

On donne à une femme un livre d'heures ou un keapsake; à un enfant, un livre de morale ou des images.

Curmer édite les ouvrages illustrés ; il a des reliures qui semblent faites pour toutes les dévotions comme pour toutes les admirations profanes; des missels que l'on croirait sortis des mains d'un moine habile et patient.

Comme je le disais tout à l'heure, on va toute l'année à la librairie de Curmer, parce que toute l'année on y trouve en collection complète les livres d'église qui doivent être donnés aux mariées ou aux premières communiantes. Mais à cette époque on y trouve cette collection renouvelée. Ce ne sont plus les reliures dont je vous parlais avec louanges l'an dernier ; ce sont maintenant des dentelles de bois, des applications d'écaille et d'ivoire ; des mosaïques en maroquin, bigarrées comme un tapis d'Orient ; des figures d'or ou d'argent sur un fond en velours ; de délicates et grandes fleurs d'argent, découpées sur fond de velours ou de maroquin, richesse de bon goût. — L'argent bruni et l'argent oxydé ont un cachet tout-à-fait exquis. — C'est sérieux et c'est de la nouveauté ; c'est du bijou et c'est solide. J'ai surtout très-remarqué ces ornements posés sur une reliure de maroquin à raies ; je n'avais rien imaginé de plus charmant.

Je ne puis parler en détail de toutes les publications pittoresques artistiques, littéraires, illustrées par de jolies et fines gravures; de voyages et des keapsakes. — Je vous rappellerai brièvement que **Curmer** édite de magnifiques ouvrages ; qu'il a en ce moment un *Paul et Virginie* avec des épreuves avant la lettre, et des bois tirés sur papier de Chine ; ayant au commencement des *fac simile* précieux, et dans le courant, des dessins originaux et des portraits qui se trouvent exclusivement dans cette édition, qui, du reste, reliée avec un luxe simple, ne vaut pas moins de 1,500 fr.

Comme curiosités de bibliothèque, comme présents d'amateur, c'est **Curmer** qui a les ouvrages recherchés, et s'attache, en véritable bibliomane, à composer des ouvrages uniques, mettant ici une gravure, là un portrait, plus loin des additions qui ne se retrouvent pas dans les ouvrages du même titre. Pour un amateur, c'est faire d'une édition banale une œuvre toute personnelle, et c'est un mérite plus grand peut-être que celui d'un livre qui n'aurait jamais eu de semblables.

Les livres pour l'enfance y sont traités avec le soin que demande cette spécialité. Un joli petit volume, illustré par de bonnes gravures, se distingue entre tous les autres, illustré surtout par son titre, qui porte un grand nom d'auteur : *Gribouille*, par *Georges Sand*.

CHEZ TAHAN.

Vous ne savez pas, mes lectrices, tout l'embarras que j'éprouve à vous raconter comme je le voudrais la visite que j'ai faite aux doubles magasins de **Tahan**, ce ministre du goût comfortable, ce conservateur de l'art industriel.

Si je n'écoutais que mon admiration pour les beautés sérieuses qui m'ont le plus frappée, je je vous décrirais minutieusement des chefs-d'œuvre de sculpture en bois de poirier, luxe de l'artiste, graves, sévères et dédaigneux de l'apparence.

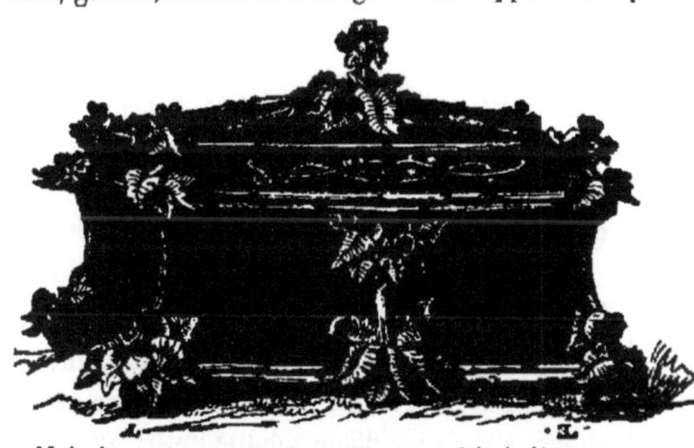

Mais le prix en est fort élevé, et j'ai dit que je n'écrivais pas uniquement pour ceux qui peuvent mettre beaucoup d'argent à une fantaisie.

Ceux là, d'ailleurs, savent bien qu'il faut aller chez **Tahan** cette semaine; ils n'ont pas besoin de mon enseignement pour cela.

Les personnes pour qui j'écris en sortant de ces magasins, où la nouveauté s'est présentée à moi sous mille formes, sont celles dont le goût délicat et sûr, contraint par une petite fortune, s'arrêtent peut-être devant ce sanctuaire, ne croyant pas possible d'y entrer.

C'est à elles que je viens donner ce bon avis qu'elles peuvent aller sans crainte demander à **Tahan** le *bahut*, le *bureau de femme*, l'*étagère*, les petits meubles, les coffres de toutes sortes ; tout cela est marqué au sceau de la fashion ; simple ou riche, utilité ou caprice, *c'est signé Tahan*.

Ce que je recommande bien particulièrement à votre examen sont des petites *jardinières* de table en bois de rose, avec des médaillons en porcelaine de Sèvres, charmantes formes gracieuses, rehaussées de quelques délicates dorures.

Certainement, si je vous dis que pour 50 ou 60 francs vous aurez une de ces jardinières ou une charmante *table-étagère* du même genre, vous trouvez cela bien attrayant, n'est-ce pas?

Si donc il y a beaucoup d'appelés au magasin de la rue de la Paix, il y aussi beaucoup d'élus. La fantaisie est l'étrenne à la mode, et **Tahan** la pensé qu'une mode non moins dominante, c'est l'économie.

ARGENTURE.

Maison Thomas, boulevart des Italiens.

Nous n'avons pas causé depuis quelques mois de cette industrie qui a fait de nouveaux efforts pour soutenir dignement la faveur publique. Aujourd'hui, je n'ai plus à plaider pour elle, sa cause est jugée ; — c'est presque à l'argenterie qu'il faudrait prêter un appui.

L'*argenture* n'a plus qu'un ennemi : c'est elle-même.

Si tous les magasins respectaient les obligations imposées, tout serait à peu près dit sur cette innovation qui a converti les plus rebelles. Je mettrais en fait qu'il n'y a pas une maison nouvellement organisée depuis deux ans, qui ne confonde, au moins, l'argenture moderne à l'argenterie de famille.

Je sais même bien des grandes fortunes qui ont vendu d'énormes plateaux, de lourdes cloches vieillies, pour acheter de jolis objets à la mode.

Et c'est faire preuve de bon esprit.

Il est évident que celui qui couvre sa table de vaisselle plate, doit avoir moins en vue d'étaler de l'argent que du goût.

Une vieille argenterie est comme une antique voiture : elle ne fait que fort peu d'honneur à son propriétaire, et elle représente un lourd capital.

Mais je reviens à l'observation que j'ai faite au commencement, sur le tort que les argenteurs peu consciencieux font à l'argenture.

Mes recherches, à ce sujet, m'ont arrêtée chez M. **Thomas,** boulevart des Italiens. La garantie de M. *Christofle* appuie cette maison d'un suffrage complet, et vous avez autant de sécurité en vous adressant à M. Thomas que si vous alliez directement rue de Bondy.

Ce moment de cadeaux d'étrennes met au jour de jolis modèles nouveaux pour les services de table, les thés et les déjeuners. Rien n'arrête le goût de l'artiste, il exécute comme l'orfèvre; il est impossible de distinguer à l'œil une pièce argentée d'une pièce d'argenterie. La durée, pour certains objets surtout, est celle de la vie; ce qui fatigue peu, ce qui ne sert pas tous les jours, peut durer vingt ans sans s'altérer; — pendant ce temps l'intérêt de ce qu'aurait coûté l'argenterie met à même d'acheter un autre objet si le vôtre est passé de mode.

Vous avez aujourd'hui en argenture les plus ravissants modèles que fasse l'orfèvrerie, et vous en voudriez qui vous fussent particuliers, on les exécuterait en perfection. Les formes coquettes et artistiques le Louis XV, l'arabe, le gothique, sont reproduits avec le style d'ornementation propre à chacun; le Louis XV a ses moulures mates ou brillantes; l'arabe, ses gravures déliées; le gothique, ses arabesques en bas relief, et ses pans carrés.

J'insiste sur les cafetières, les pots à crème, les théières, les bouilloires, parce que c'est un cadeau si souvent désiré, que je crois remplir bien des intentions en allant au-devant d'incertitudes fatigantes. Dans quelques semaines, je m'occuperai avec de longs détails du service de table, et je donnerai le dessin de quelques modèles spéciaux.

D'ici là vous aurez, je pense, visité le magasin du boulevart des Italiens, et vous aurez apprécié une partie de mes renseignements.

LAMPES ET BRONZES.

Châtel, place d'Angoulême.

Les lampes sont partout, chez les grands du jour, chez le petit bourgeois et chez l'artisan.

Mais tout le monde ne sait pas à quel genre il faut donner la préférence.

Les Carcel, de primitive mémoire, jouissent encore de leur vieille célébrité. Elles ont été si longtemps, je ne dirai pas — les meilleures — mais les seules, que beaucoup de gens ne croient qu'à elles, et cependant les *modérateurs* sont d'un usage infiniment préférable.

La raison en est simple.

Une lampe Carcel et une lampe modérateur donnent, à calibre égal, une lumière égale. La première a l'immense inconvénient de se déranger très-souvent, la seconde ne se dérange jamais.

En première acquisition, la lampe Carcel coûte fort cher, — la lampe modérateur est d'un prix fort ordinaire.

L'entretien des Carcels est très-dispendieux; — l'entretien des modérateurs est nul; un nettoyage annuel n'est même pas nécessaire avec un soin quotidien.

Après ces notions générales, je vous donnerai l'enseignement précis. C'est à M. **Châtel** que je vous engage de vous adresser, si vous avez une emplette de ce genre à faire. Son **système** parfaitement simple est d'une solidité invariable, et il a des modèles d'un goût exquis et d'une remarquable richesse.

Ses garnitures de cheminée vaudraient une visite à ses magasins de la place d'Angoulême, Vases de hautes dimensions, pots à feu, servant alternativement à mettre des fleurs, les lampes ou les branches de candélabres; girandoles avec de gracieuses petites figures supportant les masses de bougies. Pour ces jours d'achats, M. **Châtel** a des porcelaines de toutes grandeurs, montées dans des bronzes de valeur, et entre autres des bleus unis à réserve blanche, d'un goût pur et recherché.

Magasins d'étrennes.

Detouche.

J'ai dit que nous reviendrions visiter ces vastes magasins de la rue St-Martin, et en effet c'est bien le lieu où l'étrenne est exposée dans toute son immense étendue.

Vous pouvez y entrer sans avoir longuement

réfléchi au présent que vous voulez faire. — Jetez les yeux autour de vous, l'idée viendra. Sans vous consulter sur un prix longtemps à l'avance, il vous sera facile de rencontrer votre convenance en présence des prix si divers qui vous seront proposés.

L'horlogerie est principale dans cette maison ; la pendule de grand prix et le petit cartel de bureau, l'horloge de bibliothèque ou de salle à manger, le grand sujet en bronze d'art, pour le salon, le petit modèle Louis XV pour le boudoir de femme, tout est réuni. Les montres pour répondre à toutes les obligations: montre d'argent de 25 francs, montres à répétition à boitier d'émail ou incrusté de pierres fines.

La bijouterie, qui comprend les parures de diamants, commence à l'alliance de mariage. J'ai pris note, pour vous en parler, de fort beaux bracelets. L'un entre autres formant un ruban de perles et d'émail m'a paru d'un prix séduisant. Je veux aussi, pour vous donner une idée des prix, vous désigner comme cadeau de jeune personne, une bande d'or unie, autour de laquelle tourne un serpent ciselé; — c'est joli, bien fait, très-suffisamment fort, et cela coûte 30 fr., pas plus qu'un sac de bonbons ! Je voudrais dire quelques mots d'un baguier où sont réunies de fort belles choses. M. **Detouche** a abordé largement les pierreries, et je ne crois pas avoir vu jamais le diamant employé en nombre aussi prodigieux.

Le diamant sur papier est du reste une spécialité de cette maison

Si c'est l'orfévrerie qui vous occupe, vous verrez des services de table qui, sans être tout ce que le luxe a créé de plus magnifique, sont cependant fort à la mode et devront répondre aux obligations d'une grande fortune. Les cafetières pareilles à la théière, au sucrier et au pot à crème, font un ensemble que l'on réunit assez souvent sur un petit plateau d'argent. J'ai trouvé chez M. **Detouche** les jolis modèles arabes, et le Louis **XV**, qui se partagent le caprice du moment. Les détails de la table, détails isolés, souvent pris comme cadeau, méritent aussi que j'appelle sur eux votre attention —sur des huiliers charmants, avec leurs salières et le moutardier, en cristal bleu sous un branchage d'argent; le sucrier du même genre, etc.

Je m'arrête à ces quelques mots. J'ai cherché à vous présenter l'esquisse de cet maison immense. Je voudrais exprimer l'idée grandiose que j'en ai. Maison véritablement grande et fondée sur une base de succès infaillible, un choix intelligent à des prix très-peu élevés.

PARFUMERIE ÉLÉGANTE.

Guerlain.

Une bonne inspiration est celle qui vous conduira, mon lecteur ou ma lectrice, au petit salon de la rue de la Paix.

Guerlain n'a pas seulement, pour nous attirer chez lui, à cette époque de caprices et d'idées nouvelles, ses perfections connues de toute l'année ; il a des nouveautés, des fantaisies, qui bien certainement raviront la femme la plus habituée à toutes ces fines recherches.

Les *sachets* à mouchoirs, à gants, sont de véritables présents quand ils ont l'importance que leur a donnée **Guerlain**. Il a appelé au service de cette fantaisie, non-seulement des idées nouvelles et riches, mais un travail étranger. Les broderies d'or, d'argent et soie, sur satin de toutes nuances, rehaussées de perles de jais, sont de vraies magnificences, surtout avec leurs accessoires de rubans et dentelles d'or et d'argent ; — plus simple une jolie forme en satin de deux couleurs, espèce de portefeuille à liens de rubans, me paraît destinée à un réel succès. — Enfin, les *sachets algériens* avec leurs mosaïques de velours et leurs arabesques d'or, seront à mon sens une des innovations les plus remarquables de la saison d'étrenne. Sans rien ôter à ces ouvrages de leur physionomie pleine de caractère, **Guerlain** leur a donné à l'intérieur le soin parisien qui manque toujours aux détails des ouvrages orientaux. Vous trouverez à ces sachets une distinction artistique en harmonie avec le goût qui dirige l'ameublement. Vous leur trouverez cette richesse réelle qui plaît par son individualité.

Je vous recommande aussi, en même temps que de charmantes petites caves à essences pour le mouchoir, des *flacons arabes* pour suspendre à la ceinture. Ceci encore est tout en dehors de notre exécution française, et c'est un bijou très-coquet, avec ses enlacements de filigrane d'or et de corail autour du flacon d'ivoire qui contient le parfum.

Ai-je besoin de vous rappeler les provisions de la toilette que chaque année on demande à **Guerlain** pour renouveler ou fonder ce trésor des jeunes personnes qui comptent, pour premiers soins de leur beauté, les préparations de leur savant alchimiste.

A PROPOS DU SALON.

Des portraits de femme.

C'est le lendemain du jour où paraissent les *Abeilles* que le Salon sera ouvert. Dans un mois tout sera dit sur ce qui aurait quelque intérêt dans cette feuille, et comme les *Abeilles* n'ont pas la prétention de juger si haute matière, leurs causeries seraient tout-à-fait hors de saison après tous les jugements définitifs, celui surtout qui doit être sans appel, celui du public. Mais puisque j'arrive avant l'ouverture, je puis vous parler d'un des plus beaux ouvrages que vous y verrez, portrait de femme qui réalise tout ce que l'on peut exiger ou rêver dans un portrait : — la peinture savante, la ressemblance parfaite, et cette vérité de la personne qui est presque une autre création.

J'avais été à l'atelier d'Henri Scheffer. Cette visite est si pleine d'intérêt pour une femme, que j'y ai pensé à vous, mes lectrices, et je me suis promis de vous la raconter.

M. Scheffer admet à son atelier des élèves, jeunes filles et jeunes femmes, qui, sous l'œil du maître, peuvent devenir un jour Mme Lebrun ou Rosa Bonheur. ..

Rien n'est intéressant comme la femme vouée à une étude sérieuse. On prédit de l'avenir à ses débuts timides, comme on aime à trouver dans l'enfant l'être qui promet d'être un homme.

Plusieurs élèves de M. Scheffer exposent cette année ; quelques-unes sont sorties de chez lui avec un talent ; c'est une pépinière d'artistes qui, formées à l'école consciencieuse du professeur, feront école. à leur tour.

En attendant, ce sont presque des écolières ; mais si vous vous souvenez de mon récit, remarquez de bonnes peintures, dont le livret vous désignera sans doute le point du départ.

Le portrait que vous remarquerez comme un des plus beaux,—le plus beau peut-être de l'exposition,—est presque en pied, éclairé par une pleine lumière. Sa pose est simple, calme. Mme H. S. est habillée avec une robe de velours montante, et elle n'a rien dans les cheveux. L'artiste n'a pas cherché dans les détails les effets qu'il pouvait trouver dans la beauté grave et réelle de la nature.

Les femmes devraient toutes avoir le bon goût de se faire représenter telles qu'elles sont dans l'habitude de la vie.

Qu'est-ce qu'un portrait ? A quels souvenirs s'adresse-t-il ? A ceux qui ont vécu avec nous. Un portrait, c'est l'ombre que nous laissons ; c'est l'image chargée de nous représenter telle que nous étions, dans le lieu que nous habitions.

Le grand art du peintre consiste autant à avoir su prendre l'attitude habituelle de la personne qu'à avoir copié ses traits. — Le talent seul pourra faire un beau tableau ; l'intelligence est indispensable pour faire un bon portrait.

Le hasard qui m'avait favorisée le jour où je suis allée à l'atelier de M. Scheffer, m'y a conduite au moment où il venait de terminer pour son exposition, une poétique figure de Jésus prêchant dans le temple, physionomie intelligente et divine — qui fait penser et parle au cœur.

Des portraits d'homme, d'une ressemblance et d'une exécution admirables, justifient la réputation que Henri Scheffer s'est acquise comme le premier peintre de portraits.

LITTÉRATURE.

Nous donnons ici une petite nouvelle, inconnue sans nulle doute à nos abonnés, bien qu'elle ait paru dans le temps dans un recueil scientifique et littéraire qui ne se trouve plus que dans les bibliothèques, bien sûre de leur être agréable par cette publication.

ESQUISSE CONTEMPORAINE.

Les deux Dragons, tableau de genre.

D'immenses et hauts herbages, des bœufs qui s'y engraissent, des chevaux aux formes arrondies, à la démarche paisible, qui errent ou regardent par-dessus les haies semées de pommiers, vignobles de la Normandie ; un ciel brillant de soleil , et ses rayons qui s'adoucissent sur toute cette verdure ; une colline avec son chemin jaunâtre ; une troupe de jeunes gars normands qui descendent, s'entraînent bras dessus, bras dessous, en chantant faux et fort.....

Ce n'était pas un jour de fête, et des hommes bêchant quelque coin de terre se retournaient pour les voir passer. Ce costume endimanché, ces chapeaux bariolés de rubans de mille couleurs, — on eût dit une noce, — mais la mariée manquait. Au lieu de violon , un tambour. Au milieu des rubans , des plaques de papier portant les moindres numéros de l'alphabet arithmétique. Le premier de la bande, une énorme canne à la main, cette tournure de tambour major, dernière tradition des bizarres attitudes guerrières, dont l'image curieuse se retrouve dans quelques gravures du XVIᵉ siècle.

C'était donc des conscrits ; — il ne leur manquait, pour jouir de leur reste, que d'être tout-à-fait ivres, et c'est à quoi ils pourvoyaient en réveillant leur soif d'un village à l'autre, trempant chaque fois leur cidre dans du vin. — Ils faisaient bien ! L'ivresse, dit-on , est mauvaise pour les sauvages, qui n'ont pas besoin d'ivresse, — ils sont libres ; — mais, quand le villageois quitte sa chaumière, sa maîtresse, pour servir sous un caporal , le vin profite et l'on n'en saurait trop boire !

Derrière la troupe, marchaient deux jeunes paysans, l'un d'une taille médiocre. — Une figure douce et pâle, de grosses larmes coulant dessus ; l'autre, haut, robuste. — Des cheveux d'un roux ardent, des joues rondes et rouges comme le fruit de la province ; les plus beaux yeux qu'on puisse voir, tant ils étaient grands, fermes, gais et bleus : — il faudrait que Charlet les ait vus.

Mais cette figure joviale était presque triste en ce moment. Penché sur son camarade, le soutenant d'une main et posant l'autre sur sa poitrine gonflée de sanglots, Norbert s'y prenait de son mieux pour le consoler : « Ne pleure pas, Thibaut, disait-il en le secouant ; — à quoi ça sert ? — Qu'est-ce que tu regrettes donc ? Tu es orphelin. — Nous partons ensemble. —

La guerre, je ne la hais pas, moi, — ni toi non plus, je t'en réponds. Tu es un peu enfant ; mais, au fond , tu as du cœur, tu en as, Thibaut ! si tu me voyais dans l'embarras..... Tu aurais mieux aimé le séminaire qu'un régiment ? Bah ! la tonsure ! — bon pour les chauves. — Des Français comme nous, c'est fait exprès pour la troupe. — Là c'est que tu penses à la fille à Girard , elle ne vaut pas ça, vois-tu ; et moi, qui te parle, j'en avais une aussi qui pleurait ce matin. C't' idée de femme... — Allons, allons, vive la joie ! — vive l'empereur ! — le roi, il faut dire, — car, pour l'autre, il paraît qu'il est mort tout de bon. — Viens, nous vivrons longtemps ensemble, nous deux. — Viens ! »

La troupe s'arrêta autour d'un petit cabaret situé au bas du coteau. Bonne station pour nos pélerins ! Toutes les voix appellaient Norbert. « Les fainéants , disait-il , ils ont besoin de moi pour rire. » — On buvait au grand air, à l'ombre ; le cidre pétillait comme du champagne ; des cris, des verres brisés, de bons tours aux camarades, et des refrains, et des chorus ! Plusieurs de ces chansons populaires, psaumes de ceux qui ne savent pas le latin. — Norbert même improvisait des couplets, moins riches de rimes que de verve villageoise. — Puis des saillies, des éclats. — Que de gorgées renvoyées par le rire !

Norbert n'était pas de ceux qui regardent l'effet qu'ils produisent, mais voyant, du coin de l'œil, Thibaut qui riait malgré lui, assis à sa droite, le bon jeune homme en prit tant que si son camarade ne l'eût ramené trébuchant, au village, il eût dormi-là, à la belle étoile, au fond d'un fossé, bivouac des ivrognes. — Il n'en aurait pas plus mal dormi.

Les deux Normands avaient été dirigés sur un régiment de dragons en garnison en Alsace. Norbert était surtout propre à cette arme, qui tient à la fois de la troupe légère et du cuirassier.

Elle souffrit, dit-on, lorsqu'on voulut y mêler du fantassin. — Mais les dragons ont fait parler d'eux en 1814, quand, pour bien finir, chacun fit de son mieux. — On en parle encore, et grâces à ces vieilles bandes accourues d'Espagne au secours de la patrie, ces gens du Nord ont laissé des carcasses de plus pour engraisser nos champs et nos chiens.

Norbert avait tant fait, qu'on ne l'avait pas séparé de Thibaut. « Si vous ne nous laissez pas ensemble, disait-il à l'officier de recrutement, sauf respect, mon capitaine, je vous promets que je déserte. » L'officier était jeune: il comprit le paysan, et Thibaut fut dragon.

Un dimanche soir, deux mois après son entrée au régiment, il était assis seul, près d'une table, dans le jardin d'une brasserie, rendez-vous ordinaire des cavaliers. Son casque était placé devant lui, à côté d'un pot de bierre et de deux verres énormes. Il s'ennuyait en attendant Norbert qui tardait à venir.

En ce moment vint un dragon, surnommé le *Parisien* et connu de tous pour un homme dangereux, féroce, brave pourtant, fameux par son adresse dans tous les genres d'escrime et par vingt duels funestes à ses adversaires.

Le Parisien s'avança, suivi de deux cavaliers et d'une fille. Toutes les tables étaient prises. Il s'approcha de celle où Thibaut s'était assis, et, faisant glisser le fourreau de son sabre au ras de la table : « Place aux anciens, conscrit, lui dit-il en jetant bas le casque, le pot et les verres; va-t'en bâiller ailleurs ; m'entends-tu?» Thibaut le regardait, tout étourdi de cette attaque imprévue.

« Va-t'en donc, » dit le Parisien en le poussant brusquement. Thibaut se débattit, et le mot de *brutal*.... L'autre avait déjà bu copieusement; le sang lui monta au visage: deux soufflets retentirent sur celui du jeune soldat; tous les cavaliers se retournèrent.

Thibaut n'était pas un lâche, non certainement; mais son inexpérience, sa faiblesse, sa stupeur, la redoutable réputation du Parisien, ce que l'affront même avait de terrible, ces mots, ces regards moqueurs qui l'accablaient de toutes parts.... La fille s'était jetée entre l'autre et lui. Bref, il ramassa son casque et sortit, non sans jeter sur le Parisien un regard plein de colère, non sans penser à une vengeance; mais le chagrin et la honte étaient ce qu'il sentait le plus, et il pensait surtout à Norbert.

Il le cherchait au hasard et comme par instinct. Il l'aperçut enfin qui se promenait tran-

quillement sur le rempart, serrant le bras ou plutôt tenant le sien autour d'une grande et jolie paysanne, qui riait, comme lui, de tout son cœur, et marchait à demi penchée touchant de ses lèvres l'épaulette du dragon.

Dieu sait pourquoi le patois normand et le jargon d'Alsace pouvaient jaser ensemble et se comprendre. Deux mois de service avaient déjà fait de Norbert un cavalier accompli, et quand les jugulaires de son casque encadraient cette figure animée, quand le cuivre de sa visière brillait au niveau de son œil hardi, quand le rire secouait sa jeune moustache, il n'est pas étonnant qu'il plût aux jeunes filles alsaciennes, race de femmes féconde en bons, en beaux soldats, et qui les aime.

Ils riaient donc tous deux, et sans quelques baisers ils auraient ri toujours. Thibaut les atteint, Norbert lève les yeux....

« Qu'as-tu? » s'écria-t-il, en quittant brusquement la jeune paysanne.

Thibaut se jeta en pleurant sur la poitrine de son ami, et cet embrassement émut plus Norbert que tous ceux de sa maîtresse.

« Est-ce qu'on t'a manqué, Thibaut?» reprit-il en baissant sa tête sur lui et le soutenant dans son bras gauche. Je ne sais quel sentiment l'avertissait.

« Oui, dit Thibaut, en se frappant le cœur ; le Parisien.... »

Norbert devint pâle comme un mort. Il lui avait suffi de voir le Parisien pour le prendre en haine, et d'entendre son nom pour être sûr....

« Il t'a frappé, dit-il, mille noms de.... L'as-tu tué, le brigand ! C'est ma faute, ajouta-t-il, en frappant du pied, c'est ma faute. — Je t'avais promis de me trouver-là, — pour une fois que je te quitte, — mais ne m'en veux pas, Thibaut, s'écria-t-il en lui serrant les mains. — Deux larmes roulaient dans ses grands yeux. — J'vais t'venger. — Viens.

(La suite au prochain numéro).

MÉMENTO.

Je vous rappelle à ce moment de recherches et d'acquisitions une maison dont nous nous sommes déjà occupés plusieurs fois, c'est un magasin de soieries, Fessart, *Aux deux Pages*, rue Vivienne, n° 11. C'est très-important à ce moment de savoir où l'on peut, avec une confiance aveugle, aller chercher la robe de soie unie ou la robe de velours, sûre d'acheter une bonne qualité à un prix au-dessous des maisons du même genre. *Aux deux Pages*, vous trouvez, des choix suffisants, de belles nouveautés riches ; mais ce que vous trouvez surtout, ce sont les bonnes étoffes solides et durables ; de jolies demi-toilettes pour robes de fatigue, et ces étoffes sans nom qui font, selon l'occasion, selon la personne, un négligé ou une parure.

———

Traversez la rue. La maison Demy-Doineau a, pour ces jours de présents utiles, des tapis et des portières que je vous signale. Vous trouverez des moquettes dont j'ai envie de ne pas vous dire le secret du bon marché ; mais on vous le dira chez MM. Braquenié ; quoique cette moquette puisse bien passer, j'en réponds, pour des plus solides et des plus correctes. Le secret, j'aime mieux vous le dire : c'est que l'envers est en coton, mais tout ce qui use à l'endroit est en laine, belle et forte. C'est pour des portières et pour des meubles que cette étoffe est à ne pas oublier ; — il y a souvent des appartements où une moquette irait à merveille et où on ne la met pas, à cause du prix trop élevé.

———

Les cannes sont absolument de rigueur : — petites cannes délicates avec une tête de fantaisie, en pierre, en or ou en platine. Le jour, même, un jeune homme a quelquefois à la main une canne à tête d'or. — Voyez Cazal, qui a fait faire pour ces jours d'étrennes de jolies petites têtes dont le modèle lui appartient. Vous verrez en même temps son nouveau système de parapluies qui a un grand succès. — Comme il est d'obligation d'avoir un joli parapluie, beaucoup de mères font ce cadeau, qu'un jeune homme hésite souvent à se faire lui-

Le *Cosmaceti* a pris son rang parmi les préparations de toilette que le bon goût accepte et que la faculté autorise. Son parfum est agréable, ses qualités réelles le mettent sur toutes les toilettes de femmes et dans les nécessaires d'hommes, car, dit-on, il enlève l'ardeur du rasoir. Vous trouvez, au magasin de la rue Vivienne, des flacons de cheminée tout remplis de *Cosmaceti*, prêts à être enveloppés et offerts en cadeau d'étrennes. Il y a aussi des boîtes à odeur, garnies de jolis flacons, qui seront reçues avec grand plaisir.

———

La carte de visite doit être étudiée chez **Aumoitte** (passage des Panoramas). C'est l'actualité la plus incontestable. Chacun renouvelle ses cartes pendant cette semaine. — Voici l'enseignement : la carte mince, polie, flexible, n'est pas excessivement grande ; cependant celle des femmes est un peu plus grande que celle des hommes. Le caractère *italien* est le plus en faveur. C'est celui qui semble écrit à l'envers, avec les pleins à la place des fins ; lettres grêles et de petite grandeur. Le caractère *américain*, régulier, correct, délicat, est fort bien aussi, et beaucoup de personnes le préfèrent. Pour les hommes, c'est un peu plus prononcé ; le *caractère monstre* a les lettres chargées d'ombre délicate. Aumoitte a de jolies fantaisies de bureau et des cachets en grande collection.

———

Il y a longtemps que je ne vous ai parlé de *Mercier-Limet* ; et c'est bien en ce moment que je dois vous rappeler ses pâtisseries d'entremets et de souper. Voici les dîners et les bals ; *Mercier* n'a pas seulement du talent comme pâtissier ; il en a, vous savez, pour ses entremets fins et recherchés. Je vous remets en mémoire la gelée de fruits glacée au rhum, qui assurerait à elle seule une renommée si elle avait pour chantre un Brillat-Savarin. —A défaut de cette appréciation de connaisseur, croyez à ma consciencieuse appréciation, et demandez à Mercier sa charmante et exquise merveille.

MAISONS SPÉCIALEMENT RECOMMANDÉES.

Nom	Spécialité	Adresse
Alexandrine	Modes	rue d'Antin, 14.
Aumolite	Graveur	passage des Panoramas, 7.
L. Bidau	Calorifères	boulevart des Italiens.
Blétry	Cachemires français	rue Richelieu, 102.
Blum frères	Vêtements pour hommes et enfants	rue Montmartre, 139. Villes e Suisse.
Bona	Dessinateur	place de la Madeleine, 10.
Clémençon (Madame)	Corsets	rue du Port-Mahon, 8.
Cazal	Cannes et ombrelles	boulevart des Italiens, 27.
Cosmacéti	Vinaigre de toilette	rue Vivienne, 55.
Constantin	Fleurs artificielles	rue d'Antin, 7.
Deiny-Doineau	Étoffes pour meubles	rue Vivienne, 16.
Duvelleroy	Éventails	passage des Panoramas, 17
Eau Napoléon	Eau de toilette	place Vendôme, 23.
Froment-Meurice	Joaillier	rue du faubourg Saint-Honoré, 51
Groult	Pâtes	passage des Panoramas, 3.
Guerlain	Parfumeur	rue de la Paix, 15.
A. Giroux	Papeterie	rue du Coq Saint-Honoré.
Jullen	Fleurs artificielles	rue Montmartre, 167.
Kiesel	Tapissier	boulevart du Temple, 33.
Laboulée	Parfumeur	rue Richelieu, 83.
Lachaume	Fleurs naturelles	rue de la Chaussée-d'Antin, 46
Lenègre	Relieur	rue Saint-Germain-des-Prés, 11.
Mansard	Grès de Voisinlieu	rue Richelieu, 93.
Marion	Papetier	cité Bergère, 14.
Masson	Chocolat	rue Richelieu, 28.
Mercier Limet	Boulanger-pâtissier	rue Taitbout, 44.
Moniel Galy (Madame)	Modes	rue Choiseul, 17.
Piffaut (Madame)	Robes	rue de la Chaussée-d'Antin, 42
Rudolphi	Bijoutier	rue Tronchet.
Sajou	Ouvrages et dessins	rue Rambuteau, 52.
Savary et Mosbach	Diamants faux	rue Vaucanson, 4.
Tahan	Coffrets et meubles	rue de la Paix, 32.
Thomas	Argenture	boulevart des Italiens, 10.
Trois-Quartiers	Nouveautés	boulevart de la Madelaine.

HOTEL DU HELDER.

Rue du Helder, 9.

Appartements et chambres meublés. Service actif et intelligent. Proximité du boulevart, de la Bourse, de l'Assemblée, des théâtres ; très-bonne table.

On trouve dans l'hôtel même un restaurant et des voitures de remise.

EAU NAPOLÉON.

Place Vendôme.

Eau de toilette d'un parfum très-agréable et d'un usage salutaire. On l'emploie pour les bains et différents usages hygiéniques.

MERCIER LIMET.

Rue Taitbout, 44.

Boulangerie fine, petits pains de toutes sortes, et tout ce qui tient le milieu entre le pain et le gâteau à l'usage des déjeuners et du thé du soir. Mufflings. Pâtisserie de table. Galette de ménage. Petits Fours pour dessert. — *Spécialités :* Messinois, saint-honorés au café et au chocolat pour entremets. Gelées, macédoines glacées.

P. SYSTERMANS,

Rue Fontaine-au-Roi, 17.

Facteur de pianos. Réparations, Locations, Échanges et Accords. Service prompt et exact.

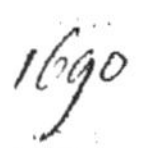

AVIS IMPORTANT.

Adresser toute espèce de réclamation et demandes de renseignements, à la Rédaction : rue Bourdaloue, 9. Mᵐᵉ Cᵗᵉˢˢᵉ AUBERT.

Paris au mois de Janvier.

Il règne une certaine animation pendant tout ce mois, qui a provoqué tant d'émotions, tant de travaux, tant de dépenses.

Les grands magasins sont encore tout reluisants de ces magnificences coquettes qui semblaient devoir forcer les hésitations. — Les rues et les boulevarts sont encore habités par les marchands forains, que le ciel a favorisés de quelques jours printanniers.

Il est de fait que l'année a commencé avec un printemps prématuré. Un voyageur que l'on aurait envoyé dans le Midi pour y chercher une douce température, pourrait réellement se croire au bout de son voyage.

Il a fait de ces heures de soleil qui épanouissent l'esprit, qui trompent les oiseaux, qui vivifient la nature. — Il y avait je ne sais quoi de réjouissant dans ce soleil inattendu ; les violettes parfumaient l'air comme au mois de mars ; on aurait dit que le ciel souriait à la terre pour lui annoncer une bonne année.

Qu'il en soit ainsi !....

Mais, malheureusement, les anciens, les sages disent que chaque chose doit venir en son temps : le mal comme le bien ; que le froid et la gelée sont les compagnons de l'hiver, et que si nous en sommes dispensés, ils nous envoient à leur place, aux beaux jours, la disette et les maladies.

Toujours est-il que la température de la saison n'a pas répondu aux dispositions que la saison de toilette avait faites.

On avait préparé les fourrures, les casaques de chambre, les coins de feu, tous ces préservatifs ingénieux qui permettaient de lutter contre de vives gelées.

Les doubles chaussures sont mieux venues ; le pavé humide et sale a conservé ses prérogatives, et si un ciel bleu au-dessus de nos têtes nous faisait croire au printemps, nous étions bien forcés de revenir à la réalité du calendrier, en chaussant le caoutchouc protecteur.

Les bals sont assez fréquents et les toilettes y sont élégantes.

Les soirées de musique sont en pleine faveur, et tous les salons qui comptent recevoir ont pris leur jour.

D'autre part, tout ce qui est du monde artistique a déjà dit quelques mots à la saison d'hiver. Les opéras promis sont donnés ; les artistes annoncés sont entendus, et, enfin, le Salon est ouvert.

C'est le moment où les étrangers viennent nous visiter. Paris a un temps de fêtes, et nous y sommes.

TOILETTES D'HIVER.
1851.

Les toilettes sont aussi recherchées qu'il avait été possible de le supposer. Je devrais même dire : le costume ; car il ne s'agit pas ici seulement de la mode donnée par quelques femmes et de quelques exceptions que l'on remarque sans les imiter, il s'agit du costume en général.

Tout est relatif.

Si je dis que tout le costume des femmes a un cachet de recherche élégante, je ne veux pas dire que toutes portent un mantelet de velours garni d'une dentelle de 1,000 ou 1,200 fr., ni des robes de moire antique à 60 fr. le mètre ; mais j'entends que les femmes les plus simples sont forcées de sortir de leur uniformité pour subir quelques fantaisies impérieuses.

Je sais des femmes de quarante ans qui avaient décidé l'année dernière qu'elles ne porteraient pas de manches pagodes, ni de robes ouvertes; que ce n'était pas de leur âge; qu'elles s'y refusaient. Cette année — elles ont un an de plus — et elles portent les manches et les corsages dont elles ne voulaient pas entendre parler, parce que, sous peine d'être ridicule, il faut subir l'influence dominante.

Et rien n'est entraînant comme cette mode de corsage et de manches qui laissent voir une lingerie plus ou moins coquette.

Tout le tact de la femme est dans ce choix de la lingerie.

Beaucoup de dentelles qui remplissent le corsage entr'ouvert; quelque chose à moitié fermé dans la longueur du bras, un peu de dissimulation enfin, atténue ce que ces façons auraient d'impossible pour la femme qui n'est pas jeune, tandis que la robe peut être faite intégralement selon la mode.

Les robes carrées ont assez de faveur, quoiqu'au premier abord on trouve qu'elles resserrent la poitrine et remontent les épaules; il est rare néanmoins qu'une femme n'ait pas dans sa garde-robe un corsage carré.

Quelquefois, à l'instar des modes vraiment Pompadour, on garnit le tour d'un corsage de bal avec un cordon de petites fleurs. C'est jeune et coquet. Je trouve cela charmant pour une très-jeune fille qui, comme complément, a soin de ne pas charger sa toilette.

A l'un des bals de la présidence, Mlle de N... avait une robe de crêpe blanc à double jupe, corsage carré bordé de petites roses, petites manches très-courtes entourées de roses. Dans ses cheveux blonds, en longs rouleaux retournés, étaient disposées quelques branches de roses, un peu dans le genre des portraits de Mignard.

Une jolie toilette de jeune personne est une robe en taffetas d'Italie rose, avec une double jupe en crêpe, ou une jupe à trois ou cinq volants; dans les cheveux, une guirlande de lilas blanc ou de clématite.

Lady S... avait une robe de moire antique bleu de ciel, à demi-recouverte par une tunique de dentelle; corsage carré garni de dentelle, retenue par des boutons de grenat et diamant; dans les cheveux, des bandelettes de grenat et diamant.

Les guirlandes de *Constantin*, en feuillage nacré, sont très-remarquées; elles sont d'un effet ravissant aux grandes lumières.

Je disais tout-à-l'heure que les femmes étaient impérieusement soumises à une certaine obligation d'élégance; il est facile de se le persuader quand on se dit que la plupart des toilettes sont couvertes de fleurs, que les bijoux couvrent le corsage des robes élégantes, et que l'or n'est déplacé dans aucune fantaisie.

Il y a peu de temps — deux ans seulement — une jeune personne eût été au bal des Tuileries avec une robe de crêpe unie et rien dans les cheveux.

Aujourd'hui, c'est la toilette que l'on choisirait à peine pour danser une polka au piano.

Constantin fait des guirlandes de jupe qui, à elles seules, ont pu donner l'impulsion à la mode. Une jolie femme, distinguée, dans une de ces toilettes, a l'air de Therpsychore.

On porte encore quelques mélanges de fleurs et rubans, mais cela n'a plus de distinction, ou du moins plus de nouveauté.

Les guirlandes de *Constantin* ne sont pas aussi longues, aussi flottantes que toutes celles que l'on a portées depuis un an. Elles ont un caractère bien plus sérieux. Peut-être allez-vous trouver ce mot important pour la chose, mais je ne trouve pas que l'on puisse parler des ouvrages de Constantin comme on parle de ceux des autres fleuristes.

Il rêve et il crée.

On dirait que ses poétiques inspirations lui ont été inspirées par tel ou tel beau visage auquel les petites coquetteries ne suffisaient pas.

Il affectionne, cette année, les fleurs un peu fortes, et il les rassemble en touffes contre le côté de la tête. C'est le feuillage qui s'échappe et se répand avec une grâce capricieuse un peu au-dessus du front.

Les traverses de jupe ont quelque chose de splendide. A un grand bal dont il a été beaucoup parlé, Mme O... avait une robe de moire jaune, couverte d'une tunique de dentelle, relevée de côté par une guirlande de roses jaunes. Elle portait dans ses cheveux une guirlande pareille, et beaucoup de diamants au corsage et aux bras.

Mme T..., grande et délicate, avait une robe de tulle blanc à trois jupes, dont chacune était bordée d'un petit cordon de violettes de Parme. La coiffure, en rapport avec la robe, était une espèce de bandelette antique, tournant autour de la tête à la manière des statues. Le corsage était accompagné d'une mantille falbalassée, qui accompagne fort bien les tailles peu formées.

Les gants se portent toujours fort courts, et l'on met au-dessus des bracelets.

Les mouchoirs continuent à être une fantaisie de grand luxe. Les bordures de dentelles adaptées à la batiste ont plus de légèreté à la main que les dentelles froncées.

Le soir, au théâtre, on porte de jolies petites pelisses en satin garni de fourrure. La martre avec le satin blanc est d'un très-bon goût.

Du reste, les fourrures sont portées, le jour également, avec beaucoup de distinction. Les pelisses de velours, garnies de martre, sont sévères et comme il faut.

Pour les jeunes personnes, les pelisses courtes en velours pour toilettes du jour.

Le drap en négligé.

Le satin ou taffetas ouaté, blanc, bleu ou rose pour le soir. La forme de mantelet convient mieux avec les parures de bal que la casaque ou la pelisse.

Mme **Ode** a des capotes habillées pour le jour, qui coiffent avec une originalité tout-à-fait coquette. Le fond très-abattu en arrière comme ceux qu'elle a adoptés cette année, entraîne la passe de façon à laisser le visage très à découvert; la dentelle qui borde le devant est à peu près tout ce qui entoure la figure; très en arrière est posée une es-

pèce de fichu, garni de haute dentelle, se confondant aux brides. Cet ensemble est indescriptible. C'est jeune, coquet, capricieux, comme tout ce que fait Mme **Ode**.

On pose sous la passe des chapeaux habillés un mélange de plumes et blonde, ou plumes et ruban, qui est très-doux et séyant au visage.

Les accessoires de robe les plus en faveur sont les galons imitant le ruban. Depuis la robe de chambre jusqu'à la robe de bal, toute étoffe, de laine ou de soie, peut recevoir un ornement de *galon-ruban*. Les hautes franges et les velours frappés sont également adoptés.

Les volants disparaissent toujours de la rue en cette saison. Les garnitures sont toutes réunies sur le devant de la jupe, non pas en redingote, mais en tablier.

Les manches blanches à hautes garnitures ne doivent laisser à découvert que le bas de l'avant-bras. Il n'est pas de bon goût, à pied, le jour, de porter les manches ouvertes, comme on les porte avec les robes du soir. Beaucoup de personnes même, et c'est la généralité, portent des manches dont le bas est tout-à-fait fermé, quoiqu'une garniture flottante simule la manche pagode.

La lingerie devient de plus en plus charmante. Les broderies mates, sur la mousseline, entièrement opposées aux broderies anglaises à jour sur la percale, sont fort jolies et d'un effet très-doux dans l'ensemble d'une toilette simple. Rien n'est gracieux comme ces flots de mousseline brodée dans une robe de soie foncée; c'est aussi simple que la broderie anglaise, mais c'est moins négligé.

Wattelin fait de jolies petites parures en ruban. Ses bracelets à bouffettes en ruban algérien répondent à des coiffures, et des nœuds de corsage que je recommande aux jeunes personnes pour soirées sans importance.

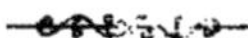

DES ÉTRENNES

Après le jour de l'an.

Quand on est un peu remis de ce tumulte et de l'agitation des premiers jours de l'année, on se trouve occupé d'une foule d'obligations nouvelles.

Les jeunes personnes et les femmes ont reçu des robes en cadeaux : il faut les faire; des livres, il faut les relier; des ouvrages, il faut les monter.

Ces richesses restent souvent inachevées, faute d'avoir une idée arrêtée sur l'exécution, ou la personne à laquelle on veuille les confier.

Cette réflexion m'est suggérée par quelques demandes particulières qui m'ont été faites, et je rappellerai à cette occasion certaines adresses qui peuvent être fort utiles.

Il arrive que l'on reçoit un fort joli ouvrage de tapisserie, mais à peu près inutile, dont on n'avait pas l'emploi direct et pour lequel on ne veut pas faire de trop grande dépense.

Le tapissier dont je vous ai parlé (1) vous donnera un sage conseil, et se chargera de ce travail sans le rendre trop important. Je l'ai vu tirer un grand parti de quelques bandes de tapisseries destinées à un meuble, et dont il a trouvé moyen, en les alternant bizarrement avec du velours, de faire une portière très-originale.

Kiesel est un excellent tapissier; il n'est pas possible d'apporter une habileté plus consciencieuse et plus de savoir intelligent dans des ouvrages souvent très-susceptibles. Ce que j'ai apprécié, c'est le soin particulier qu'il met à des travaux quelquefois sans importance pour lui-même ; il cherche à simplifier les difficultés autant qu'un autre tapissier cherche à les grandir. Présentez-lui une chose seulement possible, il l'exécute comme si elle était aisée, comprenant parfaitement que l'on n'est jamais moins disposé à faire de grands frais que lorsqu'ils portent sur un ameublement ancien que l'on veut renouveler ou rajeunir.

(1) Kiesel, boulevart du Temple, 33.

Après cela, sachant mettre à de belles étoffes riches, à un ameublement neuf, toute les recherches dont on lui laisse la latitude.

Il a monté ces jours derniers, pour un appartement du quartier Saint-Georges, meublé avec goût, une des plus jolies moquettes des magasins de **Demy Doineau**. Les médaillons sur fond cramoisi conviennent merveilleusement au genre Louis XV, que **Kiesel** a observé en artiste, dans l'ensemble de l'ameublement. Tout est en harmonie dans les détails qui se rapportent au meuble principal.

Je vous recommande d'une façon toute spéciale de vous adresser à lui, parce que je sais que vous m'en aurez obligation. C'est une bonne fortune que de rencontrer un tapissier également guidé par l'amour-propre de l'homme intelligent, et la probité de l'honnête homme. Où l'un se trouve le plus souvent, l'autre manque ; et je sais les tribulations d'une maîtresse de maison à ce sujet.

Croyez-en donc mon avis, et vous me saurez gré.

Je vous ai parlé de la reliure des livres; je vous rappelle que **Lenègre** (rue Saint-Germain-des-Prés, 11) est le relieur qui comprend le mieux les exigences du livre de fantaisie. Il sait donner à la toile frappée toute la richesse des maroquins du plus grand prix, et faire quelque chose de coquet et d'apparent avec quelques figures d'or sur la toile chagrinée.

Quant au livre sérieux, à l'ouvrage de bibliothèque qui demande à être solide et riche, mais solide avant tout, c'est à **Lenègre** que vous devez le confier, si vous voulez que, fatigué par un fréquent service, il reste intact en passant de main en main.

Demandez-lui, s'il l'a encore, le magnifique Byron en veau couleur naturelle, avec les côtés intérieurs frappés à froid; c'est un chef-d'œuvre de perfection.

DES ÉTOFFES D'AMEUBLEMENT.

Chaque époque a son étoffe de prédilection ; celle du moment est la moquette.

On l'emploie non-seulement à couvrir des meubles, mais à faire des tentures et des draperies.

La moquette est perfectionnée avec une supériorité qui ne laisse rien à désirer. Nous avons vu à l'exposition un travail qui vaut presque les Gobelins, et qui a embrassé avec un goût plein de richesse le genre de la fantaisie.

Nous avons déjà causé, je crois, de la nouvelle moquette dont la maison **Demy-Doineau** est inventeur. Ce point des Gobelins, sans envers, est une véritable innovation des plus heureuses pour les rideaux de fenêtre et les portières.

Comme fermeture de porte, entre deux pièces qui communiquent intimement, cette étoffe à deux faces semblables peut simplifier beaucoup de difficultés. Il arrive très-souvent que l'on se refuse à mettre une portière dans une chambre à cause de la nécessité d'une doublure, ou, si la portière remplace la porte, la nécessité plus coûteuse encore d'une seconde portière.

Cependant, entre un boudoir et une chambre à coucher, une portière est plus élégante qu'une porte.

La moquette sans envers répond à toutes les objections et à toutes les économies ; elle représente en même temps deux côtés à l'endroit et dispense de toute doublure.

Nous avons vu à l'exposition des moquettes au petit point qui, de même que la tapisserie des Gobelins, ont toute l'illusion de la peinture. Les sujets, combinés pour panneaux, rappellent tout-à-fait ces tentures dont quelques antiques demeures sont encore tapissées. Les dessins turcs, avec un mélange d'or et d'argent, ont moins de gravité et plus de riche coquetterie.

Il n'y a qu'une grande fortune qui puisse prétendre à ce luxe; mais, quelque élevée que soit la dépense d'un ameublement de ce genre, elle me semble une des mieux faites et des mieux entendues.

Toutefois, à l'exception de quelques sommités financières, il ne se trouve que très-peu de maisons en mesure de faire un choix semblable.

Aux fortunes moins élevées il reste les moquettes comme étoffe d'ameublement, et dans cette donnée il est évident que la moquette n'est pas plus chère que toute autre belle étoffe.

Si je parle économie, ce n'est pas que j'entende l'acquisition à très-bon marché. Le bon marché est toujours relatif : il existe ici entre la moquette et le lampas ou la brocatelle. Elle a autant de distinction, et elle a sur ces deux étoffes l'avantage de beaucoup plus de durée et de simplicité.

Car ceci est une considération de grande importance dans l'ordonnance d'un appartement : tels accessoires vont avec telle étoffe ; tandis que telle autre exige des accessoires tout-à-fait différents. Les plus jolis meubles, bois dorés et sculptés, s'harmonisent parfaitement à une moquette à dessin riche ; mais rien n'empêcherait d'avoir des meubles simples et sérieux. Ce ne serait pas une inconséquence.

Tandis que le damas de soie, le lampas, la brocatelle, exigent des meubles coquets et très-nouveaux.

Une chambre à coucher ne se garnit guère en moquette, pas plus qu'en velours de laine. A la chambre à coucher on laisse le lampas ou la brocatelle, si la demeure le comporte, et dans un autre ordre, la mousseline blanche ou la perse.

En disant la mousseline blanche, je reviens immédiatement sur un détail ; c'est que la mousseline unie est tout-à-fait rejetée. La mousseline brodée et très-brodée l'a remplacée.

Les dessins les plus riches, les plus finement exécutés, sur une étoffe aussi belle que celles de la toilette, ont succédé à la mousseline claire. Il y a moyen de tirer un parti assez coquet de la mousseline dans une chambre où l'on veut apporter de la recherche. Le ciel du lit et le baldaquin de la fenêtre peuvent être faits en étoffe de soie, à médaillons ; l'aunage en est très-borné, et par conséquent l'emplète n'est pas d'un grand prix.

Par suite, on arrive à peu près au même effet avec une perse ou une étoffe de fantaisie.

La perse n'a rien perdu de la bonne position qu'elle a conquise. Malgré les perses à 15 sous le mètre, on ne place pas moins dans un joli appartement de belles perses à 3 ou 4 francs ; non plus, par exemple, dans un salon, mais dans une chambre à coucher ou un boudoir.

Une foule d'étoffes intermédiaires sont acceptées avec plus ou moins de faveur, et prennent plus ou moins de goût, de la façon dont elles sont employées.

Le détail de ces étoffes, que j'appellerai *fantaisie*, demande une explication assez spéciale pour que je l'ajourne au numéro prochain, en y joignant quelques indications de localités pour guider les recherches assez ordinaires à cette époque de l'année, où l'on renouvelle les dispositions intérieures du logis.

CAUSERIE ENTRE MÈRES.

Je ne crois pas avoir traité un sujet qui eût jamais l'intérêt que peut avoir celui de cette causerie intime.

Il s'agit non pas de nous, mes lectrices, mais de nos enfants, tout petits, nouveaux nés ; pauvres petits êtres que notre ignorance peut faire souffrir, peut tuer peut-être, et qu'un simple renseignement peut faire vivre bien portants.

Je veux parler du LAIT.

Le lait de Paris ! Combien des plus éclairées d'entre nous se sont-elles soumises souvent à accepter cette révoltante composition qu'elles présentaient à l'enfant déjà malade comme devant être sa nourriture de salut, et qui loin de là, hélas! était un poison, dont le moindre danger était de lui appauvrir l'estomac au lieu de le fortifier.

Il faut que le lait soit pur pour répondre aux conditions qui lui sont demandées.

Par *lait pur*, j'entends le lait tel qu'il est pris à la vache, sans soustraction de crème, sans addition d'eau.

Or, c'est du plus rare, à Paris, que de trouver un lait intact, n'ayant été altéré d'aucune façon et consciencieusement vendu tel qu'il est obtenu.

Mais j'ai dit : rare, et non pas impossible.

Il s'est fait dans toute espèce de commerces tant de falsifications, que bien des négociants intelligents ont compris que leur probité avait une chance de succès sur la fraude, et ils se sont bornés à la vérité.

En venant donc vous dire : Pauvre mère, jusqu'à hier, jusqu'à aujourd'hui, vous avez donné à ce chétif enfant qui pleure nuit et jour, un lait dépravé et malsain; je viens en même temps vous enseigner où vous trouverez celui qui va lui redonner la vie, les forces et la santé.

Il existe, rue *Lamartine*, 40, une grande et spacieuse VACHERIE-LAITERIE FLAMANDE, où 36 belles vaches bien grasses, bien portantes, donnent un lait bienfaisant et nourrissant. **M. de Verdière**, propriétaire de la vacherie flamande, a publié une brochure parfaitement écrite (1), dans laquelle il traite de l'emploi, de la fraude et de la qualité du lait. Comme il l'a intitulée *Conseils aux mères de famille*, je la leur recommande tout particulièrement. Elles y trouveront un enseignement bien utile sur les diverses natures de lait appropriées à l'âge et aux diverses dispositions de chaque enfant. C'est tout un traité de l'allaitement artificiel; car après avoir étudié *le lait* dans la brochure de M. de Verdière, on sait éviter au nourrisson une foule d'indispositions renaissantes. Après l'avoir essayé dans ses belles étables, on peut tenter cette difficile entreprise d'une nourriture chez soi, et plus d'une mère lui devra le bonheur d'avoir conservé près d'elle l'enfant qu'elle eût éloigné.

Je voudrais vous donner le désir de visiter les laitières de la rue Lamartine ; vous comprendriez, à les voir si bien logées à

(1) Jonas Lavater, édit., rue de Trévise, 55.

l'aise dans leur stalle aérée, sur une bonne paille souvent renouvelée, comme elles se trouvent bien de cette vie comfortable.

La laiterie, fraîche et d'une rigide propreté, est située au bout de la principale galerie, près des étables où l'on trouve pour les malades le lait d'ânesse et le lait de chèvre; et pour les gourmands — et les convalescents, les poules qui donnent les œufs frais du jour.

Nous reviendrons bientôt à la *Ferme de Verdière*. Je ne sache guère de visite qui laisse de meilleurs souvenirs, et j'aimerai à vous y ramener.

Fleurs d'hiver.

Vous souvenez-vous comment, il n'y a pas encore bien longues années, on était privé de fleurs tout l'hiver, ou si l'on en voyait quelques-unes, c'était les bruyères du Cap — la fleur la moins fleur qui existe, — ou la violette de Parme obtenue à grand'peine, ou enfin l'héliotrope d'hiver, nature lourde, sans fraîcheur, dont le seul mérite était un suave et pénétrant parfum de vanille.

Aujourd'hui les fleurs ne connaissent plus de saisons.

Il n'y a plus de fleurs d'hiver : le lilas se rit des brouillards, et les roses semblent n'avoir pas pâli depuis le mois de juin.

Le talent de **Lachaume** a popularisé cette élégance de la fleur naturelle. Il monte une guirlande et un bouquet avec toute la grâce du fleuriste le plus en renom, et cette petite parure est d'un prix si modeste, que j'ai bien envie de le révéler pour déterminer quelques incertitudes qui craignent souvent de prétendre à une exigence trop élevée.

C'est une chose agréable pour une jeune fille de porter des fleurs. — Selon moi, les fleurs médiocres sont incompatibles avec certaine élégance ; avec cette élégance qui compte pour tout le goût et la recherche, sans s'inquiéter du luxe et de la dépense.

De 5 fr. à 10 fr. on peut avoir chez *Lachaume* une toilette de bal, guirlande et bouquet de corsage.

Si l'on compte bien, une guirlande artificielle passable revient à plus que cela, en admettant qu'on la porte plusieurs fois, et elle ne vaut certes pas celle dont je parle. La différence du prix, de 5 à 10 fr., consiste dans la nature et la variété des fleurs. Le mélange des teintes douces, comme le mimosa et le lilas blanc, est plein de recherche distinguée ; ces deux grappes différentes se mêlent avec grâce. Mais vous devez avoir remarqué comme les nuances de la nature, même les plus opposées, s'allient harmonieusement : à certains visages, à certaines toilettes, il faut des nuances un peu tranchantes, et l'art du fleuriste est de trouver cette opposition agréable à l'œil.

Lachaume a monté pour une grande soirée une guirlande à la Léopold-Robert, en fleurs mélangées; c'était admirable de profusion et de légèreté, de richesse de tons, et de goût gracieux. Les camélias rouges, accompagnés de petites touffes de violettes de Parme, tenaient les deux côtés de la tête ; des branches de mimosa tombaient au-dessus du cou, contre l'oreille, et un feuillage de lierre, confondu à ces fleurs, garnissait le derrière de la tête et réunissait les touffes en surmontant le front par-devant.

Les bouquets de corsage lui sont un talent acquis. On peut demander un bouquet sans coiffure, et c'est une jolie coquetterie demi-habillée, de très-peu d'importance, qui complète une toilette.

Je recommande **Lachaume** aux maîtresses de maison qui reçoivent. Elles seront parfaitement contentes des arrangements à prendre avec lui pour garnir de fleurs un appartement pendant une soirée de danse ou de musique, pour un surtout de dîner ou de thé. On croit quelquefois s'arranger très-économiquement en achetant soi-même des quantités de fleurs que l'on dispose fort mal, et qui ne font qu'un très-mauvais effet incomplet, tandis qu'au contraire, en chargeant **Lachaume** de ce soin, une maîtresse de maison, tout en y trouvant de l'économie, lui devra une partie des succès de sa soirée.

HYGIÈNE DE COQUETTERIE.

Les soins du visage et des mains.

L'hiver n'a pas seulement contre lui les gelées et les brouillards; ce n'est pas seulement par les rigueurs de l'atmosphère qu'il attaque la fraîcheur d'un joli visage.

L'hiver est dangereux par tout ce qui est à sa suite : par le contact du feu, par les lumières, par les veilles, par les fatigues du bal. Pendant ces quelques mois, une femme jeune et soucieuse de sa beauté doit soigner son teint comme on soigne sa santé. On a déjà beaucoup fait pour sa guérison quand on connaît le principe du mal ; et elle sait quel est l'ennemi qu'elle combat. C'est une température inégale, souvent froide à l'extérieur et desséchante à l'intérieur; c'est la chaleur factice de mille bougies ou de soixante becs de gaz ; c'est l'excitation nerveuse que cause le monde; c'est la fatigue de la danse et du défaut de sommeil.

Tout cela peut bien amener la pâleur sur des joues de vingt ans, et tracer une première ride sur un visage de mère, mais ce n'est pas la maladie.

On est touchée, mais ce n'est qu'à la surface.

On ne pense pas à son docteur, on pense à **Guerlain.**

Guerlain , véritable docteur lui-même; — et je sais bien des femmes qui mettent plus de prix à ses consultations qu'à celles de leur médecin.

Il y a longtemps que nous connaissons la *lotion*. Bien des choses sont venues, bien des bonnes choses se sont produites à côté, et je n'en sais guère qui puisse la faire oublier. La lotion a cet immense avantage de traiter la fraîcheur de la peau par une hygiène simple et rationnelle. C'est un calmant qui n'est formé d'aucune substance dangereuse ; c'est un topique, mais ce n'est pas un cosmétique. Après peu de jours d'usage, on s'aperçoit de l'effet qu'a produit la lotion. Si la peau est affectée de quelques rougeurs, elle reprend son calme; les boutons disparaissent, et l'ensemble du teint se repose et s'éclaircit. Ici ce n'est pas un fard plus ou moins inoffensif, c'est un mélange rafraîchissant qui soigne médicalement la peau irritée et la guérit.

Il est bon de se servir de la lotion , habituellement, pendant tout l'hiver; le lendemain d'un bal, c'est comme un bain que l'on ferait prendre au visage; et son emploi constant prévient l'ardeur que causent les lumières et la fatigue.

Comme préparation à distinguer dans le nombre de toutes celles que nous offre **Guerlain**, le *sapoceti*, savon au blanc de baleine, est une de celles que je placerai en première ligne. C'est le savon le mieux conçu pour blanchir et adoucir les mains ; son odeur d'amande est de plus parfaitement agréable, et sa forme toute spéciale est d'une extrême commodité.

Le savon a aussi ses fantaisies : la crème d'amandes amères, le véritable savon de Naples et le savon d'huile d'amandes, sont d'excellentes variétés que l'on doit choisir également à la rue de la Paix.

La pâte d'amande, naturelle, est une des choses usuelles qui demandent à être choisies avec le plus de soin. Je pourrais dire ici la nomenclature des pâtes diverses, mais je conseille une visite au laboratoire; car toutes les pâtes ne conviennent pas au même usage, aux mêmes peaux, et mon indication ne peut être un conseil. La pâte au miel, la pâte aux quatre semences, la fleur d'aveline , la poudre d'amandes amères, n'ont qu'une rivalité, c'est *l'oléine émulsive*, préparation onctueuse et préservatrice.

Vous savez où il faut prendre les dentifrices salutaires, les compositions diverses pour les soins de la chevelure; je ne vous rappellerai que *l'eau lustrale*, dont je ne puis assez vous répéter les bienfaits, et la *crème de cydonia*, qui fixe et lisse les bandeaux en conservant aux cheveux leur brillant et leur souplesse naturels. Un dernier mot sur les eaux de toilette. Sans m'arrêter aux qualités de l'*eau de Campan*, à l'*eau de Judée*, à l'*eau de toilette* proprement dite, j'aurais beaucoup à dire de l'*eau de Cologne* de Guerlain, s'il restait encore quelque chose qui n'ait déjà été dit.

Depuis longues années que cette vieille eau est en possession de la faveur générale, elle est devenue fondamentale dans toute provision de toilette. Mais, quelque célébrité qu'aient acquise les eaux DITES de Cologne, plus ou moins ADMIRABLES, il n'y en a pas qui vaille celle de **Guerlain**. Fine et forte à la fois, suave et pénétrante, balsamique et tonique, elle est aussi agréable par la fraîcheur de son parfum qu'elle est bienfaisante par la nature de sa composition. C'est réellement la perfection.

DE LA DANSE.

comme actualité.

Voici les bals et les danses nouvelles, et les polkas de toutes sortes ; il faut de toute nécessité *apprendre à danser*.

Depuis vingt ans ce talent était complétement mis de côté. On ne dansait plus ; on marchait. Et encore à peine pouvait-on marcher à l'aise dans les raouts, où une cohue horrible ne laissait pas toujours à un couple la faculté de se suivre à travers les sinuosités d'une marche entrecoupée.

La polka est venue éclaircir les quadrilles, ou du moins déblayer l'emplacement soi-disant consacré aux quadrilles.

Aujourd'hui, on danse. Et il faut savoir danser, car les polkas, les mazourkas, les walses, ne souffrent guère de médiocrité ; elles mettent en évidence la femme ou la jeune fille qui les acceptent ; et c'est un malheur, c'est un accident pour une femme de se mettre en évidence sans nécessité, pour ne pas réussir.

Surtout quand il s'agit de montrer un peu de grâce aux yeux des autres ; il faut impérieusement le succès.

Tant de femmes croient savoir danser parce qu'elles suivent — je ne dirai pas plus ou moins bien — mais plus ou moins mal, le danseur qui les conduit un peu de travers dans une foule de bons polkeurs et de bons walseurs. Si elles prenaient une leçon, elles s'apercevraient alors qu'elles n'ont aucune idée du pas, qu'elles ne savent pas la mesure, et qu'elles ont tout à apprendre.

Le cours de Mme *Th. Jarry*, dont je vous ai déjà parlé, est le salut de ces infortunes. Ce n'est pas un cours imposant , c'est une leçon donnée à plusieurs.

Il n'y a pas l'ennui d'une galerie qui est presque un public, ni le ton doctoral du professeur ; c'est une jeune femme qui vous dit avec une simplicité de jeune fille : Vous voulez plaire au bal, et vous y amuser — et un peu y briller ; eh bien, regardez-moi ; dansons ensemble ; en douze leçons vous saurez tout ce qu'il me sera possible de vous apprendre. Dépêchons-nous ; vous saurez valser pour votre bal de demain, et rien ne vous sera étranger dans quelques jour

Douze leçons suffisent pour apprendre les danses du monde, et elles ne coûtent que 20 fr. Le cours est rue Mogador, 12, les mardis, jeudis et samedis, de 2 à 4 heures.

Les curieux ne savent pas le plaisir que leur donnera une visite au moment de la leçon des enfants. Rien n'est gentil et amusant comme le sérieux d'une petite fille de quatre ans, qui danse avec une précision de mesure, et une facilité native pleine de grâce et de charme. Toutes au reste ont leur grâce particulière, et il y a un attrait réel dans l'essai quelquefois gauche de ces exercices, où l'on devine toujours un peu la femme dans l'enfance inhabile.

Pour parler du motif déterminant, c'est que la danse de Mme *Jarry* est celle que veulent savoir les femmes du monde. Rien de plus, rien de moins. C'est que tout ce que peut souhaiter une mère de famille dans ces cours toujours si difficiles, et si souvent impossibles, est là selon ses désirs, et qu'en un mot, ma recommandation consciencieuse est un véritable service que je crois rendre aux mères qui voudront bien l'accepter.

BOURDONNEMENTS.

On parle de quelques bals assez brillants , projetés pour le commencement du carnaval. Celui donné la semaine dernière à l'hôtel de C. est un des plus beaux de la saison. Cette expression : l'hôtel de C., est passée en usage comme on disait l'hôtel de Rambouillet. Ce n'est pas seulement un salon où le monde élégant s'amuse, c'est un salon où le monde intelligent se réunit.

— Mme Ugalde est si charmante dans le nouvel opéra d'Halévy, que son costume de *dame de pique* sera copié cet hiver dans les bals travestis. Toutes les femmes chercheront à lui ressembler comme elles essaient de chanter cette musique qu'elle rend inimitable. Mme Ugalde porte, du reste, ses costumes des premiers actes avec une grâce de bonne compagnie qui donne à son rôle quelque chose de saillant. On dit d'un acteur, qu'il *porte* l'épée et l'habit français — bien ou mal. — On pourrait en dire autant de la robe à tournure que tant d'actrices portent comme toute autre robe, sans cachet et sans physionomie. Il semble que Mme Ugalde soit habillée dans ses vêtements de tous les jours, et on croirait voir agir un portrait du temps, de même qu'à l'expression simple de sa parole on serait tenté de lui attribuer tous les mots d'esprit que M. Scribe a mis dans sa bouche. Ce costume de dame de pique est extrêmement riche et il a une originalité tout exceptionnelle.

— Dans les salons où l'on fait de la bonne musique, il est assez de mode cet hiver de faire entendre les frères Lyonnet. Ces deux jeunes artistes, jumeaux, ont à peu près la même voix, et chantent ensemble comme à l'unisson, tant ils ont l'air de vivre de la même vie morale, la nature les ayant formés semblables à s'y méprendre. Il y a dans leur personne, dans leur talent, une identité si parfaite que l'idée ne vient pas de les séparer; on dit : les frères Lyonnet, sans chercher à désigner l'un plutôt que l'autre. Du reste, il leur revient part égale d'applaudissements quand ils chantent avec un accent mélancolique la plaintive mélodie des deux *Bessons*, ou quand ils disent avec une délicate finesse les chansons dont ils ont un charmant répertoire.

— On annonce pour mardi 15 février un bal au profit de l'asile-école Fénelon. Il sera donné dans le grand hôtel Monaco, rue de Varennes. Le bal, dit-on, sera beau; de grands préparatifs annoncent une fête remarquable, et le nom des dames patronesses qui ont bien voulu se charger de cette mission garantit que rien n'y fera défaut. Cet établissement contient en ce moment plus de quatre cents enfants pauvres, dont deux cents orphelins de père et de mère. Il n'y a pas beaucoup d'infortunes qui intéressent plus directement, je ne dirai pas seulement toutes les personnes charitables, mais encore toutes les femmes, et surtout les mères. Elles voudront jeter une offrande dans la caisse de cette grande famille.

— Une jolie fête promise pour le 8 février est celle que le 5e arrondissement donnera au Jardin d'Hiver, au profit de ses malades et de ses pauvres. La salle du Jardin d'Hiver est une de celles qui se prêtent le mieux à une décoration pittoresque; les fleurs y sont en profusion splendide, et les lumières se répandent en illumination.

— Il est à regretter, comme on l'a dit à l'ouverture du Salon, que la rétribution des jours réservés n'ait pas été portée à 2 fr. au lieu de 1 fr.; fort peu de personnes auraient été éloignées par ce prix encore très-raisonnable. Depuis l'ouverture, les sommes reçues s'élèvent à environ 11,000 fr.

⋖⋗

LITTÉRATURE.

Se reporter à la dernière livraison pour le commencement de cette nouvelle, dont je ne ferai qu'indiquer le nom d'auteur; nom célèbre qui a signé de puissants écrits politiques, la *Tuerie de Cosaques* et le *Cardinal Dubois*.

ESQUISSE CONTEMPORAINE.

Les deux Dragons, tableau de genre.

(*Suite.*)

« — C'est à moi à me battre avec lui, Norbert; tu seras mon témoin, et je ferai de mon mieux. — A toi! s'écria Norbert en haussant les épaules, à toi! tu es trop faible. — Je t'ai toujours bien dit que si tu me voyais dans l'embarras... C'est mon tour aujourd'hui. — Viens. Quand nous étions enfants, Thibault, je t'ai défendu plus d'une fois, tu sais. — Je suis toujours le même, frère, et à présent j'ai un sabre au flanc. —Tu ne voudrais pas me faire de la peine. Marchons. »

Thibault le suivait dans un état impossible à décrire. Norbert avait toujours eu un grand ascendant sur lui. La jeune fille les regardait s'éloigner, tremblant de peur et ne reconnaissant plus à son air le galant et joyeux cavalier. Lui s'avançait d'un pas rapide ; à travers sa contenance hardie, on retrouvait encore le jeune soldat. — Rien de ce qui signale un spadassin de régiment — Son œil bleu semblait noir, sa voix grondait entre ses dents, sa main secouait la poignée de son sabre, — la lame râclait dans le fourreau.

Il entre dans la brasserie. — Le Parisien lui tournait le dos, — mais qu'il le reconnut bien vite ! Il s'élance en face de lui, et renversant du pied la table et tout ce qu'elle portait, il abattit trois fois sa large main sur le visage du dragon.

Quelle rage était plus rage, celle du duelliste ou de Norbert? La main du Parisien saute sur la poignée de son sabre. Mais des doigts de fer broyaient ses deux bras, et des yeux aussi ardents que les siens lui rendaient toutes les injures que lançait sa bouche.

« Ecoute, dit Norbert, je suis venu pour te tuer — toi ou moi — toi. — Et ne fais pas de tapage, ça ne prendrait pas, fanfaron. — Je ne suis qu'un soldat d'hier, je n'ai jamais touché un fleuret ; mais je me f... de toi, maître d'armes ; — de vous tous, dit-il en regardant ceux que le tumulte avait attirés. — Le Parisien est un lâche d'avoir insulté sans raison un edfant, et vous aussi, de l'avoir laissé faire cette fois comme bien d'autres. — En arrière, poltrons. »—Et il faisait, de sa main gauche, rouler son fourreau devant lui.

« — Viens, blanc-bec, dit le Parisien d'une voix étouffée, —ta moustache ne poussera plus. Suis-moi.

» —Je veux passer le premier, répondit Norbert en le poussant, et tu viendras où je veux que tu viennes, — et je compte bien t'y laisser sur le ventre. — Prends ton témoin, un seul, pas plus. Si d'autres viennent, je les charge.—

— J'te veux tuer tête à tête, vieux crâne. Voilà mon témoin à moi ; c'est Thibault. — S'il n'a pas autant de force que de cœur, il me vaut bien, et j'entends qu'on le respecte. Marchons.

» — De plus ferrés que le Parisien se sont fait enfiler par de moins dégourdis, dit un dragon à son voisin. Voilà un conscrit qui a du sang dans les yeux, tout d'même.

» —Laisse donc, Thibault, laisse donc, répétait Norbert, chemin faisant. — Que tu es enfant ! ça me regarde. J'aurais pu prendre un témoin plus au fait que toi et moi, mais je veux que tu voies la chose ; — ça t'habituera. — N'aie pas peur, j'te vais lui donner son compte en un tour de main. — Regarde bien comment il faut s'y prendre. — Dam, s'il me tue, ne l'écris pas au pays tout de suite, — et si tu rencontres la jeune fille de tantôt, arrange-lui ça pour le mieux , arrangez-vous ensemble ; toi et moi, c'est tout un ; tu trouveras notre argent dans un porte-manteau , tâche de te faire réformer et retourne en Normandie. C'est un bon pays , ajouta-t-il d'une voix un peu émue, et en s'arrêtant. — J'te donne tout ce que j'y ai laissé.

» — C'est donc ici que tu veux que j'te saigne? dit le Parisien en dégaînant. » Norbert ne lui répondit que par un geste de mépris. Le jour allait bientôt disparaître , et un faible rayon se ralluma un moment sur le casque du jeune dragon quand il le leva pour désarmer sa tête. Le souffle du soir ramena la crinière noire sur son visage ; mais il n'en parut pas plus pâle. Lorsqu'il se fut mis à nu jusqu'à la ceinture, on n'eût pas dit que sous cette large poitrine vivait un cœur jeune et vigoureux, tant elle était calme et reposée. Le regard de son ennemi y chercha vainement la place où il battait.

Les yeux de Norbert étaient plus assurés que jamais, plus beaux, et s'il y passa un instant une ombre de souci, ce fut à voir la figure consternée, l'air égaré de son ami. Si vous avez bien compris Norbert, c'est Thibault que vous devez plaindre.

Norbert allait se mettre en garde, et faisait fouetter sa lame. Il revint à Thibault : « Qu'as-tu donc? » lui dit-il en souriant et touchant ses joues glacées du gland de sa dragonne.

Thibault se jeta à son cou. Il cherchait à lui prendre son arme; mais nul, tant que Norbert vivrait, nul, Norbert fût-il mort, ne pourrait la ravir à cette main robuste.

« Aurez-vous bientôt fini de vous lécher? cria le Parisien. En garde, fainéant, ou j'te charge. »

Norbert le toisa par-dessus l'épaule, plia soigneusement son uniforme qu'il avait d'abord jeté par terre, serra de nouveau la boucle de son pantalon, se frotta la poitrine, et tâtant du bout du doigt la pointe de son sabre, il écarta du pied quelques cailloux dispersés sur le terrain. Il fit tout cela lentement à deux pas du Parisien; puis soudain, se jetant plus loin d'un bond, tombant en garde, penché vers son ennemi, comme un fusil en joue, et faisant feu de son regard, ferme et muet, il lui cracha deux fois au visage.

Un effroyable jurement, un horrible coup de sabre partirent en même temps de la bouche, de la main du duelliste. Bah! le Parisien n'était pas où il croyait. Les gens de cœur ont souvent le sang-froid, un instinct qui donne à leur courage du savoir-faire et de subites ressources. Norbert avait bien senti qu'il était perdu, s'il allait jouer le jeu de son ennemi et s'aviser de faire de l'escrime. Ainsi donc, quittant aussitôt sa posture, comme un loup qui bondit après s'être arrêté court, empoignant son sabre à deux mains et s'en servant comme d'un bâton, arme qu'il connaissait bien, le voici qui saute et le brandit; alerte lui-même, brusque comme sa lame, et semblant comme elle tournoyer dans l'air autour de son ennemi. L'autre, ébloui, rompt et se reploie. Combat d'un aigle et d'un serpent.

Oui, le fer éblouissait le duelliste, — luisant dans le jour presque éteint, déroulant et croisant mille cordons lumineux, comme ces bâtons enflammés que les enfants font tourner vite. Entre lui et Norbert, un cercle roulait, dont chaque point était une parade pour le Normand, un coup pour le Parisien; — cercle si rapide, si mobile, que le coup et la parade étaient partout en même temps.

Et vraiment Norbert fit bien, car le Parisien en fut tout déconcerté. — Agile aussi, adroit, robuste, il ne savait pourtant comment s'abriter de cette grêle. — Se replier, se ramasser, s'allonger un genou presque en terre, ramper, rompre, se couvrir de sa lame, la darder. — Rien. — Norbert, en bondissant, n'augmentait pas d'une semelle l'espace qu'un sabre tient entre deux poitrines. Il rejetait son ennemi sur lui-même comme une meute qui tourne autour du sanglier; il l'enfermait dans les terribles roulements de son arme, ainsi qu'un homme pris entre les roues de plusieurs charriots qui se croisent.

Ecrase-le, Norbert! Mais ce Parisien est un ennemi intrépide, plein de vigueur et de sang-froid. Il se remit bientôt, et s'animant à voir ainsi le danger sous une forme nouvelle, lui que l'habitude d'un même exercice, sans péril pour son expérience, avait en quelque sorte blasé, il retrouva dans son intrépidité et sa présence d'esprit de quoi fournir à cette guerre imprévue.

Il le maintint donc, assiégé à la fois et assiégeant, soutenant les coups et les rendant, ainsi qu'une redoute —Mais le conscrit l'avait forcé à deux reprises de combattre sur son terrain... Le duelliste écumait, et il était si pâle qu'on eût dit que le sabre de Norbert avait déjà pompé tout son sang. Au lieu des injures qu'il mêlait toujours à ses attaques, un grincement sourd râlait sur ses lèvres. Ce bruit de rage, le heurt des armes résonnant comme le galop d'un cheval sur la pierre, leurs étincelles jaillissant comme celles qu'il en tire, moins vives que les yeux des combattants, — leur souffle aussi haletant que le sien, moins précipité que celui des témoins, de Thibaut surtout, — et dans le lointain, les joyeux bruits d'une fête. C'était affreux, — c'était beau.

Le combat durait ainsi depuis quelques minutes, toujours plus effrayant, car l'issue n'en pouvait plus tarder! C'est long, quelques minutes, quand chaque seconde est marquée sur un sabre par un coup qui peut donner la mort, et quand deux lames choquées sonnent d'autre sorte que l'airain sous un cadran.

Pourtant, il ne coulait encore de sang que celui du Parisien. — Une large atteinte à l'épaule gauche, qui brillait comme les fentes d'une manche de femme. — Assez! assez! criait son temoin. — Thibaut allait se jeter entre les coups.

Aussitôt il s'arrête en se pliant et joignant les mains, car il a vu le sabre de Norbert fondre sur la tête de son ennemi et la fendre jusqu'aux dents. — Et l'arme qui paraît, il l'a vue, il l'a vue s'abattre sous la lame pesante du Normand. — Ah! non, Thibaut, non. — C'est bien toi qu'il faut plaindre. — Pour Norbert, il était déjà mort lorqu'il tomba raide comme il fit.

Hélas! oui, raide mort. — Un mouvement rapide comme l'éclair avait sauvé le Parisien, et tandis que son ennemi se penchait, les deux poings en avant, entraîné par son propre coup, le sabre du duelliste, terrible et prompt à travers les bras tendus de Norbert, avait trouvé, tranché ce brave cœur de paysan si bien pétri d'amitié, de gaîté, d'héroïme. — C'est le mot, n'est-ce pas?

Le duelliste s'adossa contre un arbre, essoufflé, n'en pouvant plus, fixant ce cadavre d'une manière extraordinaire. Il en avait pourtant bien tué. — Puis, redressant tout-à-coup son sabre qui pendait dégouttant, et mouillait la terre :

« — Poltron, dit-il à Thibaut d'un ton féroce, si tu avais fait ton devoir, je n'aurais pourtant tué qu'un chien comme toi. »

Thibaut n'entendait pas. — Le témoin du Parisien l'entraîna, disant :

« — Allons-nous en. C'est 'ait. »

Non, Thibaut n'entendait pas. — Voyait-il? Vivait-il? Encore ployé et les mains jointes, regardant Norbert là où il attendait son ennemi... Bon Dieu! est-il possible... Eh quoi! tu ne le reconnais déjà plus?

Il se précipita sur son ami. — Le sang moussait sur ses lèvres. — Il suce cette plaie aussi large que sa bouche, il tâte partout ce cœur qui ne bat plus nulle part. Il retourne le corps. La plaie entr'ouvre le dos. — Elle se multiplie sous ses yeux égarés, saignante et béante. Il laisse retomber le cadavre; il le tire avec violence par les bras.

Norbert! Norbert! Oh! qu'il aurait donc voulu lui faire du mal, l'entendre dire seulement, comme Norbert l'eût fait : « Adieu, mon pauvre Thibaut, je me meurs. »

Rien. — Rien que la mort, muette, sourde, affreuse, incroyable. — Ces membres si agiles il n'y a qu'un instant, et encore humides de leur sueur, raides, immobiles; ces yeux si ardents, éteints. — Cet ennemi si terrible, cet ami si dévoué, n'aimant tout-à-coup, ne haïssant plus rien.... Sur ces traits un reste de colère qui n'est là que expression de statue... Et les chiens pourraient venir à leur aise outrager ce jeune soldat mort pour une offense qui n'était pas la sienne, et un enfant lui prendrait son sabre si le dernier coup n'avait tordu ses doigts autour de la poignée.

Que ce qui détruit tout se fasse si horriblement vite! Que manque-t-il à ce corps? Il est jeune, vigoureux. — Thibaut pouvait à peine le soulever; il le redressa tout-à-coup. Le désespoir a des impulsions bizarres. — Il arracha le sabre du poing de Norbert, le rengaîna, ramassa précipitamment le casque, l'habit, le col; — il n'oublia rien; — puis, de l'autre bras il enleva le cadavre. On eût dit que son ami lui avait laissé sa force; et ainsi chargé, il courut vers l'hôpital. Les deux fourreaux traînaient par terre. Il faisait nuit. — Une voix cria : « Arrêtez! arrêtez! à l'assassin! »

« Tiens, dit Thibaut à l'un des gardiens, Normand comme lui, tu as bien connu Norbert? — Vois comme ils me l'ont arrangé. — Qui l'a tué? s'écria l'autre.

« Qui l'a tué? » Thibaut n'était plus le même homme. « C'est moi, pensait-il, en courant vers le quartier, c'est le Parisien, c'est moi, c'est le Parisien. » Et ces mots se pressaient, se heurtaient, se poursuivaient confus dans sa tête.

Il monta à la chambrée. Les cavaliers se couchaient. Le Parisien n'était pas rentré; il avait une permission, il s'amusait. Thibaut s'enfonça dans ce lit où il dormait avec Norbert. Il entendit les dragons parler du combat, il écouta leur récit; il entendit le Parisien rentrer en fredonnant, ôter son sabre, ronfler.

Thibaut se ramassait dans son lit comme

une panthère, pour tomber sur sa proie. Il se leva voulant égorger l'autre, et ceci soit dit pour le duel; une seule chose l'en empêcha, ce fut qu'il se battrait demain avec lui, ou qu'il le verrait mourir s'il se retenait pour l'assassiner au grand jour. La nuit fut longue : il pleura, il sanglota, se tordit à l'aise dans ce lit fait pour deux. La douleur ne le lâcha point.

Le lendemain, l'appel à peine terminé, Thibaut s'approchant du **Parisien**, et souriant à faire peur : « Tu as tué l'autre en brave, lui dit-il, ce n'est rien; mais tu m'as souffleté, moi, et je te prie de m'en rendre raison.

» — Ah! c'est donc la mort aux Normands, ces jours-ci? Conscrit, passe ton chemin, je ne suis pas en train à cette heure.

» — Est-ce que tu ne veux pas te battre avec moi? dit Thibaut avec joie, et prêt à chercher sa carabine.

» — Si fait, mon amour, par obéissance. Mais prends garde. Je vais t'envoyer en congé avec celui d'hier.

» — Celui d'hier, reprit Thibaut, c'est cela, marchons.

» — Bah! es-tu si pressé? Et où aller, petit?

» — A l'endroit d'hier, dit Thibaut, d'un ton qui frappa le duelliste.

» — Tiens, cette idée! répondit-il, en fixant le jeune soldat; mais il ne put rire; et ton témoin?

» — Celui d'hier, dit encore Thibaut, seul pour nous deux. Allons, et tue-moi bien, sinon tu n'en tueras plus comme hier, entends-tu?

» — Oh! sois tranquille, il n'en faut pas long de ça pour saigner un poulet blanc comme toi. »

En effet, Thibaut était aussi pâle que s'il eût assassiné l'autre.

Or, cette fois le combat ne fut pas long. « Les coups sur la tête n'ont pas profité à ton camarade, dit le duelliste. Voyons un peu à mon tour. C'est comme ça que je vais te tuer, conscrit. A toi. — Gare là-dessous. »

Ah! ah! il ne lui profita pas non plus, le coup sur la tête. Thibaut ne fit qu'opposer son bras gauche au sabre qui tomba dessus, et tandis que la lame mordait dans les os, la sienne, bénie soit-elle! creva deux fois le ventre au Parisien.

Il tomba respirant encore, lui; et bien lui prit que l'arme du Normand lui fût restée dans le corps, car Thibaut, s'il l'eût tenue, l'aurait fait furieusement souffrir. Le sabre se balançait dans la blessure. Le Parisien l'en arracha.

— Ses yeux se tournèrent pour défier le vainqueur.

Un premier meurtre, c'est pour consterner le plus impitoyable; mais Thibaut ne voyait de mort que Norbert.—Sa rage satisfaite éclatait, son cœur battait à l'aise. — Il reprit son sabre, le rejeta avec joie dans le fourreau, après qu'il l'eut essuyé de ses doigts; et s'il aida le témoin à soulever son camarade, ce fut pour voir plus longtemps et de plus près ses dernières convulsions. Il aurait voulu le jeter, le fouler à l'endroit où il avait vu Norbert immobile. — Mettez-vous un peu à sa place.

Depuis ce jour, il faut le dire, Thibaut est devenu lui-même un homme dangereux, sans pitié. La secousse faite en lui par ce qu'il y a de plus violent dans la douleur et dans la haine, ce bonheur qu'il avait senti une première fois à tuer un homme, un fond de rage et de désespoir qui s'associait en lui à des émotions dont il ne pouvait pas perdre le souvenir. Bref, il est duelliste à son tour et redoutable; mais ce n'est que pour les *Crânes*, pour ceux qui font métier de verser le sang. Il n'en manque pas un, et plus d'une fois il a protégé contre eux ses plus jeunes camarades.

Ces jours-là, Thibaut est pâle et troublé. Croyez-vous que ce soit à cause du sang qu'il vient de répandre? Non vraiment. C'est qu'alors il pense à celui qui, un soir, a reçu pour lui un grand coup à travers le cœur. Il y pense toujours. Eh! qui pourrait le lui faire oublier? Norbert est mort pour le défendre, et parmi tant de gens qui vivent, il ne le retrouvera pas.

— Il ne le cherche point, et, s'il le rencontrait en quelque autre, il n'en voudrait pas, je pense.

—Il ne nous reste des morts que ce vide même qu'on ne peut combler.

G. C.
Extrait de la Gazette littéraire.

MÉMENTO.

J'engage mes lectrices à se souvenir à l'occasion—fâcheuse occasion que je leur souhaite du reste n'arriver jamais, — je leur conseille, dis-je, de penser à **Fattet**, si quelque douleur s'annonçait dans une dent à conserver. Fattet a écrit un petit ouvrage fort bon à consulter. Ce qui est à apprécier dans la brochure du dentiste habile, c'est le peu de tendance qu'il a à arracher les dents sans une absolue nécessité. Conserver une dent, c'est conserver une richesse, c'est presque conserver un membre, et j'aime à trouver cette susceptibilité à l'endroit de l'opération dans l'opérateur adroit. La brochure de **M. Fattet**, *Traité de prothèse dentaire* (*), est un excellent guide pour les soins habituels des dents, et il forme le jugement pratique sur cette gouverne quotidienne dont l'importance est bien au-dessus d'une consultation passagère. Puis enfin, **Fattet**, qui arrache une dent avec la dextérité la plus subtile, la remplace avec la science la plus intelligente; il faut le consulter comme un docteur spécial et se fier à lui.

La saison des bals est le moment où il faut rappeler les magasins de soieries à bon marché. Jamais on n'a tant porté de robes de taffetas en hiver. Autrefois, la toilette des jeunes filles était presque uniforme : c'était une robe en crêpe ou en tulle, aussi simple que possible; aujourd'hui, ce sont des robes de taffetas, blanc ou de couleur; très-souvent, à double jupe ou à trois volants. Les volants sont de moins bon goût au bal; la jupe double est plus élégante. Une robe de taffetas blanc est en grande faveur cette année, simple, même sans volants, à une seule jupe. Je vous rappelle ce que je vous ai déjà dit de la *maison des Deux Pages*, **Fessart**, *rue Vivienne, 11* : jolies étoffes de fantaisie pour robes de taffetas et de demi-toilette; moires antiques unies ou chinées; taffetas d'Italie et pou de soie, à un prix

(*) Rue Saint-Honoré, 363.

notablement au-dessous du cours. Je vous enverrai chez **Fessart**, avec la conviction d'être remerciée par vous; c'est une recommandation consciencieuse s'il en est. — Vous verrez chez lui des velours de 20 à 22 fr., les plus beaux qui se puissent voir, et ceux de 18 à 19 francs très-suffisants pour faire une fort belle robe, qui promette beaucoup de durée.

Février est le temps des dîners et des soupers ; c'est alors qu'il faut penser à *Potel*, le grand ordonnateur de toute fête bien distribuée. Qui dit FÊTE n'entend pas seulement les réceptions ministérielles ou les bals de huit cents personnes; par *fête*, j'entends toute réunion en dehors des habitudes. On donne une fête dans un petit appartement au quatrième étage, quand on y réunit dix à douze personnes pour un dîner de cérémonie, ou soixante personnes pour danser au piano. Il ne faut pas moins, — si l'amphitryon a du goût et un certain savoir-vivre, — il n'en faut pas moins un très-bon dîner, bien servi, ou un joli souper et des rafraîchissements bien distribués. Mais, hélas ! je reviens à ce que je disais il y a quelques mois, la nécessité de la réception est flagrante, mais les moyens, quels sont-ils ? Quand le domestique d'une maison se borne à une ou deux femmes, au plus, comment entreprendre cette difficulté ? Elle ne devient possible, et même facile, qu'en chargeant une maison du dehors de ces mille détails d'exécution impossible dans un petit intérieur. **Potel** ne vous laisse ni préoccupation ni ennui. Vous n'avez ni à songer à l'avance ni à réparer ensuite : c'est la baguette magique qui a tout amené, c'est elle qui emporte. Et tout compte fait, très-positivement, la dépense n'est pas plus grande qu'elle ne l'eût été faite par vos soins et votre économie. Cette renommée, du reste, est assez établie pour qu'il soit refusé, **chaque** jour, à la maison du boulevard, quelque demandeur inscrit trop tard.

MAISONS SPÉCIALEMENT RECOMMANDÉES.

Alexandrine	Modes	rue d'Antin, 14.
Aumoitte	Graveur	passage des Panoramas, 46.
L. Bidau	Calorifères	boulevart des Italiens.
Blétry	Cachemires français	rue Richelieu, 102.
Blum frères	Vêtements pour hommes et enfants	rue Montmartre, 139. Villes de Suisse
Bona	Dessinateur	place de la Madeleine, 10.
Clémençon (Madame)	Corsets	rue du Port-Mahon, 8.
Cazal	Cannes et ombrelles	boulevart des Italiens, 27.
Cosmacéti	Vinaigre de toilette	rue Vivienne, 55.
Constantin	Fleurs artificielles	rue d'Antin, 7.
Demy-Doineau	Étoffes pour meubles	rue Vivienne, 16.
Duvelleroy	Éventails	passage des Panoramas, 17
Eau Napoléon	Eau de toilette	place Vendôme, 23.
Froment-Meurice	Joaillier	rue du faubourg Saint-Honoré, 52
Groult	Pâtes	passage des Panoramas, 3.
Guerlain	Parfumeur	rue de la Paix, 15.
A. Giroux	Papeterie	rue du Coq Saint-Honoré.
Kiesel	Tapissier	boulevart du Temple, 33.
Lachaume	Fleurs naturelles	rue de la Chaussée-d'Antin, 40
Lenègre	Relieur	rue Saint-Germain-des-Prés, 11.
Mansard	Grès de Voisinlieu	rue Richelieu, 93.
Marion	Papetier	cité Bergère, 14.
Masson	Chocolat	rue Richelieu, 28.
Mercier Limet	Boulanger-pâtissier	rue Taitbout, 44.
Montel Galy (Madame)	Modes	rue Choiseul, 17.
Rudolphi	Bijoutier	rue Tronchet.
Sajou	Ouvrages et dessins	rue Rambuteau, 52.
Savary et Mosbach	Diamants faux	rue Vaucanson, 4.
Taban	Coffrets et meubles	rue de la Paix, 32.
Thomas	Argenture	boulevart des Italiens, 10.
Trois-Quartiers	Nouveautés	boulevart de la Madelaine.

HOTEL DU HELDER,

Rue du Helder, 9.

Appartements et chambres meublés. Service actif et intelligent. Proximité du boulevart, de la Bourse, de l'Assemblée, des théâtres ; très-bonne table.

On trouve dans l'hôtel même un restaurant et des voitures de remise.

TAUPIN NEVEU.

Rue du Helder.

Teintures et Nettoyages, des plus soignés. Apprêts à neuf de toutes étoffes. Nettoyage de chapeaux de paille. — Velours et Dentelles.

MERCIER LIMET,

Rue Taitbout, 44.

Boulangerie fine, petits pains de toutes sortes , et tout ce qui tient le milieu entre le pain et le gâteau à l'usage des déjeuners et du thé du soir. Muffings. Pâtisserie de table. Galette de ménage. Petits Fours pour dessert. — *Spécialités* : Messinois, saint-honorés au café et au chocolat pour entremets. Gelées, macédoines glacées.

BLUM FRÈRES.

AUX VILLES DE SUISSE.

Rue Montmartre, 139.

Vêtements d'hommes, très-élégants et très-solides. Habillements complets de **25 à 150 f.** Costumes d'enfants : Blouses, Vestes, Tuniques et Cabans.

2ᵉ Année.   28 Février 1851.   N°. 4.

LES

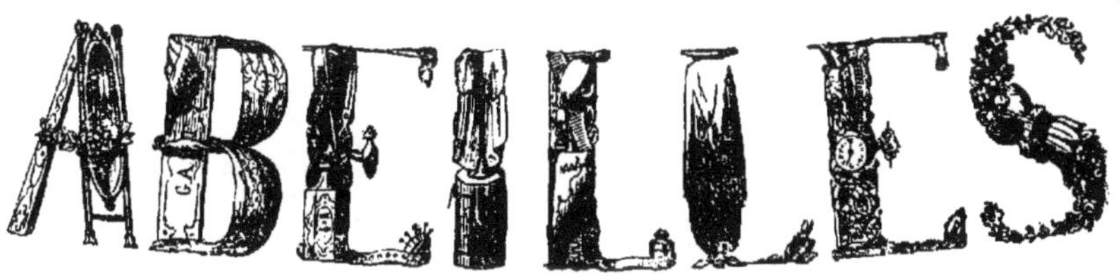ABEILLES

PARISIENNES

ILLUSTRATION DE L'INDUSTRIE COMFORTABLE

PAR

Mᵐᵉ Constance Aubert.

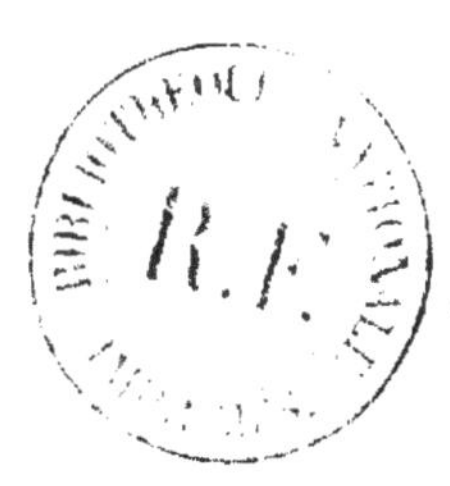

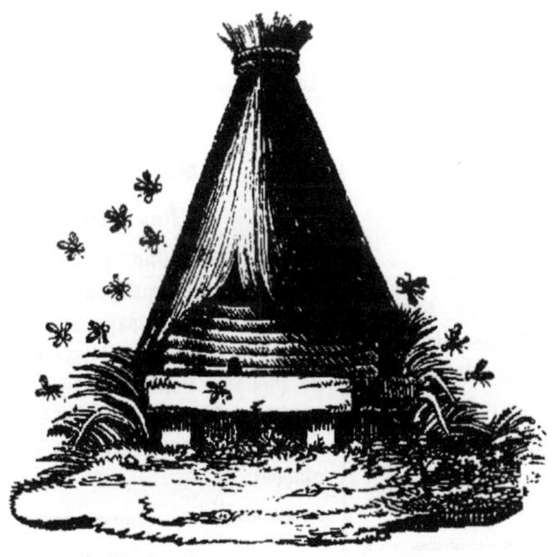

PARIS

Magasin de Léon Bidau et Cⁱᵉ, *boulevart des Italiens, 19*;

Maison du Cosmacéti, *rue Vivienne, 55*

MAISONS SPÉCIALEMENT RECOMMANDÉES.

Alexandrine	*Modes*	rue d'Antin, 14.
Aumolite	*Graveur*	passage des Panoramas, 46.
L. Bidau	*Calorifères*	boulevart des Italiens.
Blétry	*Cachemires nçais*	rue Richelieu, 102.
Blum frères	*Vêtements pour hommes et enfants*	rue Montmartre, 139. Villes de Suis
Bona	*Dessinateur*	place de la Madeleine, 10.
Clémençon (Madame)	*Corsets*	rue du Port-Mahon, 8.
Cazal	*Cannes et ombrelles*	boulevart des Italiens, 27.
Cosmacéti	*Vinaigre de toilette*	rue Vivienne, 55.
Constantin	*Fleurs artificielles*	rue d'Antin, 7.
Demy-Doineau	*Étoffes pour meubles*	rue Vivienne, 16.
Duvelleroy	*Éventails*	passage des Panoramas, 17
Eau Napoléon	*Eau de toilette*	place Vendôme, 23.
Froment-Meurice	*Joaillier*	rue du fauhourg Saint-Honoré, 52
Groult	*Pâtes*	passage des Panoramas, 3.
Guerlain	*Parfumeur*	rue de la Paix, 15.
A. Giroux	*Papeterie*	rue du Coq Saint-Honoré.
Kiesel	*Tapissier*	boulevart du Temple, 33.
Lachaume	*Fleurs naturelles*	rue de la Chaussée-d'Antin, 46
Lenègre	*Relieur*	rue Saint-Germain-des-Prés, 11.
Mansard	*Grès de Voisinlieu*	rue Richelieu, 93.
Marion	*Papetier*	cité Bergère, 14.
Masson	*Chocolat*	rue Richelieu, 28.
Mercier Limet	*Boulanger-pâtissier*	rue Taitbout, 44.
Montel Galy (Madame)	*Modes*	rue Choiseul, 17.
Rudolphi	*Bijoutier*	rue Tronchet.
Sajou	*Ouvrages et dessins*	rue Rambuteau, 52.
Savary et Mosbach	*Diamants faux*	rue Vaucanson, 4.
Tahan	*Coffrets et meubles*	rue de la Paix, 32.
Thomas	*Argenture*	boulevart des Italiens, 10.
Trois-Quartiers	*Nouveautés*	boulevart de la Madelaine.

HOTEL DU HELDER,

Rue du Helder, 9.

Appartements et chambres meublés. **Service actif et intelligent.** Proximité du boulevart, de la Bourse, de l'Assemblée, des théâtres ; très-bonne table.

On trouve dans l'hôtel même un restaurant et des voitures de remise.

TAUPIN NEVEU.

Rue du Helder.

Teintures et Nettoyages, des plus soignés. Apprêts à neuf de toute étoffe. Nettoyage de chapeaux de paille. — Velours et Dentelles.

MERCIER LIMET,

Rue Taitbout, 44.

Boulangerie fine, petits pains de toutes sortes, et tout ce qui tient le milieu entre le pain et le gâteau à l'usage des déjeuners et du thé du soir. Muffings. Pâtisserie de table. Galette de ménage. Petits Fours pour dessert. — *Spécialités* : Messinois, saint-honorés au café et au chocolat pour entremets. Gelées, macédoines glacées.

BLUM FRÈRES.

AUX VILLES DE SUISSE.

Rue Montmartre, 139.

Vêtements d'hommes, très-élégants et très-solides. Habillements complets de **25 à 150 f.** Costumes d'enfants : Blouses, Vestes, Tuniques et Cabans.

AVIS.

Ce n'est plus rue Bourdaloue que doivent être adressés les réclamations ou les mandats d'abonnement; c'est maintenant : à Madame C. Aubert, rue de Milan, 12.

NOTE.

Une exigence de poste est venue mettre un impôt sur la couverture que j'avais ajoutée à ma feuille : je ne crois pas devoir la conserver. Il me semble préférable d'affecter à des améliorations matérielles dans le journal les frais assez grands qu'elle occasionnerait.

Et à propos de la poste, je dois dire que le service se fait d'une façon tout à fait dérisoire. Non-seulement j'ai reçu des réclamations de tous côtés pour le transport du numéro à jour fixe, mais des exemplaires que j'ai envoyés pour remplacer ceux qui avaient été égarés ne sont pas même parvenus.

La fin de l'Hiver.

Je parle de la fin de l'hiver et il n'a pas eu de commencement. A peine le bassin des Tuileries a-t-il gercé à la surface dans quelques petits coins à l'ombre, et nous n'aurons pas eu un seul jour de neige.

Un peu de brouillard seul est venu recevoir sur le territoire les Anglais qui viennent en masse visiter Paris en ce moment.

Ce brouillard a déterminé une grippe qui a pris des proportions épidémiques. Il est peu de personnes qui y aient complétement échappé; celles qui n'ont pas pris le lit pour le garder trois jours, en ont au moins *subi l'influence.*

La grippe est un perfectionnement du rhume de cerveau. C'est dire combien d'affaires sérieuses ou agréables sont entravées par elle; combien de bals elle a fait manquer! Quelle est la femme qui voulût se montrer sous une coiffure de fleurs avec les lèvres gonflées, les yeux rouges et le visage bouleversé?

Les bals par souscription ont été brillants. Le Jardin d'hiver semble fait pour ces fêtes splendides; la toilette des femmes paraît plus élégante et plus coquette dans cette salle éclairée, fleurie, capricieuse, que dans un salon ou dans une salle de thâtre. On dirait que sa décoration a été conçue pour ces sortes de fêtes.

Le carnaval est proche; il y aura quelques bals pour les derniers jours : on aura dansé cet hiver. L'impulsion est donnée jusqu'au carême; les femmes ont fait des dispositions de toilette qui annoncent toujours une certaine durée. Quand le carême sera un peu avancé, les soirées de musique viendront à leur tour.

Voici les bourgeons aux arbres; c'est la promesse d'un printemps réel.

Nous touchons à mars : mars avec son soleil quelquefois un peu criard, mais clair et tiède, nul et beau comme l'enfance; mars avec ses violettes embaumées, et le réseau verdoyant qu'il répand sur la nature.

Les promenades au bois vont enfin avoir quelque attrait et nous pensons à Longchamps, dont on laisse pressentir des merveilles.

RÉPONSE

A diverses Correspondances anonymes

Le Cachemire et M. Biétry.

Décidément, j'ai soulevé contre moi le mécontentement de lecteurs sévères qui trouvent mauvaises mes appréciations sur tels ou tels sujets qui leur déplaisent.

En m'occupant dans mes dernières livraisons du cachemire français et du cachemire de l'Inde, en constatant qu'aujourd'hui les mêmes épaules portent indistinctement l'un ou l'autre, en démontrant le mérite du produit national, j'ai dû également constater un fait incontestable, c'est qu'on est redevable à M. Biétry de la majeure partie du succès obtenu par le cachemire français.

Cela m'a valu une quantité de lettres plus ou moins spirituelles, plus ou moins malveillantes, cherchant à me démontrer que M. Biétry n'est qu'un faiseur de réclame.

Aucune de ces lettres n'étant signée, je n'ai pu répondre. Je regrette que les auteurs aient désiré garder l'anonyme; cela nuit toujours à une réclamation. Si j'avais eu leur nom et leur adresse, j'aurais repondu ceci :

« J'ai suivi avec attention le grand débat judiciaire et de publicité que soutient M. Biétry. Il a prouvé sans réplique à tous les gens désintéressés, qui le reconnaissent comme moi, qu'on avait trompé le public d'une manière scandaleuse dans la vente des châles et des tissus cachemires. Il a fait condamner huit ou dix marchands, et lui, dans son intérêt d'honnête fabricant, il a dit à ce même public : On vous a trompé; on veut détruire une grande industrie nationale qui fait la vie de fabricants et négociants honnêtes et d'un grand nombre d'ouvriers. Je suis fabricant de cachemire depuis trente ans, j'ai figuré à toutes les expositions, j'y ai obtenu les premières récompenses pour la filature et la fabrication du cachemire ; je demeure à tel endroit... Je vends des châles et des tissus fabriqués avec mes produits; ils sont revêtus d'un cachet portant un numéro d'ordre, d'une étiquette de prix fixe, et de la garantie de la désignation. J'engage sérieusement ma responsabilité pour l'objet que je livre, comme le fait l'honnête bijoutier avec le contrôle de ses bijoux. En un mot, la Banque de France ne garantit pas mieux ses billets que je ne garantis mes produits aux acheteurs, et j'ai poursuivi les fraudeurs de cachemires comme la Banque de France poursuit les faussaires de billets. »

Je ne comprends pas qu'on appelle cela de la réclame.

J'ai bien examiné la question. Je ne puis qualifier de faiseurs de réclames, que les fabricants ou marchands qui annoncent sous une dénomination précieuse des objets de peu de valeur, ceux qui voudraient que le faux prît la place du vrai.

Et malgré ses détracteurs, M. Biétry s'est acquis l'estime de tous les honnêtes négociants et fabricants. Ses antagonistes seuls sont des rivaux ; mais chaque fois qu'il y a une réunion d'honorables industriels, leurs bons témoignages ne lui font jamais défaut. Vous vous souvenez de la distinction honorifique qu'obtint son nom à l'exposition de 1849, où, pour rendre hommage à la courageuse persistance de fidélité à son principe de marque de fabrique obligatoire, on le nomma président du banquet, auquel assistaient M. le président de la République et les notabilités du pays. Aujourd'hui encore, la Société de l'Union industrielle vient de l'appeler, à l'unanimité, à faire partie de son bureau, conjointement à de grands noms notables dans l'industrie, pour l'exposition de Londres.

Que MM. les marchands et fabricants méditent une vérité contre laquelle leur mauvais vouloir ne pourra rien.

M. Biétry ne fait pas de la réclame à son profit personnel; il défend une belle industrie nationale contre la fraude et le mensonge. Il fait un plaidoyer; tant pis pour ceux que ses raisons condamnent; c'est le public qui est juge, et comme il décide en dernier ressort, c'est par son témoignage de sympathie pour M. Biétry qu'il lui donne gain de cause.

L'exemple est là, chacun peut le suivre, et chacun alors contribuera avec lui à établir la confiance sur les marchés étrangers.

L'exposition de Londres est une belle et bonne occasion.

Toilettes de Février.

Il n'y a guère de nouveautés que pour le bal, à cette époque de fin de saison.

Si ce n'est cependant celles que beaucoup de femmes sont obligées d'improviser pour suppléer à une inutile prévoyance.

Les pardessus-pelisses en velours garnis de fourrures avaient pris, dès le début, une certaine faveur, et il s'en est fait une quantité. Ils sont superflus par ce soleil constant ; bien plus, ils sont presqu'impossibles à beaucoup de femmes qui n'aiment pas à être couvertes avec excès.

Il n'y a guère que le châle qui fasse attendre les pardessus du printemps.

Tout ce qui n'est pas chargé de fourrure se portera jusqu'à la fin de mars, jusqu'à Longchamps.

Les casaques de velours, garnies de dentelle, sont sans contredit ce qui est porté le plus généralement, sans pour cela être devenu d'un goût vulgaire. Il est vrai de dire que le cachet donné à ce petit vêtement en fait tout de suite, par une révélation instinctive, une chose en dehors d'une autre.

Une femme du monde habituée à ce certain faire d'une main habile, distingue immédiatement les créations, parfois excentriques, de **Félicie**, de même qu'à la coupe savante et étudiée d'une innovation élégante, elle reconnaît une fantaisie nouvelle de M**me** **Dreué-Bué**.

Depuis la fin de la saison, les petites casaques grecques en velours, brodées d'or, sont portées sans trop de singularité ; on commence à les accepter.

Il serait difficile du reste de dire à quelle époque ressemble la nôtre et de quoi se rapproche le costume incohérent que nous adoptons. Tantôt c'est le reste de cette tendance masculine qui avait fait prendre aux femmes le nom de *Lionnes*, et alors : le jabot, le feutre à longs poils, les bijoux d'argent, la lingerie sévère à petits plis, — les bottines tout en cuir et la robe de drap.

Tantôt c'est une réminiscence de la recherche du XVIII° siècle, et, les dentelles ne suffisant pas, il a fallu les broderies. Puis enfin on a trouvé que les broderies n'appelaient pas assez l'attention, et on s'est brodé d'or et d'argent, et voilà le jais qui est devenu tout ce qu'il y a de plus ordinaire.

Quand je me rappelle la mode invariable pour toute femme distinguée, il y a quinze ans, je fais la comparaison avec celle d'aujourd'hui, et je pense qu'il ne faut jamais dire : ceci est de bon goût, ceci est de mauvais goût, car ce qui est critiqué aujourd'hui sera prôné demain, — et réciproquement.

Il y a quinze ans donc, — c'était la mode d'acheter des étoffes au plus bas prix qu'il fût possible de les trouver.

Pour rien au monde, une femme qui savait son époque n'eût porté une vraie dentelle. Fi !

Les tulles anglais étaient magnifiques ; on les préférait de beaucoup à du point ou à de la valencienne.

Et personne ne songeait à rappeler la fourrure.

J'ai vu à cette époque une femme de la cour qui portait avec l'orgueil le plus senti une mousseline achetée neuf sous le mètre, au Petit-Saint-Thomas, et un grand col comme on les portait alors, garni d'un énorme tulle anglais qui lui couvrait les épaules.

On n'aurait jamais eu assez de lazzis pour une toilette comme celles que portent en l'an de grâce 1851 les femmes à la mode. — Si tant est qu'il soit des femmes à la mode.

Il est vrai que les fantaisies un peu hasardées trouvent quelquefois pour critiques ce juge naturel qui s'appelle le public, et qui se compose de tout le monde, de l'homme du peuple comme du grand seigneur. C'est dans cette première catégorie que M**me** F*** a été plaisamment critiquée l'autre soir à sa sortie du Théâtre-Français. Un habitué du lustre, qui ce soir-là n'avait pas eu ses entrées, se dédommageait en assistant à la sortie. — Viens donc vite, crie-t-il à son camarade, en voyant passer M**me** F***, viens voir M**lle** Brohan qui monte en voiture ; elle a gardé son costume.

La mode, c'est la mode. Il n'y a jamais trop de raison de faire une chose plutôt qu'une autre; il est donc déplacé de la discuter.

Cependant il est impossible de ne pas faire cette simple observation : c'est qu'aujourd'hui le costume n'est pas en rapport avec les idées. A voir les femmes parées comme des châsses, on croirait qu'elles n'ont jamais mené la vie plus gaîment et plus largement, et ce n'est pas.

Beaucoup ont réformé leurs voitures et vont à pied dans des toilettes qu'elles n'eussent jamais acceptées il y a trois ou quatre ans.

Beaucoup ont fermé leur maison sous prétexte d'économie, et sont les premières à adopter un luxe souvent hors de propos.

La femme en voiture met ce qu'elle veut. Dans sa voiture elle est chez elle. Mais à pied, une toilette exagérée n'est pas *moralement* de bon goût.

Je n'ai pas encore pu voir sans déplaisir les manches ouvertes, à pied, surtout avec des bracelets en bijoux ou rubans, comme beaucoup de jeunes femmes en mettent. L'été, il y avait une excuse rationnelle; c'est qu'il est agréable d'être peu couverte, et cela va aux robes d'été. Mais l'hiver, avec le froid ! un bras qui sort à moitié nu d'un manchon. — N'est-ce pas absurde ?

Si nous en sommes sur des détails d'extra-élégance, parlons des robes de bal que fait M\ :sup:`me` de Baisieux. Je vous en dirai une entre plusieurs. — Elle est *en entier* faite de rubans. Vous avez sous les yeux un ensemble ravissant; vous voulez une robe pareille. — D'où vient cette robe? demandez-vous. De chez **Burty** ou **Gallois?** Elle vient de chez **Wattelin....**

Parlerons-nous chapeaux? J'ai cherché et n'ai rien trouvé depuis le mois passé.

Les coiffures du soir sont seules renouvelées, et se renouvellent chaque jour. — Hier, **Alexandrine** avait une coiffure d'Opéra en velours noir et dentelle d'or : c'était une parure artistique, jeune et sérieuse tout à la fois, convenant à merveille au visage pour lequel elle avait été conçue. Puis, pour une jeune personne, une petite couronne de rubans roses à filets d'argent, parmi lesquels tombaient des grappes de muguet.

La popeline est une robe de ville qui convient à ce moment de l'année pour les jeunes filles.

Le crêpe est leur toilette de bal.

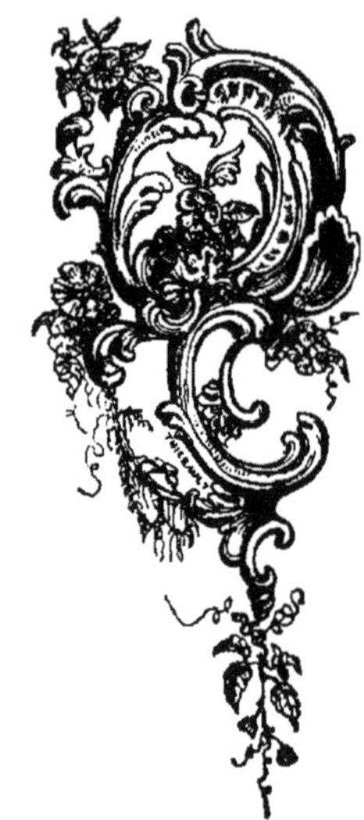

DES PROMENADES A CHEVAL.

L'AMAZONE.

L'exercice du cheval passe tout-à-fait dans les habitudes féminines d'un certain monde.

Une femme riche, jeune et élégante monte à cheval comme elle va au bal; c'est un plaisir et une obligation. C'est de plus une occasion de montrer tout ce que l'on a de goût et de bonne grâce.

Il me semble que le costume d'amazone a toujours été en dehors du costume de ville. On ne s'habille pas pour monter à cheval comme pour se promener à pied dans la rue; et la fantaisie a toute la liberté, quand il s'agit d'un costume.—L'amazone est un costume.

Ce qui laisse le plus à désirer est, sans contredit, la coiffure. Le chapeau d'homme, tel que la plupart des femmes le portent, ne convient à la physionomie que d'un très-petit nombre. Encore, ce qu'il y a de plus favorable, c'est de ne pas trouver qu'il sied mal. Il est évident que si les femmes prenaient le chapeau Louis XIII, avec son large bord et sa grande plume, il y aurait à cette coiffure un cachet pittoresque, et une physionomie que chacune pourrait modifier d'une façon sensible. — Avec l'amazone de drap, le corps de la femme est beaucoup plus volumineux qu'il ne l'est en toilette de ville; la tête alors devient petite pour le corps, et les cheveux manquent souvent de place pour se caser à l'aise.

L'amazone doit avoir un certain sérieux, et quelle que soit l'élégance que l'on veuille lui donner, il convient de faire oublier le plus possible la robe de femme.

Personne, selon moi, n'avait compris, jusqu'ici, ces exigences comme Mme **Dreué-Bué**, qui excelle, vous le savez, dans la coupe si difficile du justaucorps, et qui a inventé, —car inventé est le mot, — un délicieux petit costume qui satisfait en même temps aux nécessités de la robe fermée et à la mode des corsages ouverts.

Il appartenait donc à Mme **Bué** de réformer l'amazone, et c'est ce qu'elle a fait avec un rare bonheur. Je me saurais bien mauvais gré si je cédais à la prétention de vous dessiner cette charmante innovation par un trait de plume. J'emploierais des mots connus et je formulerais une pensée banale, tandis que j'ai à parler de choses complétement neuves.

L'amazone de Mme **Bué** est portée au bois depuis quelques jours par des femmes d'une élégance proclamée. Mais pour la voir avec un peu d'attention, je vous dirai qu'il y en a presque toujours une, achevée ou à peu près, dans les ateliers de Mme **Bué** (*).

Je donne cet avis aux femmes désireuses de faire valoir l'élégance de leur personne en même temps que leur talent d'écuyères. Il est impossible de n'être pas remarquée dans ce charmant vêtement. C'est la coquetterie la plus seyante et remarquable de distinction.

LE CORSET

En parlant d'une amazone qui sied à la

(*) Rue de Choiseul, 8.

taille et qui habille avec grâce, il vient tout naturellement à la pensée de s'occuper du corset, sans lequel il n'y a ni taille bien faite ni tournure gracieuse. Le grand secret du corset de l'amazone est de ne gêner aucun mouvement. Il y a vingt-cinq ans, on portait des paresseuses, espèce de petites brassières en percale qui maintenaient faiblement la personne sous le corsage de drap.

Le corset qui m'a paru conçu avec l'intelligence la plus savante est celui que fait Mme **Clémençon.** Il tient beaucoup du corset de ville, et n'en diffère que par la longueur et par une souplesse encore plus extrême. Mais la femme qui l'a porté pour aller au bois peut le garder pour s'habiller le soir; elle sera aussi bien maintenue que dans son corset de bal.

Il y a une loi universelle pour quelque corset que ce soit, c'est de descendre la taille, de ne pas soulever les épaules, de laisser toute liberté aux mouvements des bras, de ne pas gêner la respiration. Celui qui manque à une seule de ces conditions n'est pas un corset bien fait.

C'est pour cela, vous le savez, que je vous ramène souvent, rue du Port-Mahon, 8. C'est là que l'esprit du corset est compris avec un savoir plein de goût, et qu'avant de se préoccuper de faire une taille mince et fine, on s'occupe avant tout de la rendre ou la conserver gracieuse.

Car nous finirions par faire de la taille des femmes ce que les Chinois font du pied des leurs : l'amoindrir, et encore l'amoindrir, et on appellerait cela atteindre à la perfection.

Le grand charme que l'amazone donne aux femmes en général, c'est que la plupart ayant des corsets tellement gênants à supporter, elles sont forcées de les quitter pour monter à cheval; alors elles ont cette souplesse naturelle qui est un attrait véritable.

Le corset-amazone de Mme **Clémençon** a cet avantage, c'est qu'avec lui on paraît presque n'en avoir pas. Le corps se ploie facilement et suit avec flexibilité, sans aucune gêne, les mouvements que le cheval lui impose.

Cette flexibilité tient à l'absence de baleines, devenues inutiles par la coupe de chaque pièce, disposée de façon à contenir la personne ou lui laisser de la liberté, selon la nécessité.

Mme Clémençon a fort peu recours aux goussets, et cependant ses petits corsets amazones retombent sur la hanche avec aisance, et avec plus d'ampleur que ceux qui sont tailladés en tous sens.

J'ai dit déjà tout ce que je pense de ce corset inoffensif aux jeunes femmes et aux mères prudentes. Autant il peut être sans inconvénient, celui-là l'est bien sans doute. Ceci n'est pas une question de toilette, c'est une grave question de santé; car, selon nous, nous ne savons pas tout ce que cette funeste mode des longues tailles attaque peut-être de jeunes vies dans leur fraîcheur, du moins, si ce n'est dans leur existence.

DU SERVICE DE TABLE.

Argenture.

Il faut avoir aujourd'hui une fortune bien considérable, et surtout une grande prétention à la fortune pour acheter un service de table en argent.

Je n'ai pas dit pour *avoir*, — car beaucoup de gens conservent celui qu'ils ont; j'ai dit pour *acheter*.

On a un service complet ou à peu près ; si on le renouvelait, il exigerait tout ce que comprend le luxe d'aujourd'hui. La perte à supporter arrête beaucoup de gens qui se contentent de ces grandes pièces principales, dont on dit : une vaiesselle plate!.. Tandis que si l'on achetait un service moderne, il faudrait tous les détails que l'on a inventés pour le comfortable depuis vingt ans.

Beaucoup de personnes cependant préfèrent transformer une argenterie massive, vieillie et passée de mode, en un joli service élégant et nouveau d'*argenture Elckington*; et plus d'une grande famille aujourd'hui, en mariant un fils, laisse chez **M. Thomas** une lourde

soupière et des plats qui ont perdu toute leur élégance, en échange d'un joli service coquet, plein de grâce et de solidité.

Le moment des dîners et des réceptions du soir appelle l'attention sur tout ce qui est des soins de la table. A cette époque on donne à dîner. Le carnaval est à sa fin.

Beaucoup de personnes n'attendent pas certainement d'avoir fait leurs invitations pour aller acheter le service qu'elles mettront sur leur table ; mais pour un grand nombre cette occasion est un motif déterminant. Non pas peut-être pour faire l'acquisition toujours importante d'un service complet, mais pour quelques pièces détachées qui donnent à l'ensemble une recherche positive.

Avec la porcelaine on mettra les casseroles à légumes et les plats d'argent, sans affecter pour cela une prétention à la vaisselle plate. **M. Thomas** a certainement des modèles aussi élégamment riches que l'orfèvre le plus renommé. Les bords ondulés à côtes sont ce qu'il y a de mieux pour le bord des plats; on préfère cette bordure aux ciselures à dessins. Sur le couvercle, de petits animaux, une branche de feuilles ou de fruits en argent mat.

Les salières en cristal bleu, contenues dans la double salière qui les enveloppe comme une dentelle d'argent, varient de forme, mais sont à peu près semblables dans le fond. C'est toujours la salière ovale, un peu élevée sur ses petits pieds contournés.

Il est assez ordinaire de voir un ensemble à peu près complet qui réponde à ces pièces accessoires de la table. Ainsi, nous trouvons les salières, l'huilier, le moutardier, les sucriers pareils; et ensuite une certaine ressemblance avec le reste : la cafetière, la théière, dans le même genre, ou pour mieux dire dans le même style.

Les genres différents, plus ou moins travaillés, plus ou moins riches : à filets, à côtes et à contours, à bordures ciselées. — Selon le travail, ce prix varie sensiblement. Le devis d'un service très-complet pour douze personnes varie de 2,450 fr. à 5,150 fr. Mais pour ce chiffre, qui, dans aucun des cas, n'est très-élevé, vous avez non-seulement tout le service, c'est-à-dire des plats, des casseroles à légumes, des réchauds avec leurs cloches, mais ce que l'on appelle l'argenterie, c'est-à-dire les couverts en grand nombre, les couteaux de table et de dessert, toutes les cuillères *spéciales*, à potage, à compote, à sucre ; les fantaisies qui font la recherche du service ; ces petits riens inutiles et indispensables : les brochettes, la pelle à glace, la paire de ciseaux à raisin, etc., etc.

Je donnerai dans la prochaine livraison un devis détaillé de toutes les pièces dont se compose un service complet pour douze personnes, et nous ferons ensemble un petit travail qui montrera aux personnes forcées de compter avec elles-mêmes, qu'en réduisant le nombre de pièces fixées très-largement par le devis, on peut avoir pour 4,400 fr. un charmant service très-suffisant.

En attendant cette instruction, je vous dirai seulement quelques chiffres isolés des principaux : 4 réchauds et leurs cloches valent 300 fr ; les 8 plats, 380 fr. ; 4 casseroles d'entremets avec leurs doublures, 124 fr. — Les couverts sont grandement ordonnés : 48 cuillères, 36 fourchettes, 36 couteaux, 42 couverts à dessert, 24 couteaux à dessert, 42 à lame argentée.

Je donne cet aperçu pour fixer à peu près les idées de quelqu'un qui voudrait faire une dépense pour répondre aux besoins les plus immédiats. Mais, comme je le disais plus haut, je donnerai, le mois prochain, les devis de chaque service complet.

Si vous faites en ce moment une visite au boulevart des Italiens, vous verrez chez M. **Thomas** de magnifiques modèles artistiques, des cafetières de forme orientale et des théières à réchauds d'un dessin tout-à-fait savant.

Ceci ne rentre plus dans le service ordinaire ; c'est le caprice qui est venu se joindre à l'utile ; c'est la fantaisie de luxe et de goût mêlée à l'objet de nécessité.

Vous admirerez une aiguière en vermeil qui porte un cachet turc très-bien compris : c'est une des belles choses que je vous signale.

UNE FÊTE D'ENFANTS.

Ce n'est pas uniquement parce que M. Scribe l'a dit dans la *Dame Blanche,* — c'est une vérité : un baptême est une fête de famille.

Il s'est passé, la semaine dernière, une charmante journée à l'occasion d'un baptême, dans une jolie maison de la rue de l'Arcade, où l'on avait réuni tout un petit monde heureux et gai comme — on ne l'est plus.

L'accouchée, qui n'a pas dix-huit ans, a de jeunes frères et sœurs qui, bien que devenus *grands-parents* par l'événement, n'en sont pas moins à cet âge où le plaisir est facile et bruyant.

On avait promis que le nouveau venu célébrerait son entrée en ce monde en y amenant après lui quelques plaisirs.

C'est une bonne pensée d'appeler sur les premiers jours la bénédiction de ces jeunes cœurs qui vont autour du berceau de l'Amphitryon déposer sur son front une caresse très-sincère ; car, à cet âge, la reconnaissance se taxe d'après l'émotion, et il y avait, je vous assure, de quoi défrayer bien des amitiés.

Le néophyte, enveloppé dans ses langes de dentelles, présida un moment le banquet où tous les convives burent à sa santé, et lui portèrent des toasts enthousiastes.

Ensuite, on commença des polkas, et vous pouvez croire que bien des bals ne valent pas celui-là. Rien n'est gracieux comme la gaucherie de l'enfant qui danse mal, — sinon sa grâce quand il danse bien. On ne savait donc lequel applaudir, ou celui qui conduisait en maître, ou ceux qui embrouillaient les couples, tombant quelquefois, et riant à francs éclats.

Pour intermède, on eut les tours de M. Comte. C'est toujours un des plus grands plaisirs de la jeunesse. L'habile physicien connaît son public et il sait captiver son admiration.

Il était tard quand les dernières polkas, reprises après les tours d'adresse, firent place à une collation servie au milieu des fleurs et des lumières, pyramides de sucreries et de fruits, que chacun eût volontiers attaquées.

A présent que le silence est rétabli , entr'ouvrons la chambre de la convalescente pour voir ce charmant petit lit dont la cage en fer, recouverte de percale, est enveloppée de rideaux en broderie anglaise, entièrement à jour, comme s'ils étaient en guipure ; l'oreiller garni, le couvre-pied pareil, l'accompagnent. C'est d'une richesse positive et d'une richesse rationnelle. La percale brodée à l'anglaise est élégante , n ais elle est solide et durable. L'œil de l'enfant peut s'amuser à suivre les mille dessins répétés, et l'étoffe ne craint pas d'altération.

Sur une table sont encore les présents de *compérage*.

La jeune mère a reçu, dans un coffret en sculpture de bois de poirier, sur velours vert, fantaisie artistique de *Tahan*, un très-beau point d'angleterre pour une garniture de corsage. On l'avait enfermé entre deux paires de gants, pour figurer le cadeau traditionnel.

La marraine a donné à son filleul deux robes de maillot, dont l'une en mousseline brodée, garnie de mousseline festonnée et valencienne ; et l'autre en cachemire blanc brodé, garnie de galons-rubans.

Et maintenant que toute cette joie a environné ce berceau , qu'à peine entré dans la vie, ce petit être a déjà fait des heureux, nous pouvons lui dire avec Saady, le poëte persan :

« Enfant, tu viens en ce monde, et tout le
» monde sourit et se réjouit autour de toi ;
» tâche que, lorsque tu le quitteras, tous
» ceux qui t'entoureront pleurent et te re-
» grettent. »

VERS

Écrits sur l'album de Mlle M. D.

Ce livre encore fermé dont toute page est blanche
Jeune fille, c'est toi, c'est ton riant matin,
Ton âme qui se fie à l'avenir lointain,
Avant que dans ton cœur un autre cœur s'épanche...

Comme pour une fête un salon préparé
Vide et muet encore, mais brillant de lumière,
Mais attendant l'orchestre et l'essaim tout paré.
C'est mieux... c'est un saint temple, asile de prière,
Avant que le fidèle, en foule ait pénétré,
Avant que l'orgue ému réponde au chant sacré.

Garde en ton jeune cœur comme en une arche sainte
Ce frais repos voilé, ce doux recueillement
Que trouble jusqu'ici l'amitié seulement ;
Bientôt les bruits du monde assiégeront l'enceinte,
Bientôt la flatterie et ses mots enivrants
Voudront faire oublier la voix des vieux parents ;
De ton passé béni l'on voudra te distraire.
Le temple va s'ouvrir, l'encens fumer... Mais moi,
Père de ton amie, et l'ami de ton père,
Dans ton âme où tout chante, aime, sourit, espère,
Je veux, comme en ce livre, écrire : « Souviens-toi. »

LITTÉRATURE.

Claudie.

Drame par G. Sand.

Il entrerait dans le cadre des *Abeilles* de parler théâtre, que je m'arrêterais, je crois, devant cet ouvrage déjà célèbre ; devant ce drame si puissant et si simple à la fois qu'un public ému applaudit chaque soir avec un sérieux enthousiasme.

Les *Abeilles* ont adopté une façon de parler d'une pièce de théâtre quelle qu'elle soit. Ce n'est pas par analyse, ni comme critique louangeur ou frondeur, c'est par extraits dans lesquels le lecteur prend quelque idée du style, et où le spectateur de la veille retrouve une phrase qui l'a touché et qu'il aurait voulu fixer dans sa mémoire.

Il faudrait copier *Claudie*. Jamais on n'avait vu mettre en langage familier la poésie d'un esprit distingué avec autant de naïveté et de vérité. C'est un *tour de force* en faveur du style sans emphase Les situations et les pensées sont tout.

« La mort vous fait peur à vous autres parce que vous êtes jeunes ! Si vous aviez mon âge, vous vous diriez que la mort et la vie c'est quasiment une même chose. Ça se tient comme l'hiver et l'été, comme le tronc et le germe, comme la racine et la branche. Un peu plus tôt, un peu plus tard, faut toujours souffrir pour vivre et vivre pour mourir. »

———

« Que Dieu récompense les bons riches !.. qu'il les conserve tant qu'il y aura des pauvres ! Des gens heureux qui lèvent la tête et qui font le mal... il y en a, le ciel les voit ! Des gens bien à plaindre... il y en a aussi, la terre les connaît ! »

———

« Et qui connaîtriez-vous pour bonne et sage et juste, si ce n'est point Claudie ? Un mois de moisson, deux depuis, ça fait trois mois qu'elle est sous nos yeux la nuit comme le jour. Où avez-vous vu une misère si fièrement portée, une jeunesse si sévèrement défendue ? Faites une comparaison de cette fille-là avec toutes les autres. Les riches sont glorieuses, coquettes, et cherchent l'argent dans le mariage : les pauvres sont lâches, quémandeuses et cherchent l'aumône dans l'amour. Voyez si Claudie leur ressemble, elle qui au lieu de demander quelque chose, refuse toujours tout ce qu'elle ne peut pas payer de son travail ! elle qui cache sa pauvreté et qui passe la moitié des nuits à recoudre et à laver les pauvres nippes de son père et les siennes ! elle qui est si farouche à tous les hommes que, pendant la moisson, quand elle était seule au milieu de trente garçons, pas tous bien retenus ni bien honnêtes, elle empêchait, rien que par l'air de son visage, les mauvaises paroles et les mauvaises chansons ! Est-ce que je ne la voyais pas, moi, morte de fatigue et ne s'oubliant jamais, défiante même d'un regard et se faisant respecter à force de se respecter elle-même ? »

———

Le silence est quelquefois une offense à la vérité, pire que les paroles : « On est coquette des fois en ayant l'air d'être farouche. On attire les gens en ayant l'air de les repousser...»

« Mon pauvre cher homme, les yeux de votre femme sont le miroir de votre conscience, et vous n'êtes pas content de ses yeux quand vous n'êtes pas content de vous-même.»

———

« Oui ! oui ! trouvez-lui des larmes ! Comme si c'était bien aisé à un homme qui a de la force, de se fondre comme une neige au soleil ! Je vous dis qu'il ne pleurera pas et qu'il en mourra, soit d'un coup de colère et de folie, soit d'une languition d'ennuyance et de dégoût. »

———

« Se taire, c'est mentir dans l'occasion. »

» Le travail, ce n'est pas la punition de l'homme, c'est sa récompense et sa force, c'est sa gloire et sa fête ! »

———

Dans *Claudie* comme dans *François le Champi* on rencontre une foule de charmantes expressions qui ont une signification toute spéciale et que l'on ne retrouve pas dans la langue académique. Quelques uns peut-être ont leur équivalent; ainsi, quoique *oubliance, doutance* aient incontestablement plus de charme à l'oreille que *doute* et *oubli*, ils ne sont pas d'origine locale comme certains autres. *Méconnaissance*, par exemple, est le mot frère de *reconnaissance* et nous ne l'avons pas. L'un signifie un sentiment par lequel le cœur accepte, l'autre un sentiment opposé, mais indéfini, qui veut dire que le cœur se refuse. — Méconnaissance peut être refusé par l'Académie, mais il sera accepté des poëtes et des physiologistes.

J'aurais voulu donner des scènes entières tant le rôle du vieux Rémy est sublime. La scène où la mère fait avouer à Sylvain son amour pour Claudie est un chef-d'œuvre de finesse et de sensibilité.

Que dira-t-on du talent de Mme Sand sous l'impression de ce drame émouvant et simple ? — On a cru si longtemps que la hauteur de son style était sa force.

L'HOMME SEUL.

ÉTUDE FANTASTIQUE.

> Notre âme est si fortement émue
> dans un rêve, qu'il faut qu'il y ait
> quelque réalité au fond de cette
> féerie de la pensée.
>
> (DE CUSTINE.)

La pluie cinglait les vitres du cabaret, dont la porte, charitablement ouverte, offrait à chaque instant l'apparition de figures grotesques qui en franchissaient le seuil d'un bond pour venir se secouer tour à tour à la clarté des quinquets. Il pleuvait à ne pas laisser un chien dehors, comme ils disaient. J'étais dans ce qu'on appelle *un estaminet*, confiné dans le bruit des gros rires et dans la fumée des pipes, où j'avais apporté tout mon avenir de la soirée et les restes d'un rêve champêtre. Car ce soir-là, je m'étais promis des joies naïves pour fuir, s'il se pouvait, ma solitude ; l'humanité endimanchée m'avait souri, et je m'étais laissé aller où elle allait, et d'où quelquefois je la voyais revenir si joyeuse. Vaine espérance : il pleuvait ! Adieu le bal sous la charmille, les danseuses en revenaient ; l'eau dégouttait de leurs robes légères sur leurs bas salis ; leurs séduisants bonnets, dont la fraîcheur économisée huit jours avait promis merveille, pendaient flasques et de côté sur des cheveux ruisselants ; et leurs amoureux, le pantalon retroussé, en riaient autour des flammes d'un punch et juraient leur Dieu après la pluie. C'étaient des cris ! — Garçon, de la bière ! — Garçon, du vin !.... Quinte et quatorze et le point. — Domino ! oh, eh ! Baptiste. — A toi, Michel !... Et toujours cette odeur de pipe à étouffer. Une pendule qu'on n'entendait pas sonnait neuf heures, et par ce déluge, les fiacres descendaient le faubourg d'un train à ne plus écouter les doléances d'un insulaire.

Un honnête garçon sembla prendre pitié de moi, et en passant, vint jeter sur ma table une corbeille d'échaudés et un paquet de journaux.

Voici la politique avec sa langue à part, mi-Boileau, mi-Barème, et ses épithètes qu'elle use si vite, et ses gloires éphémères, et ses errata et ses résumés d'un siècle, tous les soirs. Ces erreurs-là ne sont pas les miennes ; elles ont trop de fiel et trop peu d'harmonie.

Voici la polémique littéraire et les métaphores de la critique, stéréotypée dans de plus petites colonnes. C'est l'opinion de Paris qu'on emballe chaque soir pour les départements, dans des couronnes poétiques et des prospectus. Delavigne, Lamartine ou Hugo, expliqué par le journalisme .. Oh ! passons.

Le *Gastronome*... Mais quelle pluie ! les *Petites Affiches*...

Les *Petites Affiches* ! ah ! voilà mon journal. Celui-là n'a rien perdu de sa modestie primitive. Innocent de toute déception, il n'a prêté sa voix à aucun engouement ; on ne l'a vu ni encenser ni salir aucune idole, car il est étranger à tous les fanatismes ; c'est le seul qui ne se croie pas créancier d'une liberté ou héritier d'une démocratie défunte. Celui-là ne fatigue pas de ses idées et laisse quelque chose à faire à l'imagination ; c'est peut-être aussi le seul pour qui le lecteur soit autre chose qu'un abonné. Pour moi, c'est tout un poëme dont chacune des stances est un tableau.

Qu'il pleuve ! de riantes images vont éclore autour de ma bouteille.

Et je vois rouler la calèche et flotter les plumes ; j'admire la légèreté du tilbury, le faste du landau et l'élégance du britska. J'aime ce joli coupé ; le demi-jour des stores y prête tant de charmes au tête-à-tête !...Mais je suis seul, et ma voyageuse curiosité préfère l'allure plus modeste du cabriolet. C'est en cabriolet que je visite les « fonds de commerce. »

Mon imagination voulait rire ce soir-là : aussi tout me paraissait-il gracieux : le magasin de parfumerie n'exhale qu'une odeur ; toutes les jeunes filles sont jolies chez la lingère ; l'épicier brûle du café, et son « épouse » ne sent pas la chandelle. Puis, en passant, je parcours les « petits hôtels » ; je demande des souvenirs au boudoir, j'épie les secrets de l'escalier dérobé, je rattache de mystérieux rideaux à l'alcôve conjugale, et je ne veux plus qu'elle soit sans bonheur. Quelle solitude dans ces jolis salons où tout est resté frais et élégant ! Dans les glaces de ce léger meuble, je retrouve la prestigieuse empreinte de tout ce qu'elles ont réfléchi d'enivrant : c'est une femme, une jeune femme que j'écoute à ce piano d'Erard (si bon marché !); et je l'assieds sur ce divan et nous causons.

Je vous le dis, j'aime les *Petites-Affiches*, et ces petites mains qui mettent si naïvement le doigt sur la chose.

Voici maintenant la campagne; des bois et des eaux, des prés et des parcs pour promener mes rêveries ; et dans tous les villages, les hameaux de la banlieue, une porte ouverte à ma philosophie, — ma philosophie, consolante comme une religion. Et j'entre dans la maisonnette aux volets verts : elle a sa basse-cour et son pigeonnier; il pend des grappes dorée à sa tonnelle, et, dans le jardin potager, les potirons sont énormes et les poires sont mûres. Mon chien tire sa chaîne et jape de sa loge à la porte de l'écurie, où m'attend en piaffant ma jolie jument bigordianne ou le bidet alezan doré, ou tous les deux, si je veux, car on me les donne pour presque rien avec les harnais tous neufs. Puis, enfin, à la ville, où me rappellent de brillantes spéculations, une foule de braves gens s'empressent de m'offrir leurs soins. Laurent veut ratisser mon jardin, Pierre veut conduire mes chevaux et Baptiste les panser, Félicité me fera de la pâtisserie ou des confitures et blanchira mes chemises, mademoiselle Antoinette les plissera, et Alexandrine, emportée par un excès de zèle, se chargera de me tout fairé.....

N'aimez-vous pas les *Petites-Affiches?*

Une jeune femme se présente : elle est Anglaise, « sa figure intéressante » et la réserve de ses manières préviennent en sa faveur. ... D'ailleurs, « elle a éprouvé des revers qui la forcent à utiliser quelques talents d'agrément; » elle désire se charger de l'éducation de quelques jeunes demoiselles ou de l'intérieur d'un homme seul..... Et je la vois, la demoiselle Gertrude, descendant du paquebot avec sa capote et ses cheveux blonds et son œil bleu , son plaid et son étrangeté , cherchant naïvement dans la foule ses jeunes filles ou « son homme seul.... » Je ne sais quoi me la dit bonne, aimable, aimante , possédant tout ce qu'il faut d'attentif et de doux pour faire le bonheur d'un homme , et le voulant. . . . .

. . . .

Mon imagination me devait une femme, et du bonheur plein ses bras....Mais sa promesse est si vague! Une image fugitive me sourit, mais elle m'échappe toujours, sous mille formes, et m'abandonne souvent.... et je reste seul!... Si c'était Gertrude.... Serait-ce Gertrude? Et l'homme seul, serait-ce moi?..........

C'est moi; car j'ai été à elle, ou elle est venue à moi et me l'a dit. Oui, Gertrude! c'est vous que j'attendais, c'est moi que vous cherchiez, bonne fille. Comme il vous sera facile de me rendre heureux, j'en ai tant besoin ! Vous me ramènerez à mes études chéries, que j'ai laissées ; — et pourquoi?... Nous achèterons une petite maison.... dans un faubourg.... Celle-ci me plaît, n'est-ce pas Gertrude? Nous en chasserons les ivrognes... Le maître du café le veut bien, et le notaire est là qui joue à boire.

Il vient, le notaire, avec une écritoire et des plumes qu'il sort d'une grande poche, et tous les ivrognes viennent autour de nous. Mais nous manquons de papier timbré; le notaire dit : « C'est égal, nous avons des journaux qui sont timbrés. » Et il écrit. Il écrit sur les marges, il écrit sur trois ou quatre.... Moi, je donne d'abord mille écus en pièces de cent sous, et le vendeur les compte; mais d'un judas, suspendu au dessus du billard, tombe une petite voix aigre qui crie qu'elles sont toutes à l'effigie de Charles X.

C'était vrai; mais qu'y faire ?

Et que je suis un jésuite.

Cela n'était pas vrai, mais on le croit et on me prend, et chacun lève sa queue de billard. « A la lanterne! — Il faut le pendre ! — au quinquet! » Et un gros sale garçon décroche le quinquet.

Il en casse le verre et ne veut pas le payer; on en rit, et l'on bat l'hôte qui voulait le battre; tout le monde s'y met, on m'oublie.... je parviens enfin à m'échapper inaperçu!

Mais comment regagner ma paisible demeure? Le pavé incliné du faubourg avait disparu sous les flots vineux d'un torrent qui descendait de la barrière, en charriant les dé-

bris des joies du dimanche; c'étaient des bonnets de grisette et des brocs d'étain, des vio-
lons et des ronds de pain d'épice qui battaient
les bornes et les volets des boutiques, et un
torrent tout couvert de cachets de contre-
danse, comme un ruisseau l'est de feuilles
d'automne.

Oh! c'est que l'orage avait été terrible!

Je dus traverser à la nage ce fleuve d'eau
rougie qui me roula parmi des douves de ton-
neau, des verres cassés et des tuyaux de pipe
jusqu'à ma porte. Elle était entr'ouverte, et
sur le seuil une femme m'attendait, mon bougeoir à la main: c'était Gertrude, sa robe était
relevée aux genoux et laissait voir deux jambes assez jolies, mais tellement couvertes de
boue qu'il était difficile de voir qu'elle avait
eu des bas blancs, et tout-à-fait impossible
de dire si elle avait des brodequins et des
souliers. « Pauvre monsieur, me dit-elle,
comme vous êtes mouillé! Montez vite, vite! »
Et que j'étais heureux de retrouver mon
chez moi et ma robe de chambre! La
bonne Gertrude fit un grand feu qui me réjouit
l'âme, mais elle suspendit ses bas aux chenets,
ce qui me déplut. Je les pris avec les pincet-
tes et les jetai au feu. Gertrude se fâcha en anglais, et me montra ses poings fermés; puis,
comme par réflexion, elle se remit à bassiner
mon lit en sifflant la *Parisienne*. En corset et
en jupon court, les jambes nues et ses petits
pieds dans mes pantoufles, elle était ravissante; son cou était si blanc, ses yeux bleus
étaient redevenus si doux, qu'il me fut impossible de ne pas lui dire : « Allons, Gertrude,
faisons la paix. » Elle revint lentement et sans
mot dire; mais son regard fixe avait une
expression indéfinissable; elle s'arrêta en face
de moi; puis cherchant dans son petit chapeau, elle en tira des marrons crus qu'elle en-
terra dans la cendre, et, à chaque marron, elle
me regardait, comme pour me dire : « Ingrat! »

J'étais ému.

Gertrude étouffa un soupir et remua les
braises, et je me reprochais, moi, ses bas qui
n'étaient pas encore consumés. J'avais eu tort,
et, accroupie devant ce feu, elle était sédui-
sante... Je me penchai vers elle, je l'entourai
d'un bras. « Non! dit-elle en dégageant son
cou de mes lèvres, qui n'effleurèrent qu'une
boucle de ses cheveux encore mouillés; non,
vous avez brûlé mes bas ! »

Et elle se prit à pleurer.

Cette étrange fille semblait être en proie au
chagrin le plus amer (et pour une paire de
bas!) Je n'écoutai plus que le désir de la consoler, et je me penchai de nouveau... Elle m'é-
chappa encore. « Non, reprit-elle en sanglot-
tant, jamais !... Ingrat !... Moi qui ai quitté
ma mère... Plymouth et tout... pour lui...
parce qu'il était seul !.... je n'ai vu que lui
dans tout le voyage... C'est en pensant à vous
que j'ai tricoté ces bas... sur le paquebot...
C'est pour vous encore que je les ai mouillés...
et vous me les brûlez, méchant ! Jamais, jamais, bien sûr ! » Et elle pleurait, la sédui-
sante fille. Il fallait absolument que je la con-
solasse.

Il le fallait.

Une troisième fois elle ne m'échappa plus,
et je me crus pardonné, car il me sembla la
voir sourire. J'avais vu briller ses dents blanches... la tigresse... je me sentis pris par le
nez dans ses dents aiguës... horreur!... Elle
me le rejette sanglant au visage... La douleur
et l'effroi m'arrachèrent un cri d'effroi qui
m'éveilla et aussi l'innocent garçon de café
qui dormait d'un œil.

Une goutte de bière de ma blessure tomba
sur ma main engourdie.

Car en dormant, j'avais mis le nez dans mon
verre.

Je tenais encore les *Petites-Affiches*; l'orage
était passé, mais il était minuit, et j'étais
seul.

GAVARNI.

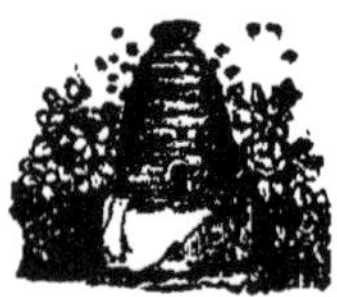

MÉMENTO.

Parmi tous les vinaigres de toilette il y en a un qui a pris une véritable célébrité, c'est le **Cosmacetl**, rue *Vivienne*, 55. Ce n'est plus uniquement comme préparation de toilette agréable, c'est encore comme préparation utile à l'hygiène. Des médecins lui ont reconnu la propriété de raffermir l'épiderme, et le conseillent dans les affections névralgiques. Un bain dans lequel entre un flacon de **Cosmacetl** donne aux membres de la vigueur et de l'élasticité en même temps Il appelle à l'extérieur une certaine chaleur naturelle, et il conserve à la peau sa fraîcheur de tons. Son usage quotidien est très-salutaire : on ne doit pas craindre d'avoir à lui reprocher l'âcreté des autres vinaigres qui altèrent la peau au bout de quelques jours. Le parfum du **Cosmacetl** suffirait à le faire adopter par les femmes, quand même il ne leur serait pas recommandé par leur docteur.

Je vous recommande une très-bonne couturière, trop jeune pour avoir une réputation, mais formée à bonne école, et qui justifiera votre confiance. Mme **Dubois**, *rue de Rochechouart*, 9, est élève de Mme Carpentier ; elle a pris dans cette excellente maison un savoir incontestable et un goût distingué. Si je vous enseigne Mme Dubois, ce n'est pas comme atelier de premier ordre ; vous trouverez au contraire une demeure sans apparence et sans prétention. Cet avis n'est pas donné aux femmes qui sont indécises entre telle ou telle célébrité; il s'adresse à celles qui veulent du talent tout en cherchant le bon marché.

Je voulais aujourd'hui revenir un peu longuement sur une maison dont nous avons déjà causé et dont nous sommes bien loin d'avoir tout dit, c'est celle de **M. Detouche**, rue Saint-Martin, 160. Je vous ai priées de me suivre dans ce magasin immense à l'époque des cadeaux d'étrennes, et nous y avons trouvé un public nombreux; nous avons vu des services d'argent vendus près d'un hochet de baptême et l'anneau d'or en même temps que le bracelet de diamants Je vous recommande de visiter **M. Detouche** pour tout ce qui est joaillerie ou bijouterie de confiance, et pour l'horlogerie, qui est traitée dans cette maison avec les soins d'une spécialité savante. Si je n'insiste pas sur l'horlogerie, c'est que sous peu de temps des accroissements importants auront été faits.

Voulez-vous bien que nous revenions un moment à la *laiterie-vacherie flamande de la rue de Lamartine*, *40*, où nous trouvons ce bon lait qui redonne la vie à ces pauvres petits êtres délicats? Il y a des explications indispensables que j'ai omises, et j'y veux revenir. On trait plusieurs fois par jour, et à commencer de 7 heures du matin jusqu'à 8 heures du soir, on peut avoir du lait chaud. Vous ai-je dit que l'on porte à domicile, non pas seulement dans ce que l'on appelle les environs, mais dans un cercle assez étendu ? Vous ai-je dit aussi que toutes les garanties données au lait de vache sont également données au lait de chèvre et d'ânesse? que vous y trouvez des œufs frais du jour, et qu'enfin l'établissement de **M. de Verdière** est comme une petite ferme au milieu de ce quartier populeux? Je vous prie bien de croire à ma recommandation pressante, vous vous en louerez. Si vous prenez du lait à la *vacherie flamande*, dites si c'est pour un enfant jeune, parce que l'âge modifie le choix de la vache et l'heure de la traite. La brochure de **M. de Verdière** nous enseigne tout cela, et je me propose de vous en donner quelques fragments.

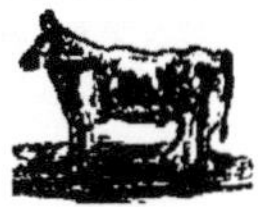

LES ABEILLES PARISIENNES

Paraissent le 25 de chaque mois.

PRIX pour un an :

	fr.	c.
PARIS....................................	6	»
DÉPARTEMENTS.............................	10	»
ÉTRANGER.................................	15	»
UNE LIVRAISON............................	»	50

Les Abonnements ne peuvent être de moins d'un an, et datent du **25 novembre** ou du **25 mai**.

AVIS.

Les Abonnés de Province ou de Paris qui ne recevraient pas exactement leur abonnement sont instamment priés d'en donner avis à la rédaction, rue de Milan, 12.

Pour les Abonnements :

PARIS,

Magasin de Léon Bidau et C, *boulevart des Italiens, 19;*
Maison du Cosmacett. *rue Vivienne, 55.*

DÉPARTEMENTS,

Adresser un bon sur la Poste à M **C. AUBERT, à la** **rédaction,** *rue de Milan, 12.*

(Affr.)

PARIS. — IMPRIMERIE CENTRALE DE NAPOLÉON CHAIX et C, RUE BERGÈRE, 20.

2ᵉ Année.   25 Mars 1851.   Nᵒ 5.

LES

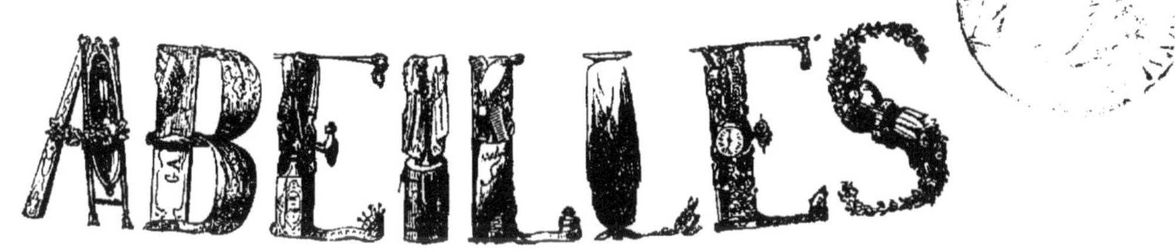

ABEILLES

PARISIENNES

ILLUSTRATION DE L'INDUSTRIE COMFORTABLE

PAR

Mᵐᵉ Constance Aubert.

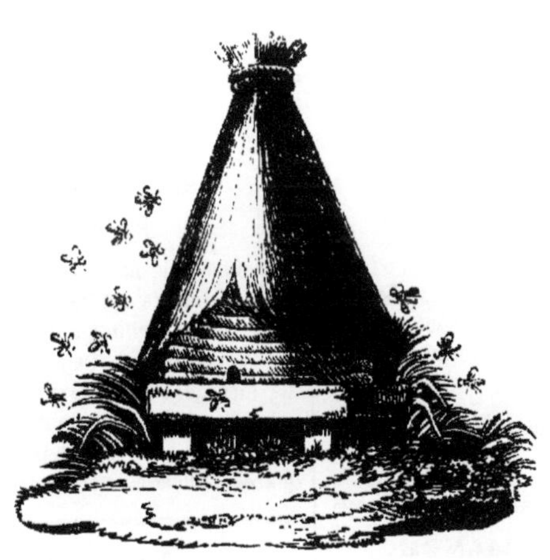

PARIS

Magasin de Léon Bidau et Cⁱᵉ, *boulevart des Italiens, 19;*

Maison du Cosmaceti, *rue Vivienne, 55*

MAISONS SPÉCIALEMENT RECOMMANDÉES.

Alexandrine	*Modes*	rue d'Antin, 14.
Aumoitte	*Graveur*	passage des Panoramas, 46.
L. Bidau	*Calorifères*	boulevart des Italiens.
Bléiry	*Cachemires n[i]ais*	rue Richelieu, 102.
Blum frères	*Vêtements pour hommes et enfants*	rue Montmartre, 139. Villes de Suis
Bona	*Dessinateur*	place de la Madeleine, 10.
Clémençon (Madame)	*Corsets*	rue du Port-Mahon, 8.
Cazal	*Cannes et ombrelles*	boulevart des Italiens, 27.
Cosmacéti	*Vinaigre de toilette*	rue Vivienne, 55.
Constantin	*Fleurs artificielles*	rue d'Antin, 7.
Demy-Doineau	*Étoffes pour meubles*	rue Vivienne, 16.
Duvelleroy	*Éventails*	passage des Panoramas, 17
Eau Napoléon	*Eau de toilette*	place Vendôme, 23.
Froment-Meurice	*Joaillier*	rue du faubourg Saint-Honoré, 52
Fessart	*Étoffes de soie*	Rue Vivienne, 11, aux deux Pages
Groult	*Pâtes*	passage des Panoramas, 3.
Guerlain	*Parfumeur*	rue de la Paix, 15.
A. Giroux	*Papeterie*	rue du Coq Saint-Honoré.
Kiesel	*Tapissier*	boulevart du Temple, 33.
Lachaume	*Fleurs naturelles*	rue de la Chaussée-d'Antin, 46
Lenègre	*Relieur*	rue Saint-Germain-des-Prés, 11.
Mansard	*Grès de Voisinlieu*	rue Richelieu, 93.
Marion	*Papetier*	cité Bergère, 14.
Masson	*Chocolat*	rue Richelieu, 28.
Mercier Limet	*Boulanger-pâtissier*	rue Taitbout, 44.
Montel Galy (Madame)	*Modes*	rue Choiseul, 17.
Osselin	*Papiers peints*	rue de la Monnaie.
Rudolphi	*Bijoutier*	rue Tronchet.
Sajou	*Ouvrages et dessins*	rue Rambuteau, 52.
Savary et Mosbach	*Diamants faux*	rue Vaucanson, 4.
Taban	*Coffrets et meubles*	rue de la Paix, 32.
Thomas	*Argenture*	boulevart des Italiens, 10.
Trois-Quartiers	*Nouveautés*	boulevart de la Madeleine.

HOTEL DU HELDER.

Rue du Helder, 9.

Appartements et chambres meublés. Service actif et intelligent. Proximité du boulevart, de la Bourse, de l'Assemblée, des théâtres ; très-bonne table.

On trouve dans l'hôtel même un restaurant et des voitures de remise.

LAITERIE FLAMANDE,

Rue Lamartine, 40.

Grandes Vacheries à stalles et galeries pour le public. 5 traites par jour : le matin, à 5 h., 8 h. et 9 h. — Le soir, à 4 h. et à 8 h. — Envoi à domicile. — Écrire par la poste à *M. de Verdière.*

MERCIER LIMET,

Rue Taitbout, 44.

Boulangerie fine, petits pains de toutes sortes, et tout ce qui tient le milieu entre le pain et le gâteau à l'usage des déjeuners et du thé du soir. Muffings. Pâtisserie de table. Galette de ménage. Petits Fours pour dessert. — *Spécialités :* Messinois, saint-honorés au café et au chocolat pour entremets. Gelées, macédoines glacées, mousses meringuées.

BLUM FRÈRES.

AUX VILLES DE SUISSE.

Rue Montmartre, 139.

Vêtements d'hommes, très-élégants et très-solides. Habillements complets de **25** à **150** f. Costumes d'enfants : Blouses, Vestes, Tuniques et Cabans.

AVIS.

Ce n'est plus rue Bourdaloue que doivent être adressés les réclamations ou les mandats d'abonnement : c'est maintenant : à Madame C. Aubert, rue de Milan, 12.

NOTE.

Une exigence de poste est venue mettre un impôt sur la couverture que j'avais ajoutée à ma feuille : je ne crois pas devoir la conserver. Il me semble préférable d'affecter à des améliorations matérielles dans le journal les frais assez grands qu'elle occasionnerait.

Et à propos de la poste, je dois dire que le service se fait d'une façon tout à fait dérisoire. Non-seulement j'ai reçu des réclamations de tous côtés pour le transport du numéro à jour fixe, mais des exemplaires que j'ai envoyés pour remplacer ceux qui avaient été égarés ne sont pas même parvenus.

Le Carême.

Le carême n'est bien définitivement reconnu que lorsque la mi-carême est passée. Jusque-là on entend parler bals et réunions, comme si on était en carnaval.

Les bals travestis prennent assez de faveur dans un monde où on ne les accueillait pas autrefois. Pendant longtemps un bal travesti n'était donné que dans les maisons où l'on reçoit avec quelque éclat; mais jamais on n'eût entendu dire que telle maison, d'habitudes simples, en eût donné un ; aujourd'hui, c'est un bal comme un autre : il est plus gai, plus dramatisé; voilà tout.

Les costumes vrais, exécutés en étoffe de bal, ont toujours un grand succès. Les *à peu près* ne sont plus acceptés. Les costumes historiques ont vieilli; on abuse un peu du 18ᵉ siècle Les pomponnettes sont devenues les débardeurs des bals du monde Il reste, comme prédilection, les costumes étrangers, corrects, et nos costumes nationaux des diverses provinces.

Les soirées de musique se multiplient, mais la quantité de concerts donnés par les artistes eux-mêmes, rendent assez difficile un concert particulier. Quand on entend toutes les semaines Alcan, Lesieu, Roger, etc., etc, réunis,

on est médiocrement attiré par l'appât d'un seul de ces noms sur un programme d'amateurs. La musique en petit comité intime reste avec ses avantages.

La comédie *de société* a fait place à la comédie *en société*. C'est-à-dire que maintenant une maîtresse de maison donne une soirée dramatique, comme elle eût donné une soirée de musique. Au lieu de s'adresser à des artistes, pour le chant ou quelqu'instrument, elle s'adresse aux artistes de différents théâtres. C'est un plaisir très goûté et qui fait le plus grand honneur. Cependant, c'est revenir à l'enfance du théâtre. La mise en scène manque toujours de quelque chose. Cela sent toujours un peu le paravent.

Les spectateurs sont ordinairement de cette partie difficile du public qui compose les salles de spectacle; de ce même public qui ne veut pas souffrir un acteur médiocre ; qui veut son fauteuil bien commode pour entendre mademoiselle Rachel ou madame Ugalde, et qui s'entasse sur des banquettes pour voir mal jouer une comédie ou un vaudeville.

La mode est là cette année. Mais ce plaisir coûte fort cher, et ne se le donne pas qui veut.

Le jeu a perdu de sa célébrité; on parle moins des maisons où l'on fait le lansquenet, ou plutôt on ne le fait plus avec autant d'enpressement que les années passées. C'est bien toujours le jeu des hommes, mais les femmes ont le bon esprit de négliger le tapis vert, où elles ont si peu de charmes et surtout si peu de convenances.

MARS.

Toilettes de printemps.

La toilette de printems pn'est plus, comme autrefois, composée d'un ensemble fait pour la saison; c'est une alliance entre l'hiver et l'été, représentée par la liberté de confondre le taffetas et le velours, la robe légère et le mantelet ouaté.

Les mantelets de velours, garnis en dentelle, conviennent à merveille pour ce moment intermédiaire.

La dentelle de laine est charmante sur le velours pour un manteau ou mantelet de ville. Elle a de la richesse d'aspect, et sa maille, terne et robuste, tranche merveilleusement sur le velours. C'est une de ces jolies simplicités qui affectent en même temps la prétention à de l'élégance et au négligé. Quelque belle que soit une dentelle de laine, elle appartient au négligé et au bon marché.

Bon marché relatif, mais qui s'éloigne tout de suite de la recherche un peu fastueuse des dentelles de soie.

Une femme d'habitudes simples ne porterait pas une haute et fine dentelle de soie, et elle portera une très-haute dentelle de laine, en raison de cette simplicité qu'on lui reconnaît.

Les capotes d'hiver étaient si transparentes, elles tenaient si fort de la mode de printemps, avec leurs bords de dentelle et leurs masses de blonde et de fleurs, que l'on peut parfaitement les conserver pour accueillir le mois d'avril.

Cependant, voici déjà des nouveautés.

Je ne parlerai aujourd'hui que de nos magasins accoutumés, parce que ce sont eux que j'ai visités.

J'ai vu chez **Alexandrine** des capotes charmantes en taffetas, avec des têtes de plumes si gracieusement posées, que tout le charme d'une toilette est résumé dans cette coiffure distinguée.

Quelque chose de ravissant, nouveauté printannière, terme moyen entre la paille et le taffetas, est une capote écossaise, mêlée de tresses de paille. C'est-à-dire, peut-être fais-je erreur, et au lieu de cela est-ce une paille avec des accessoires de taffetas ; car le mélange est si ingénieux, si habile, que l'on ne sait quelle est la matière principale. Tout ce que je sais bien, c'est que le taffetas et la paille sont combinés avec art; c'est que les nuances fraîches sont celles d'un bouquet de printemps, que la forme en est recherchée, mais simple, comme il convient à un négligé de ville. Ce sera une des jolies choses de la saison.

Faut-il déjà parler des pailles? Non. Et cependant, j'ai surpris des projets de Longchamp pour lesquels il faut souhaiter un rayon de soleil l'un des trois jours.

A Lonchamp, il est reçu que l'on peut porter la paille, si le temps l'autorise. Vous remarquerez, très-certainement, deux chapeaux dont la description va paraître toute insignifiante, parce qu'ils n'ont, pour les faire remarquer des autres, que ce *je ne sais quoi* artistique qui distingue les modes d'**Alexandrine**. Ainsi, qu'est-ce qu'une paille de riz aussi simple que possible, avec un magnifique bouquet de lilas blanc et quelques accessoires de velours vert, dessus et dessous?.. Certes, je n'ai rien dit, et je parle d'un chapeau aussi riche, aussi élégant, aussi comme il faut que la femme la plus élégante puisse le rêver.

C'est que le simple est beau quand il a une véritable richesse d'exécution; le simple peut être aussi riche que la parure, et c'est un des mérites principaux des ouvrages d'**Alexandrine**. Il n'y a rien de superflu dans un de ses chapeaux du matin; mais aussi rien n'est négligé: les rubans larges et magnifiques, les fleurs en profusion. Je n'essaie pas de décrire les dessous en rubans et fleurs : vous savez avec quel art Alexandrine dispose ces guirlandes qui accompagnent le visage d'une façon toute pittoresque, et qui se reconnaît entre toutes.

Vous verrez de charmantes capotes de ville chez Mme **Montel-Galy,** jeunes, coquettes, élégantes, en taffetas rose ou bleu de

ciel, avec de larges nœuds de rubans en ro-
sette et des falbalas de blonde gracieusement
jetés sur le derrière de la tête.

Ce que j'ai le plus particulièrement remarqué est une jolie capote avec des *applications*
de blonde sur l'étoffe, et des fleurs panachées
de chaque côté. Une autre petite capote du
matin, tout-à-fait négligée, entièrement faite
de ruban à mille raies, vert œillet; ceci est
vaporeux comme un matin; c'est une charmante coiffure de jeune personne. Une fort
jolie capote plus sérieuse et plus habillée, est
en taffetas lilas, très-couverte de blonde, avec
deux petits bouquets de plumes de chaque
côté, et sous la passe, des fleurs de serre mêlées à de la blonde et des rubans.

Pour répondre aux premiers désirs prin-
taniers, Mme **Montel-Galy** a une fort
jolie paille négligée, chinée, doublée en capote avec du taffetas rose et des accessoires de
velours et dentelles noires. De chaque côté,
des roses et de la dentelle noire; sous la passe
des roses et de l'avoine de velours. Au bord
de la passe, en dehors, un velours noir falbalassé donne à ce chapeau quelque chose d'é-
trange et de très-nouveau.

Pour les dernières soirées, pensez à ses coiffures que vous savez très-élégantes et de bon
goût.

Les bals occupent encore. Les modes de
ville ne peuvent changer avant un mois. Tout
est dit pour les toilettes qui tiennent à l'hiver,
et rien n'est connu de ce qui déterminera la
mode d'été. Je demanderai, dans quelques
jours, aux ateliers de Mme **de Baisieux**
ce qu'il y a de décidé. D'ici-là, nous sommes
dans l'ignorance.

Si l'on fait une robe nouvelle, on se guide
sur les décisions de l'hiver; c'est encore l'actualité, mais ce n'est plus la nouveauté

Les étoffes n'ont rien non plus qui fasse
événement. Si vous faites une emp'ette nécessaire, je vous rappelle que le magasin des
Trois-Quartiers est toujours prêt à toute espèce de demande. Il y a en ce moment des
popelines magnifiques.

Ce qui n'est pas une affaire de fantaisie,
c'est la lingerie, et je vous recommande très-

spécialement celle de cette maison. Linge de
trousseau, linge de maison, lingerie de parure; j'ai trouvé le plus grand soin, un goût
parfait, et un bon marché réel.

Du reste, c'est là ce qui doit nous ramener
avec persévérance aux *Trois-Quartiers*. Nous
y sommes attirés par un choix toujours élégant; nous y sommes fixés par une consciencieuse justice.

PARIS A LONDRES.

Exposition de Tahan.

Rue Basse-du Rempart, 10.

Ceci est l'événement intéressant de la semaine
dernière Nous avons eu les prémices de l'exposition de Londres; c'est une idée nationale
dont on ne saurait assez louer **M. Tahan**.

Au moment de faire partir toutes ces mer-
veilleuses fantaisies, à peine écloses, pour le
concours européen, **M. Tahan** a été pris de
regret en pensant que son public parisien en
serait privé, et il les a exposées avant le départ.

Rien ne pourra représenter le goût français
comme cette industrie artistique et élégante
qui révèle en même temps la double pensée
du compositeur intelligent et de l'acheteur riche. Vous voyez, au premier coup d'œil, que
ces objets, dessinés et façonnés par des mains
savantes, ont été imaginés pour répondre au
goût recherché d'une clientèle de distinction, gens du monde ou artistes qui savent apprécier les créations de **Tahan**. Les unes, sévères comme le style des vieux âges; les autres, coquettes et dorées comme le rocaille
Pompadour.

Dans son exposition, remarquable par la variété des objets, on distingue par-dessus tout
les précieuses sculptures en bois.

On a admiré les sculptures anciennes; mais
les meubles de bois, gothiques, étaient certes
bien loin de ceux qui sortiront de chez **Tahan**.

Aujourd'hui, ce ne sont plus des lignes as-
semblées avec convention, c'est une pensée qui

dicte et qui préside à l'ensemble. Le bois, grossièrement travaillé, mal doré, n'est qu'une fantaisie ; le bois, sculpté savamment, est une œuvre d'artiste.

Je ne saurais nommer autrement ces magnifiques ouvrages dont nous allons nous occuper et que nous passerons en revue comme il convient pour une exposition.

Devant nous, au fond du salon, trois meubles de la plus grande et la plus réelle beauté; trois sortes d'armoires : l'une, genre de Boule, à riches marquetteries avec un chapiteau, pour ainsi dire, en figurines d'or, splendide décoration qui domine le corps du meuble.

L'autre, espèce d'armoire-secrétaire, bois de rose et palissandre, avec des battants à plaques en bois d'ébène, sur lesquels se détachent, délicates et finies comme une peinture au pinceau, des fleurs *en inscrutation de porcelaine*. Cette décoration, d'une solidité éternelle et d'un goût exquis, est une récente innovation ; procédé tout-à-fait inconnu, dont l'aspect est exactement une peinture de fleurs sur fond de bois, et non plus un médaillon comme avant. Cette espèce de mosaïque se retrouve dans de plus petits objets, et toujours elle est du meilleur effet.

Une troisième enfin, est ce beau et charmant meuble en poirier que nous avons tous admiré à l'exposition des Champs-Élysées, chef-d'œuvre de luxe sévère, travaillé avec une rare richesse d'imagination, au service de laquelle l'artiste a mis un savoir et une habileté que l'ébénisterie ne comporte guère en général.

Il ne faut pas juger ce genre de meubles comme des meubles ordinaires. Ce sont, selon leur dimension, des sculptures ou des curiosités ; on leur a donné une forme utile et un emploi, ce qui ne peut en diminuer le mérite, mais la chose disparaît devant l'idée ; ce sont des loisirs d'artistes que les dorures ne viennent pas troubler. Le seul ornement étranger est sur les battants : deux plaques en porcelaine peinte, représentant les poétiques figures de la *Mignon* de Ary Scheffer.

Une magnifique jardinière, toute couverte de masses de fleurs sculptées en relief, gra-

cieusement groupées en bouquets jetés, est une des belles fantaisies de cette exposition savante. Les fleurs qu'elle contient, radieuses par leurs nuances fraîches et diverses, font valoir ce bois sombre et uniforme qui les fait valoir elles-mêmes. On ne peut imaginer rien de plus pittoresque, dans un salon très-opulent, que ces bois d'un aspect grossier, mais d'un travail si fin et si vrai, que toutes les plus charmantes dorures disparaissent devant leur simplicité.

D'un genre plus coquet par la forme, mais aussi sérieux pour l'ensemble, est une ravissante toilette de forme rocaille, en palissandre sculpté, poli, mais non pas verni. Les pieds en console, à petites figures d'enfants, le miroir tout-à-fait rococo, encadré d'une bordure de fleurs et d'oiseaux, sont tout en bois naturel, sans aucune dorure ; du velours sur la tablette, du velours à l'intérieur, des rideaux en taffetas vert, falbalassé, fermant le bas du meuble, composent un ensemble ravissant de distinction véritable. La garniture est elle-même une nouveauté simple et recherchée ; ce sont de fines porcelaines de Sèvres montées en orfèvrerie ; ce qui est dorure sur la porcelaine ordinaire, est vermeil ; l'attrait de ce joli meuble coquet et sévère tout à la fois, est une délicatesse extrême alliée à une extrême simplicité.

Je me suis étendu un peu longuement sur les sculptures en bois, parce que c'est, il me semble, le goût réel. Et puis, on devenait un peu trop Watteau et Trianon ; à force de se regarder dans les trumeaux, les femmes auraient peut-être fini par reprendre la bouche en cœur et les airs penchés....

Il faut se féliciter, d'ailleurs, de voir l'industrie s'élever jusqu'à l'art, et c'est là le progrès que **Tahan** a fait faire à l'industrie confortable dont il est le régénérateur.

Quelques charmants objets, quoique d'une moindre importance, marquent néanmoins dans cet ensemble.

Une fort jolie jardinière en bois de violette, rehaussée par des dorures belles et de bon goût, est incrustée de fleurs de porcelaine ; sa forme est gracieuse, les ornements sont riches et rares, et ce bouquet mosaïque égaie le bois un peu sérieux.

Des coffrets en ébène avec des incrustations de cuivre toutes nouvelles, des boîtes *à déjeuner tête-à-tête*, des porte-liqueurs, des caves à odeurs, sont de ces bijoux qui demanderaient tout mon volume, tant il y aurait à dire sur les cristaux, dorés dans la gravure, comme vous ne l'avez vu nulle part; sur les coffres en bois à incrustations de bois, diaprées comme un ruban de satin aux nuances brillantes.

Je terminerai donc en vous désignant quelques jolies fantaisies de bureau. Des pupitres à lecture en bois sculpté, l'un avec un milieu formé d'une plaque d'argent repoussé, ciselé; l'autre, une aquarelle représentant une scène de Don Quichotte en rapport avec les sculptures, formant elles-mêmes de petits groupes des personnages pris au roman de Gil-Blas.

Voilà où on retrouve l'artiste, c'est dans la pensée qui a présidé à chacune de ces œuvres. Sans doute, bien d'autres fabricants ont de belles choses et des meubles riches, et en plus grande quantité que **Tahan.**

Mais chez lui seul le caprice inconnu, le passe-temps du statuaire, l'œuvre inédite, enfin.

Je dirai plus : l'œuvre unique.

Car telle création rêvée avec poésie, étudiée avec savoir, exécutée *con amore*, ne sera jamais répétée, peut-être. Vous savez ce que le goût a pu produire de plus savant, et c'est une étude sans copie.

DE LA MAISON.

Le comfortable utile.

Comfortable utile n'est pas un pléonasme, comme il semble au premier moment; on a entendu, par comfortable, le but d'utilité que l'on a donné à des objets superflus, et en même temps à ces accessoires de demi-utilité que l'on a introduits dans les usages de la vie.

Il y a le comfortable de première utilité; ce qui fait la vie matérielle, l'intérieur de la maison; ce comfortable, qui appartient non pas seulement aux gens riches, mais au contraire à ceux qui le sont moins ; ce comfortable intelligent qui se préoccupe par-dessus tout d'épargner les gênes et de les faire disparaître.

Il serait utile que cette vérité fût plus accréditée qu'elle ne l'est. C'est qu'il dépend de tout maître de maison d'apporter des améliorations dans la vie habituelle. Si la femme était appelée aux décisions d'architecte ; si elle avait une voix de compétence dans l'arrangement et dans les dispositions de l'habitation, on arriverait à une réforme rationnelle et raisonnée.

Il y a, dans Paris, la moitié des maisons inhabitables, auxquelles il ne manque absolument que la pensée du bien-être quotidien. Ce ne sont pas les embellissements qui font la maison comfortable au premier chef, ce sont les améliorations qui portent sur les détails de la vie. La construction même devrait être contrôlée par la femme ; car il dépend de l'arrangement d'un appartement qu'il soit ou qu'il ne soit pas commode à habiter.

Je n'aborderai pas la déplorable parcimonie que l'on met à mesurer l'espace d'une demeure dite élégante. Chambres données à l'apparence sans aucun de ces petits réduits dans lesquels une maîtresse de maison classait jadis chacune de ses habitudes.

Ceci se trouve dans les hôtels de gens riches, dans les maisons habitées par leurs propriétaires, mais il ne faut pas le chercher dans la majorité des maisons parisiennes.

Je m'occuperai des détails principaux, des moyens de chauffer une maison avec luxe et économie, des moyens contraires pour y maintenir une température fraîche pendant la chaleur, et de mille secrets que notre industrie savante crée chaque jour pour les besoins de la fortune.

Il y a, du reste, à appliquer ces ressources secondairement, et à suppléer à ce qui n'a pas été fait en principe.

Les cheminées sont aujourd'hui un des points les plus importants de la réforme intérieure.

Il n'est plus permis d'avoir, dans un appartement tant soit peu recherché, une cheminée d'un aspect désagréable ou qui fasse de la fumée. Les *Cheminées à système* ont pourvu à ces deux inconvénients; elles sont charmantes comme meuble, et à part l'immense avantage qu'elles ont en général de donner une grande chaleur dans la chambre, elles sont combinées de manière à ne pas fumer.

Beaucoup de personnes qui ont résisté jusqu'à présent à brûler du charbon de terre, s'y sont décidées en présence de l'économie et par l'attrait de la cheminée en elle-même.

Les cheminées-calorifères de **Bidau,** *boulevard des Italiens, 19,* me paraissent réunir tous les avantages désirables : un petit foyer contenant une très-petite quantité de charbon, renvoie dans la chambre, par une masse de conduits énormes, des flots d'une chaleur douce et égale comme celle d'un poêle. Ce foyer, fermé par une toile métallique, transparente comme une gaze, est entouré d'un double encadrement de fonte et de cuivre, et devient un des principaux ornements de la pièce où il est placé.

Je n'insiste pas sur l'économie, on y croit, à peine quand on en fait soi-même l'expérience. La chaleur que donne le feu bien allumé est telle, qu'il serait impossible de la supporter si elle était entretenue tout le jour, et encore une fois, ce n'est pas la quantité du combustible qui produit cette magnifique chaleur, c'est la combinaison habile des tuyaux qui garnissent l'intérieur de la cheminée, jetant dans l'appartement toute la chaleur que les autres cheminées emportent dans l'air.

Le feu voilé par la toile métallique est une jolie distraction à l'œil, qui le suit sans en être fatigué. La chaleur douce, et égale produite par l'air chaud qui entre dans l'appartement, se répand dans toute la pièce comme par un calorifère.

A degré égal, pour chauffer un appartement avec les cheminées *Bidau,* ou avec le bois, on trouverait, dans le prix, une différence de bien plus de moitié; et très-certainement, du reste, sans calorifère, il n'est pas possible d'obtenir avec le bois une chaleur soutenue et répandue comme celle des cheminées à système.

Beaucoup de personnes, dans un appartement à loyer, ne sont pas disposées à faire des travaux de constructions, tandis que les cheminées **Bidau** se placent et se déplacent comme une commode sans causer le moindre dégât, sans nécessiter de travaux.

Pour moins de 100 francs, on a une fort jolie cheminée ordinaire; pour 450 francs, on en a une fort belle, qui, à elle seule, fait la principale recherche d'un appartement.

Je terminerai par un mot sur les petites cheminées, d'un volume tellement restreint, qu'on peut les placer, comme un poêle, dans la première pièce venue, dans un angle, dans un coin, et l'on transforme ainsi un cabinet en chambre à coucher ou cabinet de travail. Ceci est fort bon marché, et rentre dans le prix d'un poêle de bureau.

Je croyais que mon sujet m'amenait à parler aujourd'hui des fourneaux de cuisine économiques, et plusieurs sujets dont j'ai à m'occuper ne m'en laissent pas le moyen, d'ailleurs, ce sera mieux dans un chapitre spécial.

Les fourneaux économiques sont une des bonnes choses de notre époque; il faut en faire connaître les avantages sans nombre.

DÉTAIL D'AMEUBLEMENT.

Lampes. — Horlogerie. — Fantaisie.

Certains, détails qui passent chez quelques personnes pour accessoires, doivent, au contraire, être regardés comme très-principaux. C'est leur ensemble qui fait la physionomie de l'ameublement.

Un appartement ne sera réputé élégant qu'à la condition de tous ces détails.

En ce moment, les bronzes font de la nouveauté. Le genre sévère les a atteints. Avez-vous vu, chez *Dénière,* une garniture de cheminée en bois de chêne avec des figures et des ornements vieil argent. C'est sérieux et riche, c'est simple et artistique.

Il y a quelques années, on traduisait l'idée simple par quelque chose de pauvre. Rien n'était relatif : une pendule simple, pour une chambre d'homme, une bibliothèque, un ca-

binet de travail, était un socle de marbre,
quelquefois avec un bronze insignifiant au
sommet.

Aujourd'hui, le simple est souvent plus pittoresque et plus beau que le riche. Les formes
basses, allongées, sur lesquelles sont jetées
quelques gracieuses figures ou une ornementation motivée, ont d'elles-mêmes une recherche
gracieuse; les lignes les plus capricieuses et
les ornements les plus accidentés peuvent
convenir à la pendule de cabinet, pourvu que
quelque chose révèle la simplicité.

On ne pouvait guère y arriver plus sûrement
qu'en montant des bronzes argent sur le bois
le plus rustique : le bois de chêne.

Quoi qu'on fasse, cette garniture de cheminée appartient à une chambre de destination
sérieuse. Peut être coûte-t-elle fort cher, c'est
possible, peu importe : ce n'est pas une pendule de salon.

Comme pendule de salon, on conserve la
prédilection pour les dorures sur le marbre
blanc. Le mélange du vieil argent avec l'or,
du bronze avec l'or ou l'argent est accepté,
mais c'est un caprice plutôt qu'une règle. Sur le
marbre blanc, on met quelquefois des plaques
en espèce de porphyre bleu ou vert, qui en re-
lèvent l'uniformité; avec les ornements d'or,
des figures en stuc sont en même temps coquettes et artistiques.

Quand la figure de stuc est bien faite, elle
ne manque pas d'une certaine physionomie, et
elle a toujours de la distinction.

C'est en accessoire que le bronze reprend de
la faveur. Quoique les flambeaux en dorure
soient toujours extrêmement riches, selon le
genre de la forme, néanmoins il y en a de fort
jolis en bronze d'art qui se trouveraient placés
partout. Nos grands statuaires ont pris plaisir
à jeter quelques idées exceptionnelles dans
cette ligne, et elles se retrouvent.

Les lampes même, que l'on faisait en cuivre
en grande partie, sont entièrement en bronze.
Le pied, la galerie même, tout est bronze.

Vous trouverez ce modèle, tout-à-fait nouveau et d'un gout parfait, chez **Châtel**, *place
d'Angoulême.* Vous pouvez vous souvenir que
je vous ai recommandé cette maison comme
une des plus sûres pour la fabrication très
soignée d'un excellent système modérateur.
Je voudrais que votre temps vous permît
cette semaine d'aller visiter le magasin de
M. *Châtel;* vous y verriez deux lampes sur des
pieds en porcelaine bleu grand feu, montés
en or moulu, qui sont admirables Ce bleu,
d'un ton d'émail, ressort splendide et pur entre
des masses de roseaux dans lesquels il repose et qui entourent son col, retombant en
anses gracieuses. Lorsque le bec de lampe
n'est pas dans cette colonne, ce sont des ger-
bes de fleurs d'or dont les rameaux étincellent
sous les bougies qui s'y confondent.

Je vous parle de ceci comme d'une curiosité. Le prix est à la portée de peu d'acheteurs.
Mais vous verrez, en même temps, des montures
du même genre fort modestes et très-appré-
ciables, je vous assure ; de très-jolies montures
en japon, et enfin des lampes ordinaires en
bronze, charmants modèles, presque inconnus.

La fantaisie d'étagère a bien perdu de son
extrême faveur. On donne à la fantaisie un
but d'utilité usuelle. Sur une cheminée, on ne
verra guère que ce qui doit servir ou peut servir à quelque usage : un très-beau pot à tabac
ou à cigarres, un coffret à bijoux, un baguier,
un flacon.

Il y a bien plus de goût à mettre le luxe
dans les habitudes de la vie que dans la repré-
sentation.

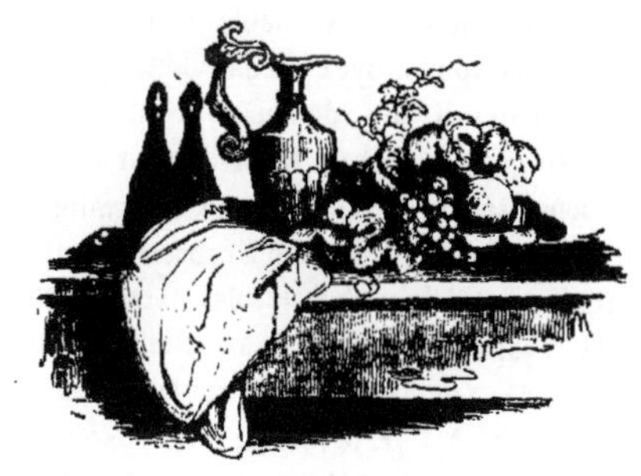

SPÉCIALITÉ D'AMEUBLEMENT..

Étoffes et papiers perses, pareils.

SPÉCIALITÉ. Malgré l'abus qu'on a fait du mot, il faut y revenir à l'occasion.

Et c'est bien réellement une spécialité, car M. *Osselin* est seul possesseur de l'idée dont nous allons nous occuper ; vous ne pourriez la trouver ailleurs.

Il a réuni dans son magasin de la rue de la Monnaie, 2, les étoffes perses et les papiers peints assortis, c'est-à-dire que non-seulement vous trouvez chez lui des papiers magnifiques ou ordinaires, des étoffes perses en grand nombre, mais *vous les trouvez pareils !*

C'est là, selon moi, une des idées les plus intelligentes que pût avoir un fabricant de papiers. Témoin des déceptions d'un acheteur qui avait déjà couru tout Paris pour assortir à peu près un papier à son étoffe, et sortait de chez lui sans l'avoir trouvé, il a conçu l'ingénieux projet de réunir les étoffes perses de toutes sortes, et il a fabriqué les papiers pareils ; de sorte que sans courir, (presque toujours sans succès), vous avez dans la même maison le papier et l'étoffe exactement copiés l'un sur l'autre ; vous avez, sans sortir de chez lui, la tenture des murs et les rideaux, si semblables que c'est, pour ainsi dire, même chose.

Au premier abord, vous regardez bien cette amélioration comme un véritable bienfait sans doute, mais vous croyez qu'elle doit entraîner un surcroît de dépense. Nullement. M. *Osselin*, qui a déjà eu le bon esprit de se faire connaître du public par une détermination de bon marché, s'attache à conserver cette réputation, et j'ai vu chez lui des perses à 80 et 90 c. ayant leurs papiers assortis. Il a, il est vrai, des papiers à 7 fr. le rouleau copiés sur des étoffes à 4 fr. le mètre ; mais l'assortiment n'est pas une condition de dépense. Les papiers les plus simples sont assortis aux perses les plus ordinaires.

Et ne craignez pas de ne trouver au magasin de la rue de la Monnaie que quelques pièces en petit nombre ; vous en trouvez en quantité, de charmantes, aussi variées que dans un magasin d'étoffes de meubles. M. *Osselin* a eu un vaste projet, et il l'a exécuté sans parcimonie.

On dirait deux maisons réunies.

Désormais, quand on aura un appartement à renouveler, on peut aller directement chez lui pour simplifier son emplette ; on ne sera pas limité par le choix, car ses étoffes sont belles et de bon goût, il a des papiers magnifiques ; et, comme je le disais plus haut, vous savez que ses prix sont meilleur marché que partout ailleurs.

Ceci ne me paraît pas seulement une amélioration, c'est toute une révolution dans l'ameublement. On sentait bien la nécessité de mettre en rapport le rideau avec le papier ; mais il y a des obligations si difficiles qu'on est forcé d'y échapper, et généralement ce rapprochement laissait tant à désirer, il donnait tant de peines, qu'on s'efforçait de ne pas y attacher trop d'importance.

Du moment que les difficultés auront disparu, on se soumettra sans peine à ces exigences du goût qui suppléent au luxe. La chambre la plus simple tendue avec un papier pareil aux rideaux, si elle est disposée avec quelque élégance surtout, aura toute la recherche d'une plus magnifique.

Je suis sûre que bien des petits salons à la campagne seront renouvelés cet été avec la perse à 80 c., et le papier pareil tendu à plis, sur le plafond couvert.

L'espace me manque aujourd'hui pour une longue causerie sur les papiers peints en général ; mais je n'ai pas voulu négliger, à cette époque où l'on restaure son logis, de vous parler d'une amélioration du plus grand intérêt, suivant moi.

Les papiers peints sont aujourd'hui la première parure de l'appartement, et nous aurons un travail détaillé à faire ensemble sur ce sujet.

Hygiène de la toilette.

PARFUMERIE.

Le printemps agit sur notre être comme sur les plantes. A ce moment, le visage se marque souvent de plaques rouges, il prend les taches de rousseur, et il est altéré par des efflorescences de l'épiderme. Ces inconvénients sont d'autant plus fréquents que l'on s'est plus fatiguée pendant l'hiver, et que le visage a été plus échauffé par les veilles et la chaleur des réunions nombreuses.

Pour combattre ces *petites misères de la coquetterie féminine,* je ne sais rien au dessus de la *lotion* de **Guerlain.** Rien n'est plus simple cependant que cette préparation bienfaisante. C'est peut-être pour cela qu'elle convient presque universellement à tous les tempéraments de visages, ce que vous devez rencontrer rarement.

La *lotion* est un rafraîchissant rationnel. Quelle que soit la cause d'un bouton, il dénote une irritation quelconque, qu'il s'agit de combattre, sans cependant employer de moyens actifs.

Guerlain, comme je vous l'ai dit souvent, se préoccupe des soins de la peau pour obtenir son éclat et sa fraîcheur ; c'est en docteur qu'il la soigne.

Vous avez dû remarquer souvent que cette saison est également celle qui éprouve la chevelure. Il est important de combattre cette chute annuelle des cheveux par un redoublement de soins et de précautions. L'*eau lustrale* à laquelle je reviens toujours, est le préservatif le plus certain que vous puissiez employer.

Nous irons chercher à Londres les nouvelles productions de **Guerlain,** car certainement il ne fera pas défaut à cette exposition où nous retrouverons toutes nos célébrités parisiennes.

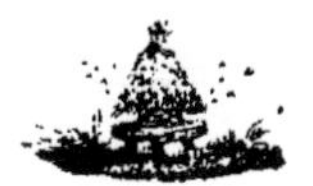

LONDRES A PARIS.

Aiguilles anglaises,

Rue Richelieu, 79.

Il ne nous restait plus qu'un moyen de croire à l'aiguille anglaise, c'était de la tenir de la main d'un Anglais.

Depuis quelque temps, on ne rencontre plus une aiguille française ; il ne se vend pas à Paris un paquet d'aiguilles, même des plus inférieures, qui ne soit enveloppé du papier sacramentel aux armes d'Angleterre : *Best fine....* — *Warranted...*

On dirait que nos fabricants ont renoncé à rivaliser avec la fabrication anglaise, en se mettant ainsi à l'écart.

L'honneur national demandait pourtant une foi plus active.

Mais le préjugé est si grand en faveur de de l'aiguille anglaise !

N'importe. Il eût fallu le combattre par une émulation retentissante ; il eût fallu nier la supériorité du produit anglais en faisant mieux, et le prouver.

Et à ce propos, il me revient en mémoire que je crois avoir vu, à la dernière exposition de l'industrie, qu'un fabricant demanda quelque chose comme la *marque de fabrique obligatoire ;* mais il ne fit pas de prosélytes, et son idée fut abandonnée.

Sans doute, il ne mit pas, à la propager, la même persistance que *l'apôtre du cachemire français :* aussi la cause de l'aiguille n'eut-elle pas le même succès; aujourd'hui elle est à peu près perdue.

Tous les paquets d'aiguilles venaient donc au jour sous l'effigie du Lion et la Licorne. C'était à ne plus y croire, — et l'on n'y croyait plus qu'à bonnes enseignes.

On doutait des plus authentiques. Le nom de *Kirby* était le seul qui conservât quelque crédit, peut-être même allait-il le perdre, quand la maison *Kirby, Beard et Ce* de Londres est venue établir un dépôt à Paris.

Ah ! mes lectrices, pour peu que vous soyez travailleuses, et je veux croire que vous l'êtes toutes — plus ou moins, — ne passez pas devant le n° 79 de la rue Richelieu, si vous êtes accessibles à la tentation de ces charmantes provisions de la ménagère, que l'on aperçoit à travers les vitres du nouveau magasin anglais.

Car ce ne sont pas seulement ces bonnes aiguilles coulantes, effilées, parfaites, appréciées, comme je l'ai dit tout à l'heure, qui vous séduiront, ce sont les délicieuses enveloppes qui les enferment, les petites boîtes en cartonnage, les maroquineries solides et délicates, ces riens qui sont accueillis comme de vrais présents par toute femme de goût.

L'établissement d'une maison anglaise est un événement dans le monde féminin.

La maison *Kirby, Beard et C*^e n'apporte pas seulement ses aiguilles, mais aussi ses épingles d'une incontestable supériorité.

Dans ma prochaine revue, je me propose de m'étendre un peu longuement sur les diverses qualités de l'AIGUILLE et de l'ÉPINGLE, ces deux puissances de la toilette, ces deux armes familières de la femme.

INVENTION NOUVELLE.

La Philodermine.

L'invention est le progrès du moment. Tous les esprits industriels sont tendus vers ce but unique : La nouveauté

Depuis combien d'années ou de siècles le monde civilisé se sert-il de cette substance plus ou moins délicate, plus ou moins recherchée que l'on appelle savon?

Il y a bien longtemps, n'est-ce pas ?

Le savon était le roi de la parfumerie ; lui seul était obligatoire sur la plus simple et la moins pourvue de toutes les toilettes.

Qui eût jamais pensé nier le savon ?

Eh bien, le voilà détrôné. La *Philodermine*, sous une forme inconnue, se déclare son compétiteur, et comme il convient à tout rival bien appris, non-seulement elle vient nous parler de toutes les qualités qui lui sont personnelles, mais elle nous révèle les défauts qu'elle a découverts dans son antagoniste.

Qui succombera? qui triomphera ?

Le savon a des droits non-seulement à la faveur, mais à la reconnaissance universelle, depuis si longtemps qu'il rend des services quotidiens.

De son côté, la Philodermine a une grande puissance; elle se présente sans dire qui elle est; c'est à la curiosité qu'elle s'adresse.

Vous l'achetez en bouteille cachetée, plombée ; tout ce qu'il vous est accordé de savoir, c'est que selon votre choix, elle peut être parfumée de rose, de lavande ou d'ambre.

Si vous l'essayez, vous trouvez que quelques gouttes mélangées d'eau suppléent au savon en rendant à la peau toute sa netteté et sa fraîcheur, et que, pour l'usage habituel, elle est d'un emploi prompt et agréable pour le soin des mains et du corps.

La Philodermine a la propriété de maintenir la chevelure dans un état brillant, et c'est, dit-on, un excellent cosmétique pour le bain.

Il faudra suivre attentivement cette lutte entre le savon si bien établi, si apprécié, si estimé, si aimé, dirai-je.

Et la Philodermine, nouvelle venue, qui arrive ambitieusement armée de ses avantages très-réels, sans doute, mais de ses qualités à peine éprouvées.

Les deux champions sont en présence, et le public va être juge.

Pauvre savon! malgré ses titres incontestables, ses vertus sans nombre, et ses attraits les plus délicieux, n'a-t-il pas à craindre que *l'on ne s'ennuie de l'entendre appeler le Juste ?*

Recommandation.

Je vous rappelle Mme *Dubois*, la jeune couturière que je vous ai recommandée dans ma dernière livraison : rue Rochechouart, 9.

ÉTOFFES DE SOIE

POUR LE PRINTEMPS.

C'est une saison transitoire à laquelle on voudrait échapper, mais qui impose des obligations. Ainsi la femme qui porte l'hiver des robes de laine, ne peut pas évidemment attendre l'été avec sa robe d'hiver.

Et cependant celle-là est arrêtée par la dépense.

C'est à elle que je signalerai les taffetas à petits dessins et les foulards tissés des **Deux Pages,** rue *Vivienne, 11,* si jolis, si brillants et si bon marché. **M. Fessart** a des merveilles en ce genre : charmantes robes de ville en toutes nuances ; charmantes toilettes de jeunes personnes, pour le prix d'un barége.

Les étoffes de soie ont subi une notable augmentation. C'est donc une bonne fortune que de s'adresser à un magasin de confiance où la nouveauté, toujours recherchée, se trouve en même temps que des occasions précieuses qui feraient le succès d'une saison.

J'ai remarqué que fort souvent aux *Deux Pages,* on rencontre de fort jolies et magnifiques étoffes dont le prix est de beaucoup au-dessous du prix des magasins de nouveautés. Cependant cette maison s'attache à ne donner jamais que des qualités solides et premières. Le bon marché que l'on y trouve est donc réel, car nous ne l'avez pas aux dépens de la durée de votre étoffe.

Voyez les taffetas chinés qui s'y trouvent en ce moment, à petits ou à grands dessins, suivant vos toilettes, ou la toilette à laquelle vous les destinez.

Jalousie.

Quel est le cœur, le cœur de femme surtout, qui n'a pas souffert de la jalousie ? Quel est le cœur qui n'a pas gémi de cette douleur poignante qui s'augmente et s'irrite par la plainte? Quelle est la femme qui dira : J'ai aimé et je n'ai pas douté ?

Fondée ou non, la jalousie est le supplice au-dessus de tous les supplices ; tout l'éveille et rien ne la détruit, ni les serments, ni les caresses d'amour. Le mensonge doit suivre l'oubli : celui qui a su tromper peut bien mentir.

Oui, c'est la torture, cette activité de l'esprit guidé par l'âme ; ce besoin de chercher un secret qui tue le repos, le deviner dans tout, le trouver dans un moment d'absence, dans un regard arrêté sur une autre, dans un mot dit avec mystère. Que de preuves rejetées puis accueillies comme certaines ! Une preuve,—c'est une obligation contractée à heure fixe, c'est la préférence pour un parfum, le choix d'une fleur, un air répété souvent avec complaisance....

Qu'on souffre à se débattre sous ces griffes aiguës qui déchirent! Comme la poitrine se fend, le cœur saigne, les artères battent, la voix se voile de larmes! La folie touche à ce délire !

Et pitié de personne! Pitié de qui donc? D'un indifférent qui ne vous comprendrait pas! Pitié d'un ami même qui plaindrait votre souffrance comme l'égarement d'un fou! Pitié de celui qui nous tue! O dérision! Dans son égoïste entraînement, dans sa passion sans amour, qu'un homme parle de jalousie, et qu'il croie encore apprécier et comprendre la nôtre. Envie, vanité, vengeance, voilà ce qui trouve place dans un cœur d'homme offensé. Elle m'a trompé! L'orgueil parle seul; plus de souvenirs tendres, plus de regrets, sur un avenir perdu, plus d'amour surtout, même après un remords.

Et dans un cœur de femme! C'est la destruction de ce qui est, c'est le bouleversement de tout ce qu'elle espère, c'est le passé qui vient comme un mourant lui dire : Oublie-moi, c'est sa chimère qui s'envole, c'est son idole qui tombe, mais ce sont des larmes de feu, des gémissements, des cris ; — elle souffre, et en tendant les bras à celui qui la tue, elle ne lui demande que d'essuyer ses pleurs.

Honte mille fois à celles qui n'ont connu dans la jalousie que la haine! Honte à ces Méridionales ardentes qui punissent l'abandon par la vengeance ! Qu'avait-elle donc dans le cœur aux jours d'amour celle qui ne sait pas aimer seule, qui n'a pas de constance après le dédain, de pardon après l'injure, et qui se croit consolée parce qu'elle est vengée ?

La femme jalouse par tendresse ne dit pas : Il m'a offensée; mais, désolée, elle ne peut que répéter : Il ne m'aime plus.

La jalousie est souvent moins une méfiance de celui qui en est l'objet, qu'une défiance de soi-même. C'est une sollicitude douteuse, une inquiétude continuelle, une anxiété que rien ne motive et qui naît de tout, une crainte de perdre. C'est qu'une femme tendre est avare de son bonheur, et qu'elle y tient comme le vieillard à son or.

Et toujours jugées par ceux qui pensent nous élever en nous comparant à eux!

Eux, — qui prennent la rage de la vanité blessée pour la douleur mortelle qui mine en silence; eux, — qui prennent le délire de l'imagination pour les élans de l'âme nobles et solennels. Ils ne savent pas que c'est de ce seul langage du cœur que nous sommes jalouses ; que les soins d'un jour, les paroles menteuses qu'ils adressent à une coquette, ne sont pour nous que le trouble d'un moment.

Après des années de souffrance, la femme souvent éprouvée a pris de l'empire sur sa douleur ; le désespoir s'est calmé ; une fierté nullement vaniteuse en est enfin venue à se demander s'il n'y a pas folie à tant regretter qui nous rejette; mais, toujours aimante, elle n'a pas de sentiment de haine, son cœur ne s'est pas endurci; à une nouvelle offense, elle a encore de nouvelles larmes, non plus ces larmes brûlantes qui couvraient ses joues en les sillonnant au milieu des sanglots, mais des larmes lentes et tièdes qui humectent sa paupière et coulent en silence.

Ce n'est plus le désespoir violent avec lequel on pleure ce qu'on perd, c'est un souvenir de regret sur ce qu'on a perdu, c'est un pas vers le passé, un regard en arrière. La jalousie ne meurt jamais dans le cœur d'une femme ; elle suit les phases de sa passion, et devient calme et froide comme le sentiment qui remplace celui qui la dominait.

La jalousie n'est pas un défaut ; c'est une condition de toute affection exaltée. L'être qui aime sans jalousie n'aime pas. C'est un mal cuisant qui brûle et déchire ; un tourment qui fait mourir. Ce n'est pas, dit-on, une preuve d'amour, et c'est une injure.... C'est tellement une preuve d'amour que lorsqu'une femme devient moins jalouse, c'est qu'elle aime moins. Ce n'est pas une injure, car celui dont elle doute lui paraît tout aussi digne d'elle. Dans un homme, au contraire, le doute est une offense : ce n'est pas un gémissement du cœur qui souffre, un cri de l'âme qui s'effraie ; c'est un soupçon injurieux. En lui la jalousie est petite, méchante : elle s'assouvit par l'éclat et se calme en invectives.

Une femme peut en mourir ou devenir folle.

Un homme se venge, et après quelques jours de haineux souvenirs, — il oublie.

MÉMENTO.

Le mauvais temps est venu après un faux printemps qui nous avait fait rejeter les manteaux et les cabans. Mais au premier soleil on devra être en mesure de toilettes nouvelles. Je vous rappelle aujourd'hui le *Magasin des Villes de Suisse*, rue Montmartre, 139. Depuis un an que cette maison est ouverte, elle n'a fait que justifier de plus en plus l'accueil bienveillant que lui a fait un public sensé. J'insiste sur les motifs qui m'engagent à vous recommander les magasins de MM. **Blum frères:** ils ne reposent ni sur l'engouement ni sur le caprice. Rien n'est plus réfléchi que cette appréciation : MM. **Blum** tiennent ce qu'ils ont promis. Vous trouvez aux *Villes de Suisse* un grand choix d'habillements de toutes sortes à des prix extrêmement consciencieux, bien faits, élégants et solides; des costumes d'enfants et des habits de collégiens à lui envoyer toutes les mères, et de charmantes étoffes de saison, que vous pouvez faire disposer selon votre goût. C'est réellement la maison de confiance, et je ne voudrais pas en dire autant de toutes les maisons du même genre qui attirent par le bon marché.

———

L'hiver finit; les soirées sont à leur terme. Beaucoup de femmes, de jeunes filles, surtout, croyaient ne plus faire de nouvelles toilettes, et cependant il se présente encore une invitation que l'on ne veut pas refuser, et une robe ou une coiffure fanée ne peuvent passer. Demandez à **Lachaume** une de ses jolies guirlandes. Elle ne durera qu'un soir, c'est vrai; mais elle ne vous coûtera que 10 fr., et voilà l'hiver fini, vous n'avez pas à lui demander de durée. C'est une grande ressource dans les budgets restreints qu'une de ces charmantes parures pour une soirée isolée.

———

Encore l'hiver, c'est-à-dire les soirées et les diners qui nous ramènent à **Mercier Limet**. Je ne vous parle pas du joli petit salon qu'il a arrangé pour vous recevoir : vous vous y êtes déjà reposée sans doute ; mais je vous rappelle tout ce qui vous sera d'un si grand concours comme entremets soignés, ou comme rafraîchissements recherchés : ses macédoines de fruits gelées au marasquin, ses mousses meringuées, plat d'entremets exquis et qui termine à merveille un dîner ordonné avec goût. Pour les thés-soupers, souvenez-vous des babas glacés au rhum, et des galettes de **Mercier Limet**, qui ont une renommée. — Quant aux *pâtisseries-bonbons*, vous savez avec quelle finesse elle est faite à la pâtisserie perfectionnée de la rue Taitbout.

———

Je veux vous rappeler au moment des emménagements le *linge frotteur* dont nous avons déjà parlé. C'est une condition très favorable pour l'employer que de le mettre sur un parquet nouvellement restauré. C'est pourquoi je vous rappelle l'adresse de M. **Lefevre**, *quai de l'École*, 26. L'usage du linge frotteur dispense positivement des soins d'un homme, et comme économie, c'est une différence dans la proportion de 4 à 5 fr. par mois, c'est-à-dire que dans une maison où le frotteur compte environ pour 60 fr. par an, c'est à peine si la dépense du linge frotteur s'élève à 10 fr.

LES ABEILLES PARISIENNES

Paraissent le 25 de chaque mois.

PRIX pour un an :

	fr.	c.
PARIS.......................................	6	»
DÉPARTEMENTS..............................	10	»
ÉTRANGER.................................	15	»
UNE LIVRAISON.............................	»	50

Les Abonnements ne peuvent être de moins d'un an, et datent du 25 novembre ou du 25 mai.

AVIS.

Les Abonnés de Province ou de Paris qui ne recevraient pas exactement leur abonnement sont instamment priés d'en donner avis à la rédaction, rue de Milan, 12.

Pour les Abonnements :

PARIS,

Magasin de Léon Bidau et Cie, *boulevart des Italiens, 19;*
Maison du Cosmaceti, *rue Vivienne, 55.*

DÉPARTEMENTS,

Adresser un bon sur la Poste à Mme **C. AUBERT, à la rédaction,** *rue de Milan, 12.*

(Affr.)

PARIS. — IMPRIMERIE CENTRALE DE NAPOLÉON CHAIX ET Cie, RUE BERGÈRE, 20

2ᵉ Année. 25 Juillet 1851. Nᵒ 7.

LES

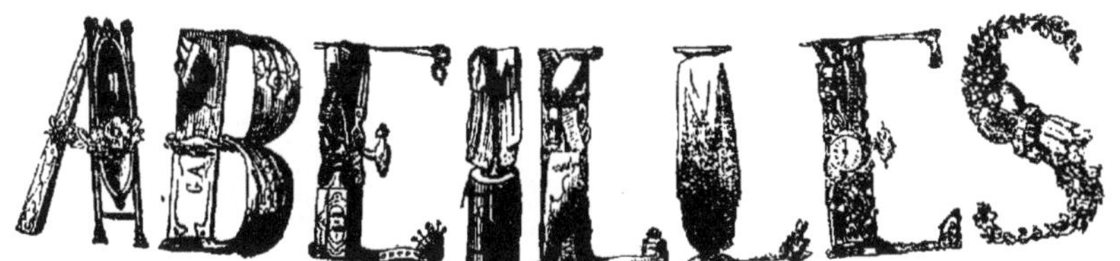

ABEILLES

PARISIENNES

ILLUSTRATION DE L'INDUSTRIE COMFORTABLE

PAR

Mᵐᵉ Constance Aubert.

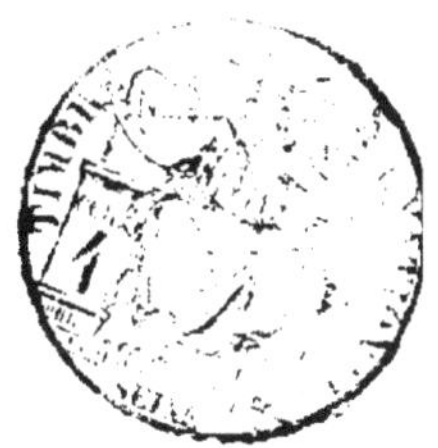

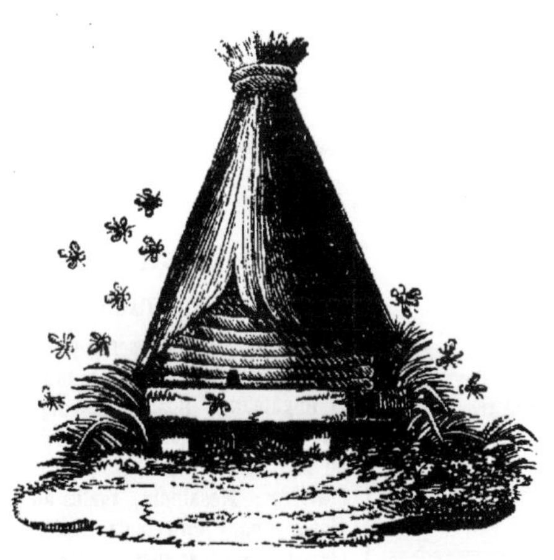

PARIS

Magasin Léon Bidau et Cⁱᵉ, *boulevart des Italiens, 19;*
Maison du Cosmaceti, *rue Vivienne, 55*

LONDRES

Melmotti, *Old-Bond street, 23.*

MAISONS SPÉCIALEMENT RECOMMANDÉES.

Alexandrine	Modes	rue d'Antin, 11.
Aumoitte	Graveur	passage des Panoramas, 47.
Maison L. Bidau	Calorifères	boulevart des Italiens, 19.
Biétry	Cachemires français	rue Richelieu, 102.
Blum frères	Vêtements pour hommes et enfants	rue Montmartre, 139. Villes de Sui
Bona	Dessinateur	place de la Madeleine, 10.
Chatel	Lampes modérateur	Place d'Angoulême.
Clémençon (Madame)	Corsets	rue du Port-Mahon, 8.
Cazal	Cannes et ombrelles	boulevart des Italiens, 27.
Cosmacéti	Vinaigre de toilette	rue Vivienne, 55.
Constantin	Fleurs artificielles	rue d'Antin, 7.
Demy-Doineau	Étoffes pour meubles	rue Vivienne, 16.
Mme Dubois	Couturière	passage des Panoramas, 17
Duvelleroy	Éventails	rue Rochechouart, 9.
Eau Napoléon	Eau de toilette	place Vendôme, 23.
Froment-Meurice	Joaillier	rue du faubourg Saint-Honoré, 52
Fessart	Étoffes de soie	Rue Vivienne, 11, aux deux Pages
Groult	Pâtes	passage des Panoramas, 2.
Guerlain	Papeterie	rue de la Paix, 15.
A. Giroux	Parfumeur	rue du Coq Saint-Honoré.
Kiesel	Tapissier	boulevart du Temple, 33.
Lachaume	Fleurs naturelles	rue de la Chaussée-d'Antin, 40
Lenègre	Relieur	rue Saint-Germain-des-Prés, 11
Masson	Chocolat	rue Richelieu, 28.
Mercier Limet	Boulanger-pâtissier	rue Taitbout, 44.
Montel Galy (Madame)	Modes	boulevart des Capucines, 5
Ossella	Papiers peints	rue de la Monnaie, 2.
Rudolphi	Bijoutier	rue Tronchet.
Sajou	Ouvrages et dessins	rue Rambuteau, 52.
Savary et Mosbach	Diamants faux	rue Vaucanson, 4.
Tahan	Coffrets et meubles	rue de la Paix, 32.
Thomas	Argenture	boulevart des Italiens, 10.
Trois-Quartiers	Nouveautés	boulevart de la Madelaine
Verdière (de)	Laiterie modèle	rue Lamartine 40.

HOTEL DU HELDER,

Rue du Helder, 9.

Appartements et chambres meublés. Service actif et intelligent. Proximité du boulevart, de la Bourse, de l'Assemblée, des théâtres ; très-bonne table.

On trouve dans l'hôtel même un restaurant et des voitures de remise.

LAMPES ET BRONZES.

CHATEL.

Place d'Angoulême.

Lampes modérateurs, d'un système simple et durable. Modèles d'une grande richesse. Modèles très simples. Genres très nouveaux Vases et candélabres en porcelaine et en bronze. Ouvrages d'art.

MERCIER-LIMET,

Rue Taitbout, 44.

Boulangerie fine, petits pains de toutes sortes, et tout ce qui tient le milieu entre le pain et le gâteau à l'usage des déjeuners et du thé du soir. Muffings. Pâtisserie de table. Galette de ménage. Petits Fours pour dessert. — Spécialités : Messinois, tartes aux fruits à l'anglaise, pour entremets. Gelées, macédoines glacées, mousses meringuées.

BLUM FRÈRES.

AUX VILLES DE SUISSE,

Rue Montmartre, 139.

Vêtements d'hommes, très-élégants et très-solides. Habillements complets de **25** à **150** f. Costumes d'enfants : Blouses, Vestes, Tuniques et Cabans.

AVIS.

**Adresser les réclamations ou les Mandats d'Abonnement à
Madame C. AUBERT, rue de Milan, 19.**

DE L'EXPOSITION.

Généralités.

Londres, 27 juin 1851.

Les *Abeilles* ont passé le détroit. L'intérêt parisien est tout entier concentré dans le Palais de verre, et à cette heure elles bourdonnent dans les arbres touffus de Hyde-Park.

Paris est comme déshérité en ce moment par le commerce, qui donne tous ses soins à la grande solennité, où la France joue certainement un beau rôle.

Concours attrayant dont nous pouvons bien ne pas sortir victorieux sur tous les points, mais d'où, malgré tout, nous devons sortir glorieux et glorifiés.

Dans cet immense tournoi il ne faut compter que deux combattants, deux rivaux luttant à armes égales : la France et l'Angleterre. Non pas qu'il n'y ait ailleurs d'autres richesses et des travaux dignes d'une réelle admiration; mais sur tous les points, en même temps, à peu près de même force, l'Angleterre et la France rivalisent.

Il ne me reste rien à dire de la chose principale, *le Palais de l'Exposition.* Tous les écrivains se sont rencontrés unanimement pour dire qu'il est magnifique et charmant : magnifique par sa vaste étendue et son dessin architectural, charmant par les dispositions et les détails intérieurs.

Ce n'est pas avec une plume, ce n'est pas avec la parole, c'est tout au plus avec le pinceau qu'il serait possible de rendre l'effet pittoresque de la fontaine de cristal, dont les flèches élancées scintillent sous les nappes d'eau qui retombent dans le bassin, masses de diamants diaprés aux reflets du soleil.

A quelques pas de là, l'arbre séculaire qui jette l'ombre de ses énormes rameaux sur les parterres de fleurs les plus magnifiques, au milieu desquelles croissent les palmiers élancés, transportés dans cette serre étrange comme les produits curieux des pays lointains.

Ce coup d'œil est d'une beauté dont rien ne peut donner l'idée.

A cette place, nommée le transept, le monument forme une croix à petits bras ; l'un de ces bras est consacré aux fleurs et aux rafraîchissements; on s'y réunit devant des tables de marbre et on s'y fait servir des gâteaux et des glaces. La foule ne s'éclaircit pas un moment. — Ce qui s'y consomme dans une journée de brioches anglaises, de sandwichs, de grog mousseux et de glaces défraierait dix bals parisiens.

Ce qui n'empêche pas, de minute en minute, un visiteur altéré de s'approcher d'une des fontaines de la galerie, et boire dans une tasse ou une timballe apportée à cette intention.

Jamais en France on n'aurait cette indifférence du préjugé.

Boire à un bassin devant 45 ou 50,000 personnes !

On aime bien mieux avoir soif.

Les Anglais préfèrent boire l'eau du bassin, — et ils ont bien raison.

J'ai dit 45 ou 50,000 personnes ; je profite du moment où nous sommes au transept pour m'arrêter à ce chiffre qui n'a rien d'exagéré, et vous décrire, s'il m'est possible, ce qu'il y a de magique à voir presque en même temps, presque d'un seul coup d'œil cette masse inouïe répandue dans cet immense vaisseau. C'est en montant dans les galeries supérieures, placé à l'un des angles où l'on embrasse du regard ces richesses de tous les mondes, ces peuples venus de tout l'univers, ces trésors de la terre, ces miracles du génie, que l'on se sent pris d'un intérêt plein d'enthousiasme et d'émotion.

Le détail se tait et disparaît de devant les yeux.

C'est l'ensemble qui parle, et se présente à

l'esprit puissant, merveilleux, gigantesque.

Puis, quand on a vu tout, quand on sort de ce palais de toutes les industries du monde, c'est alors que l'on admire avec la réflexion le prodige de volonté qui, en six mois, a produit une œuvre aussi colossale ; on s'étonne du soin délicat avec lequel on l'a exécuté.

Le vaisseau par lui-même est magnifique, élevé, coupé en divisions intelligentes. Les deux étages, que l'on avait cru inutiles, évitent l'encombrement et aident au classement par catégories. Ne fût-ce que pour le coup d'œil, il faudrait adopter cette disposition pour les grands lieux de réunion. Les visiteurs se dispersent et animent eux-mêmes la scène, en même temps qu'ils en jouissent au point de vue qui leur plaît davantage. C'est un va-et-vient perpétuel, infiniment plus pittoresque et plus gracieux que celui du public tournant sur place.

L'idée de n'employer que du verre a été parfaitement heureuse. Le jour est uniforme, doux et favorable ; rien n'altère les nuances, rien ne nuit aux effets de lumière ; le jour est égal sans être éclatant.

Le nom de M. Paxton restera comme l'auteur d'une belle création.

Puis, une main artistique a complété l'œuvre.

Les diverses expositions ont été classées et disposées avec tant d'art et d'habileté que l'on ne se fatigue pas à parcourir les *neuf lieues* de terrain qu'occupe l'industrie cosmopolite. Parallèlement à la grande avenue, de grandes avenues latérales traversent chaque côté, et de distance en distance de petites divisions donnent passage au public ; de telle sorte qu'il n'y a jamais d'encombrement, ou s'il y en a, c'est volontairement devant telle ou telle exposition qui attire plus particulièrement la curiosité.

Des statues, placées avec intelligence, contribuent à compléter cette mise en scène, qui n'a rien de choquant et ne heurte nullement l'œil du spectateur.

A côté de M. Paxton j'ai entendu nommer M. Oven Jones comme ayant grandement contribué à cette décoration, dont l'effet entre pour beaucoup dans le jugement porté sur l'ensemble.

S'il y a un reproche à faire, — et il est peutêtre le seul, — c'est la couleur des draperies sur lesquelles sont écrits les noms de chaque pays. Pourquoi avoir choisi le rouge, la couleur la plus stupéfiante qui existe ; couleur arrogante qui tue tout ce qu'elle est censée parer ? Le gros-bleu ou le vert se fussent perdus dans l'élévation, sans trancher comme le rouge, qui tient toujours un peu des draperies de café.

Le Palais de Cristal est, en somme, par luimême, une des principales curiosités de l'Exposition, et c'est un des grands souvenirs que l'on en garde.

Il est question, m'a-t-on dit, de le conserver comme jardin d'hiver. Quand on pense aux immenses cultures de Chiswick et à la façon dont les Anglais entendent le soin des fleurs, on rêve au paradis terrestre dans cette vaste serre, où sont déjà les azalias et les géraniums les plus beaux qui se puissent voir.

<h3 style="text-align:center">Les Trains de Plaisir.</h3>

SÉJOUR A L'ÉTABLISSEMENT DE VIRGILE.

C'est une excellente manière de voyager et d'aller passer huit jours dans une ville ; elle dispense de toute préoccupation, et, à mon sens, la préoccupation est le plus triste inconvénient que l'on puisse emporter dans un bagage de voyageur.

Si vous avez quelque projet de passer le détroit, causons ensemble un moment.

Prenez garde aux maisons de Londres et aux établissements dits français ;

Prenez garde à la cuisine anglaise, réputée simple, et qui saupoudre ses pois bouillis à l'eau, de piment et de poivre rouge ;

Prenez garde à un intérieur de maison anglaise, si vous tenez à dormir dans ce que vous appelez un lit, et si vous avez, en un mot, *vos habitudes* ; si, par exemple, vous ne renoncez que difficilement à la parisienne coutume du café, et si le vin de Bordeaux fait partie intégrante de votre hygiène ;

Car ce seraient autant de privations.

Ces petites misères de la vie ont amené une émigration, et il se fonde une colonie française dans un quartier tout pittoresque, à Chelsea, joli faubourg composé de cottages, entre Hyde Park et Crémorne, les deux grands jardins de promenades et de plaisirs.

Hobury street tout entière appartient à un Français, M. de Virgile, qui a disposé ses maisons à la française, qui a amené avec lui un personnel français et qui a apporté au matériel ces améliorations importantes, à l'aide desquelles la différence de la vie n'est presque pas sensible.

C'est Véry, le grand nom populaire, et le doyen toujours à la mode des restaurateurs classiques, c'est Véry qui tient la table de M. de Virgile. Quelques Parisiens peuvent avoir la curiosité de dîner une fois à la taverne pour manger les rôtis homériques et les puddings nationaux; mais beaucoup comptent au nombre des plaisirs de *la semaine*, la table d'Hobury street.

Chaque jour même, il vient des visiteurs anglais.

Combien se sont embarqués et ont traversé le détroit sur le simple désir d'un dîner chez Véry ! Voilà le voyage réalisé, Véry est chez eux avec son excellent cuisinier et son vin de France.

Sans les trains de plaisir, il est positif que le nombre des voyageurs serait infiniment restreint.

On met de la paresse à prendre sa résolution quand il s'agit d'un voyage de cette nature. Les difficultés grossissent devant l'inconnu; le chiffre des dépenses apparait colossal.

Beaucoup de gens reculent effrayés.

Le train de plaisir a cela de bon que l'inconnu n'existe pas. Vous savez d'avance que pour la somme de........ vous allez à Londres, vous l'habitez, vous le visitez, vous en revenez.

C'est un chiffre, rien n'est précis comme un chiffre.

A Londres, où tout vous tend la main, vous arrivez facilement à épuiser la bourse des dépenses imprévues ; il faut s'arranger pour n'en pas avoir.

Le voyageur regrette, au départ, de ne pas avoir visité les principales curiosités de la ville, ou bien il les voit toujours mal s'il n'est pas conduit, je dirai même entraîné par une volonté indiscutable.

Le train de plaisir une fois accepté, le voyageur ne s'appartient plus ; il est la chose de son hôte.

Voilà pourquoi il faut savoir choisir son hôte.

Une fois donc que tout cela a été envisagé, on accueille l'idée de partir avec les facilités qui dégagent le plaisir des ennuis généralement y attachés.

Que ferait un voyageur, ne connaissant personne à Londres, ne sachant pas un mot d'anglais, s'il n'avait avec lui un interprète?

Les interprètes sont fort chers !

Il n'entrerait nulle part ; il paierait un cocher quatre fois plus qu'il ne faut ; il ne saurait rien de ce qui se passe autour de lui, et il partirait sans connaître rien de ce qui l'eût intéressé.

Ce n'est pas légèrement que je distingue de tous les autres l'*établissement de Virgile et Véry*, celui de tous qui a le mieux compris ce que veulent trouver des voyageurs, des femmes souvent, habitués aux mille douceurs de la vie confortable. A la colonie d'*Hobury*, vous vous croyez chez vous, sinon que vous êtes dégagé de tout souci, et que vous vous trouvez entouré d'une prévenance invisible et constante comme dans une demeure amie.

APERÇUS GÉNÉRAUX.

Nous ne pouvons apporter un intérêt absolu qu'à l'Exposition nationale; il ne peut être de quelque prix pour nous d'entendre parler longuement d'un pays, que du nôtre. Il me semble, du moins, que j'aurai répondu à ma tâche quand j'aurai signalé ce qu'il y a de remarquable à chacune des expositions étrangères.

Me réservant de donner des détails sur la France, et l'Angleterre qui lutte à côté d'elle.

Quelques curiosités hors ligne nous occuperont brièvement. Le fameux diamant enfermé dans sa double cage dorée a ému assez faiblement ma curiosité pour que je ne cherche pas aujourd'hui à exciter la vôtre. Et quand nous parlerons diamants, réservez votre admiration et votre foi en mes récits pour l'éblouissant diadème de la reine d'Espagne, exposé par un joaillier français, Lemonnier ; — pour les diamants de la couronne d'Angleterre, mêmes, riches par la monture autant que par la valeur des pierreries. — Mais Koh I-Noor ou *montagne de lumière*; mais Durra-I-Noor ou *mer de lumière*, ne sauraient guère m'impressionner plus qu'un lingot, plus qu'une liasse de billets de banque.

C'est une valeur, voilà tout.

Nous en pourrions dire autant des malaquites fastueuses envoyées par la Russie. On se presse autour de ces hautes portes, on admire parce que c'est une magnificence véritable; mais, franchement, l'orgueil national n'a pas à s'applaudir de cette curiosité.

Qu'une grande nation, comme la Russie, n'ait d'autre industrie que celle du sol, c'est peu.

Si je n'avais pas à classer l'*ameublement* de malaquite à côté de ceux qui dénotent une véritable science industrielle, je dirais qu'il est admirable et charmant. Une porte, haute de quinze pieds, en une pierre fine dont on fait chez nous des boutons de manchettes, est certainement un objet curieux, surtout montée dans des ornements de bronzes dorés, simples et de bon goût. La cheminée, les siéges, une console, un meuble, tout l'ameublement en un mot donne une idée de profusion qui étonne. Mais quelle part l'industrie a-t-elle à cette œuvre?

C'est une richesse grandement et élégamment mise en œuvre; mais le moindre de nos fabricant eût été au-delà. — Quelques objets de bon goût, en petit nombre, donnent à la Russie une place qu'elle doit, dit-on, à des industriels français fixés dans ce pays des roubles. Un surtout de table, en argent massif, représentant un groupe de chevaliers au pied d'un sapin du Nord, m'a paru d'un dessin hardi, un peu lourd peut-être, mais artistique comme une œuvre pensée. — Quelques jolies pièces d'orfévrerie usuelles et des bijoux, arrêtent la foule assez constamment. J'ai beaucoup aimé un diadème de diamants, monté comme serait une couronne de fougère, d'un dessin neuf et presque sauvage.

Dans une galerie de retour, il y a des étoffes de soie d'une grande beauté; brocards et moires d'or, comme nous n'en faisons guère plus même pour l'église.

ALLEMAGNE.

L'Allemagne a consciencieusement contribué à cette immense exposition. Ses manufactures de toutes sortes ont envoyé les étoffes, les meubles, les cristaux, la coutellerie, les soies naturelles.

Les étoffes d'aucune sorte ne me paraissent devoir être distingués, à l'exception du linge.

Les cristaux par-dessus tout, car ils sont les plus beaux. Exécution gigantesque, ou délicate selon la nécessité, on est étonné de voir tirer un si grand parti du cristal, un peu dédaigné chez nous.

Je ne parle pas de la généralité du service, cristaux ordinaires, mais appréciés. Je vous fais remarquer un service complet, d'une grandeur énorme, en cristal rouge, blanc et or, dont les candélabres gigantesques et le lustre pareil supportent des milliers de bougies se réfléchissant dans des poires mobiles qui tombent à l'entour. Aux lumières ce doit être étincelant et pompeux comme une parure de grenats et de diamants.

De très-jolies formes de bouteilles, à quatre faces ventrues, et des formes étrusques, m'ont paru des nouveautés, ainsi que certaines nuances et un genre de peinture qui se rapproche de la porcelaine. Les peintures étrusques, à teintes plates, sur fond mat, ont une distinction sérieuse que le cristal n'a pas d'ordinaire. Le blanc dépoli est employé avec art; le blanc mat, légèrement teinté comme la crême, semble un milieu entre le verre et la porcelaine, de même que certaines nuances lilas pur, vert-pomme, nankin.

Tout ce que la Bohême et Venise l'ancienne nous ont laissé de verres de toutes formes et toutes dimensions, est reproduit par la Bohême moderne, avec cette différence qu'autrefois l'idée était dessinée toujours imparfaitement, tandis qu'aujourd'hui elle est correcte et étudiée. Le cristal mousseline gravé, blanc ou de couleur, le cristal massif, petits verres de table, ou vidercome d'étagères, prennent toutes sortes de formes, et me font regretter de ne pouvoir les consigner avec le crayon.

Les terres de Bohême ont toute la délicatesse et toute la fraîcheur des porcelaines. On est arrivé à leur donner des teintes d'une douceur délicieuse; teintes naturelles rehaussées par des applications de platines ou de couleur.

J'ai eu un regret devant ces terres qui m'ont rappelé Sarguemines.

Pourquoi Sarguemines a-t-il fait comme Baccarat?

Pourquoi nos fayences ont-elles comme nos cristaux abandonné la place en vaincus?

C'est une grande faute, et en présence de

ces concurrences redoutées et tout au plus égales, nos manufactures doivent se faire bien des reproches.

Je ne crois pas citer quelque chose de transcendant, mais je signale des terres fines dont il m'est impossible de donner une idée par des rapprochements ordinaires, autrement qu'en disant qu'on les prend pour un métal de fantaisie. Elles ont un brillant métallique, poli, mais sans être la reproduction d'un métal connu. Les unes, presque noires, tiennent un peu des terres anglaises; d'autres, d'un ton chaud, cuivré, se rapprochent, quoique plus douces, du bronze florentin.

On a beaucoup parlé de l'appartement complet envoyé à la Reine. — Il est certainement beau; le travail est considérable et ne manque pas de talent; mais c'est lourd, chargé, trop riche d'ornements inutiles. Je m'arrêterai à deux choses saillantes. Comme forme ingénieuse, un cadre mouvant, contenant trois tableaux, monté sur un pied, a des détails de travail d'un effet excellent. Le bois de courbaril dont est fait cet ameublement est plus foncé que l'acajou, moins foncé que le palissandre; tout le corps du meuble est verni comme il est d'usage; mais on a réservé certains accidents, sans les soumettre au verni, polis seulement de façon à conserver le ton naturel du bois, et laisser aux figures leur lignes artistiques. Ces réserves ménagées avec un sentiment intelligent, produisent le même effet que la différence des tons d'or mats ou brillants en orfévrerie. C'est un détail auquel nos fabricants feront bien de donner attention.

ITALIE.

La forme des meubles qu'a envoyés l'Italie n'a rien de très-particulier; tout leur mérite est dans le travail. Il y a des sculptures d'une profondeur et d'une légèreté admirable; des sculptures en pierre ou en marbre, ravissantes de grâce et de richesse.

L'Allemagne expose des sculptures admirées. On est tenté de s'étonner de la teinte pittoresque répandue sur ces œuvres germaniques; mais les noms d'auteurs expliquent ce mystère : ce sont des noms italiens qui n'appartiennent plus à leur patrie. La conquête en a fait des tributaires.

J'ai vu des cheminées de marbre, avec leur cadre de glace pareil, en marbre blanc sculpté, dont je voudrais pouvoir désigner l'auteur, Torrino, je crois; mais tout ce dont j'ai souvenir, c'est qu'il est Italien et, autant que je me souviens, de Florence. On croirait ce fragment enlevé à un palais antique, et cependant ce serait une charmante coquetterie de boudoir parisien; fantaisie de statuaire. Les petits amours qui courent après des oiseaux et des papillons, à travers des rinceaux et des branches feuillées, ont en même temps du sérieux et de la grâce. C'est le bas-relief à la hauteur modeste de l'ameublement.

Parmi les idées saillantes que nous avons à prendre aux nations étrangères, celle-ci est une des plus progressives.

Si nos habitations riches étaient belles de ces richesses de l'art, elles conserveraient un caractère que l'à peu près de nos habitations de goût ne saurait imiter. On transporte d'une demeure à une autre un meuble ou une tenture; mais ceci est du domaine, et ne se déplace pas.

Je me représente cette masse de marbre blanc, délicatement travaillé, entouré d'une étoffe qui en fait ressortir les effets ; ce serait bien autrement recherché que des dorures fausses et mal dessinées.

Le bois a une physionomie plus sévère, qui pourrait avoir tout autant d'avantage. Nous reviendrons à ces appréciations, sous le rapport de l'ameublement.

Les incrustations ont aussi ce cachet d'un goût distingué qui semble le résultat d'une inspiration d'artiste. C'est la mosaïque employée comme moyen de peinture, et non pas comme travail de fabrication. Je signale aux ébénistes français des tables avec des incrustations en teintes plates, des figures étrusques très-correctes et gracieuses, des monuments dessinés avec une sévérité simple et précise.

Il y a énormément à prendre pour l'ameublement dans ces travaux, qui sentent l'étude de l'art.

On y retrouve ce parfum d'antiquité qui, pour première élégance, cherchait l'art et le goût pittoresque.

Avant de quitter l'Italie, je dois rendre un grand hommage aux soieries de Turin. Les velours sont d'une finesse, d'une égalité, d'une perfection sans reproche. Les satins et les taffetas, également d'une grande beauté, et quelques pièces de fantaisie, sont de très-bon goût comme dessin et alliance des nuances.

Puis encore l'Italie a ses pailles de Florence, qui, bien que très-approchées par les pailles suisses, restent les premières et les plus belles du monde.

SUISSE.

La Suisse a d'ailleurs ses pailles, à elle, qui prennent un grand avantage de leur prix.

Les broderies, cette autre renommée de la Suisse, n'ont pas laissé place vide à l'Exposition. Les plus belles broderies, à mon avis, viennent de St-Gall.

L'horlogerie a des mérites qui demandent trop de détails pour figurer ici.

Mais il faut mentionner deux curiosités pleines d'intérêt ; ce sont de ces merveilles d'exécution, miniatures qui passent la description.

Représentez-vous une breloque de montre. — C'est un pistolet, — et dites-vous qu'il est fait de manière à tirer, chargé à poudre, et faire feu. Vous seriez étonné, n'est-ce pas ? — Eh bien, celui dont je vous parle est moitié moins grand ; il n'est pas plus grand ni plus gros que *le quart d'une aiguille* ordinaire, et il est composé de 24 pièces ; si petit que je ne sache pas de doigts assez délicats pour le manier.

À côté, un porte-crayon d'or ; dans le haut est une petite montre, grosse comme *une lentille* : elle va 36 heures. Mais qu'est-ce que cela, l'heure ? tout le monde sait l'heure ; c'est bien la peine d'avoir sur soi son porte-crayon pour qu'il ne vous dise que l'heure ! Celui de M. Audemart est bien plus obligeant ; il marque les secondes et les quartiers de lune. On ne comprend pas des calculs exécutés sur cette petite dimension ; calculs précis et merveilleux.

ESPAGNE.

Ici, une belle broderie que je cite comme nouveauté de travail, innovation tout-à-fait différente de celles qu'expose la Suisse, tout-à-fait différente de ce que l'on fait chez nous, et qui se rapproche un peu des broderies au métier.

C'est une broderie en coton blanc figurant le relief de la fleur, de telle sorte que le cœur de la rose forme le creux au milieu des pétales étagées. La branche, disposée en spirale, feuilles et fleurs, de grandeur naturelle, se détache mate sur un large fond de points à jour, pointillés, faits à l'aiguille, d'une dimension rare et qui semblent faits au métier avec l'étoffe. La jupe est rayée par trois montants pareils, et le bas du jupon est bordé d'une même guirlande.

Nous ne retrouvons dans cet ouvrage rien des broderies adoptées en France. Celle-ci est faite à points rentrés comme pour la soie nuée ; le dessin, quoique très finement exécuté, est un peu massif ; mais ce n'est pas une question de dessin, toute l'importance est dans le travail remarquable d'effet. La batiste elle-même est étrange et brillante ; elle est faite en fil de pommes de pin, et elle a conservé sa teinte naturelle, un peu écrue, avec laquelle le coton blanc s'harmonie.

L'Espagne a de jolies gazes, de belles étoffes de laine et des soieries de Grenade, riches et robustes.—Mais il n'y a rien à signaler à l'invention française.

Ce qui mérite l'attention ou plutôt l'admiration de tous, c'est une table en mosaïque de bois, nuancée aussi artistiquement et aussi finement qu'un bijou. Cette table, dont l'auteur est M. Perez, de Barcelone, est regardée à la loupe, et elle supporte cet examen avec avantage. Des personnages, des monuments, des fleurs, les armoiries de la ville sont minutieusement traités, avec un excellent coloris.

C'est un ouvrage de patience qui a dû prendre des années à M. Pérez ; mais c'est mieux que cela, c'est un ouvrage de talent.

BELGIQUE.

La Belgique a ses peintures de Spa, de renommée ancienne et universelle ; sans montures accessoires.

Ce que j'ai trouvé de plus neuf est un écran à la main, de forme ovale, dans le genre des miroirs de peintre ; le manche, plat, est dessiné en sinuosités, et un gland de soie l'entoure avec une grâce négligée. C'est une très-jolie chose à reproduire.

HOLLANDE.

Je parlerais de beaux bronzes et beaux cristaux, si j'entrais dans des détails de fabrication ; —un mot seulement pour un magnifique candélabre en cristal, haut de quinze pieds, monté en bronzes dorés très-riches, et pour une lampe antique en trépied, suspendue avec grâce à une chaîne par un cou de cygne. Cette lampe est destinée à être placée près d'un lit ou près d'un canapé pendant la lecture. C'est une réminiscence des ameublements antiques.

ANGLETERRE.

L'Angleterre et les Indes rappellent trop souvent le visiteur pour que je parle en quelques mots de l'industrie britannique et des richesses orientales, richesses réelles en tous points, trésors du sol que le travail met en œuvre avec une supériorité prodigieuse ; splendeurs qui éblouissent l'esprit autant que les yeux.

A propos des cachemires, dont il y aura beaucoup à dire, je parlerai longuement de ces merveilles dont nous n'avons ici aucune idée.

FRANCE.

Nous allons aujourd'hui, si vous le voulez bien, parcourir l'Exposition française. Mais il faudra du temps pour parler en détail de tout ce qui doit fixer l'attention.

Je répète que la France occupe une place que toute nation lui peut envier. Lorsque, dans une aussi grande lutte, un des combattants conserve autant d'avantages, on peut attester de sa force et presque de sa supériorité. Où la France est-elle effacée ? Dans quelle ligne la voit on forcée de se tenir à l'écart ? Quand est-elle vaincue ? Jamais !

Lorsqu'elle n'est pas première en résultats, c'est qu'elle a été première en création ; et sur la plupart des points majeurs, c'est elle qui a créé et perfectionné.

Nulle part nous ne trouvons une fertilité d'invention, une finesse de goût, un sentiment de l'art, comme près d'elle. C'est bien au milieu de toutes ces nations diverses que la France peut s'appeler le peuple le plus élégant de l'univers.

Du reste, il importe aux *Abeilles* de constater, à l'appui de leurs recommandations, que tous les noms désignés par elles sont en première ligne dans les salles de l'Exposition, distingués par les visiteurs puissants et admirés par un public impartial. C'est Tahan qui semble personnifier la fantaisie comfortable ; les plus beaux éventails sont à Duvelleroy ; Rudolphi est constamment environné d'admirateurs ; Christofle est classé comme un orfèvre de mérite ; Cazal est le seul fabricant remarqué, et Constantin rassemble une foule continuelle sans interruption.

Je parlerai en détail de ces expositions ; mais aujourd'hui l'espace ne me permet que de les consigner.

Les journaux quotidiens ont parlé de l'Exposition, et ne se sont guère occupés que de la France. J'ai voulu dire quelques mots des pays étrangers. Ne fût-ce que comme comparaison, la France domine presque sur tous points, et il faut compter avec elle - même quand elle n'a pas le premier rang.

Sèvres et les Gobelins sont deux puissances avec lesquelles les manufactures anglaises ne peuvent lutter, sans parler aujourd'hui de manufactures particulières qui, après Beauvais, ont des ouvrages d'une beauté réelle. La maison Demy-Doineau, MM. Chocqueel, Réquillard et Roussel, de Tourcoing, font faire à l'industrie un progrès rapide, et je compte m'en occuper longuement dans ma prochaine revue.

Quand des fabricants ont presque force de puissance, et élèvent leur industrie aussi haut que l'ont fait ceux que je viens de nommer, il y a grand intérêt à les suivre dans cette carrière progressive.

Le mois prochain, les *Abeilles* ne parleront en détail que de la France ; elles auront beaucoup à dire. Mais il est préférable de tout ajourner que d'effleurer ce qui demande un examen consciencieux.

SOIERIES.

L'industrie la plus magifiquement traitée est celle des étoffes de soie. **Lyon** représente une sorte de puissance. Ce n'est pas cette richesse matérielle que d'autres pays doivent à leur sol ou à leur argent ; c'est celle du commerce, qui derrière elle fait voir le travailleur.

Lyon a envoyé des merveilles, des étoffes de simple fabrication et des beautés exceptionnelles. Il y a des plis de satins unis, de moires unies, si magnifiques par la nuance et par le tissu, que rien ne saurait aller au-delà de cette perfection. Les taffetas et les moires chinées ont acquis une pureté qui tient de la peinture au pinceau ; rien ne fait défaut au dessinateur qui a conçu l'ensemble le plus compliqué. Toutes difficultés sont vaincues.

J'ai admiré par-dessus toutes les autres les étoffes unies. Aucune ne m'a donné une idée aussi grande de notre fabrication, que ces formidables satins, drapés en tuyaux majestueux, aux couleurs douces ou sévères.

Puis, à côté de ces magnificences et de ces fantaisies, splendeurs de goût recherché, nous voyons des caprices avec lesquels cette force semble se jouer. Je ne crois pas avoir vu rien de plus joli qu'une robe en grenadine rose, à petits carreaux tracés par un fil blanc ; elle est garnie de volants bordés de raies blanches.

Je saurai vous dire plus tard quel est le magasin où vous pourrez la trouver à Paris.

St-Étienne n'a pas tous ses champions. Il y a loin de ce que nous voyons à Londres à ce qui était à Paris il y a trois ans. M. *Vignat* y occupe le premier rang, et M. *Thuvée*, de Paris, se fait remarquer. Il y a de très-belles choses, mais elles sont peu nombreuses.

MULHOUSE.

Il y a quarante ou cinquante ans, quand on parlait d'une jolie robe d'été en tissu de coton, on la désignait par : *mousseline anglaise ;* et les plus jolies en effet, les seules jolies, même, venaient d'Angleterre. Aujourd'hui, c'est nous qui les lui envoyons, et MM. Dollfus-Mieg ont une maison à Londres.

MM. Dollfus-Mieg, dont les cotons à coudre, appelés fils d'Alsace, sont, selon moi, de beaucoup supérieurs aux cotons anglais.

Je ne dis rien des laines, sans intérêt pour mes lectrices.

LES CACHEMIRES.

Si l'étude du châle de cachemire peut avoir de l'intérêt, c'est bien à ce concours universel où le cachemire de tous les pays est venu avec ses prétentions plus ou moins justifiées et ses jalouses ambitions.

L'Inde, qui depuis longtemps est maîtresse, qui a pour elle la gloire des débuts et la célébrité acceptée, — l'Inde, il faut bien le dire, ne fait plus de progrès. Elle n'a pas décliné, sans doute, mais rien de neuf dans ses dessins, aucun progrès saillant dans la fabrication.

De quelque pays d'Europe dont je veuille citer les produits, je n'en trouve aucun que je puisse placer sur la même ligne que la France. L'Angleterre, l'Allemagne, nous empruntent nos dessins, et mêlent le coton et la laine au fil de cachemire, qui n'y entre qu'en très-minime quantité.

La France a donc, dans cet important concours, une place très-remarquable comme supériorité et comme progrès.

Si elle n'a pas dépassé l'Inde, elle l'a égalée, et c'est une de nos belles gloires nationales.

Les fabricants dont les noms viennent en masse se grouper sous ma plume sont nombreux. Ils ont rivalisé d'activité intelligente pour apporter à cette grande réunion des œuvres susceptibles de supporter un examen sévère.

M. Maxime Gaussen, M. Hébert, M. Duché, ont exposé des ouvrages d'une fabrication consciencieuse et d'un beau travail d'exécution. M. Duché, surtout, a un châle, quoique excentrique, d'une grande beauté et d'une grande finesse de fabrication. Les dessins ombrés n'ont pas la physionomie des dessins ordinaires, mais ils ne manquent pas de grâce et d'effet. M. Duché est un fabricant de premier mérite.

Les dessins de M. Maxime Gaussen sont remarqués.

MM. Bonfils, Michel Souvraz et Cie m'ont paru en progrès.

MM. Boas frères ont de bons châles ; quoiqu'extraordinaires et d'un coloris sombre, ce sont de bons produits.

Mais les honneurs de l'Exposition du cachemire français appartiennent, sans contredit, à Biétry : son châle long, blanc et vert, est d'une grande beauté et d'un goût parfait.

Biétry a placé le cachemire français au niveau du cachemire de l'Inde ; il a planté notre pavillon à côté de celui de Lahore et de Bombay. Ses produits, qu'il expose sous des formes diverses, justifient la renommée qu'il s'est acquise en France. Autant que ses magnifiques châles longs et carrés, on admire ses châles-cachemires, brodés comme le crêpe de Chine, des tissus unis, et sa filature, réputée supérieure en France, non-seulement par les jurés à nos Exposition>, mais dans le commerce.

On voit avec quelque regret certains noms qui avaient acquis une bonne célébrité rester stationnaires.

MM. Gaussen jeune et Fargeton n'ont rien qui me paraisse devoir être cité.

M. Deneirousse avait été plus heureux en 1849, à l'exposition de Paris, qu'il ne l'est à Londres cette année. En 1849, il avait exposé deux châles à dessin de fleurs naturelles mélangées à des palmes cachemires. C'était un peu le genre des anciens châles de laine, mais le public prit cela pour du nouveau et un moment ils firent sensation, sans durée toutefois, car un an plus tard il n'en était pas question. Quant au châle qu'il expose cette année, bien qu'il faille reconnaître que la fabrication de ce châle, et encore la fabrication générale des châles de M. Deneirousse, soit aussi bonne que celle de ses confrères, il me paraît loin de pouvoir rivaliser comme type avec ceux de **MM.** Duché, Maxime Gaussen, Biétry, Hébert, Jourdan, etc., dont j'ai déjà parlé.

Quelques fabricants n'étant pas placés dans la galerie des châles, ils se retrouveront avec d'autres spécialités.

HORLOGERIE.

Detouche et Houdin.

L'horlogerie française, représentée par de grands noms, occupe une place importante sous celui de MM. **Detouche et Houdin.** Si je m'y arrête un peu longuement, c'est que j'ai été frappée de l'attention réelle que lui portaient des esprits sérieux fixés par les industries savantes grandement exprimées.

Les visiteurs s'arrêtent en nombre ; ce que la foule admire peut-être, c'est le *monument* de cette horloge compliquée que MM. Detouche et Houdin ont habillée d'une décoration si élégante et si riche qu'elle fixe tous les yeux ; mais ceux qui savent, ceux qui comprennent, restent pour étudier l'œuvre habile.

Le grand régulateur, élégamment élevé dans des arceaux rocaille et supporté par de charmantes et gracieuses figures d'amours en bronze florentin, est un ouvrage remarquable dans son ensemble. Plusieurs régulateurs, plus ou moins compliqués, établissent la place que la maison **Detouche et Houdin** prend parmi les horlogers du premier ordre.

Quoique assez simple d'ornement, on remarque un régulateur dont voici une si imparfaite description que je la donne à titre seul d'indication. Son échappement libre est à force constante par l'application d'un remontoir agissant directement sur la roue d'échappement. Sur divers cadrans sont indiqués l'année, les mois, leurs dates, les jours de la semaine, l'équation du temps, les phases de la lune ; l'heure du lever et du coucher du soleil est indiquée à la minute sur deux cadrans ; enfin, comme mise en scène de ce mouvement général, on voit planer au-dessus de cet ensemble un soleil qui, dans sa marche diurne, monte pendant six mois et descend pendant six mois, en indiquant le mois correspondant à sa hauteur ; et à l'heure indiqué par les cadrans, — il disparaît.

J'ai à signaler, comme invention de la maison **Detouche,** un balancier à compensation par leviers, qui paraît destiné à remplacer avec avantage celui à neuf branches. Quant aux pièces d'horlogerie ordinaires, nous parlons souvent de cette maison, et j'ai dit plus d'une fois ce qu'elle met de goût et de conscience à la fabrication de ces ouvrages qui ont à satisfaire à cette double exigence de l'élégance et de la solidité.

COUP D'ŒIL.

Qu'est-ce qu'un cadre comme celui des *Abeilles*, quand il s'agit d'y mettre même un fragment de cette grande page qu'on appelle l'Exposition universelle ! qu'est-ce que cette feuille de quelques colonnes, **quand le simple** Catalogue ne disant que les noms des exposants forme un volume de 350 pages !

Il faudrait prendre un peu partout ; c'est un regret d'omettre tant de belles et bonnes choses qui sont de vraies gloires et qui témoignent d'une foi à laquelle l'industriel a sacrifié soins et argent. Les fabricants de province ont droit à une distinction toute particulière, et malheureusement je ne vois pas que nulle part il s'élève ce monument en l'honneur de l'industrie nationale.

Ce n'est pas mon chétif journal qui peut l'entreprendre.

J'ai cependant remarqué des choses à consigner, non pas seulement de ces grands ouvrages venant des grands manufacturiers, mais l'ouvrage heureusement exécuté par un fabricant habile. Il sera de quelque intérêt pour les *Abeilles* de s'y arrêter.

A Lyon, ce sont les *balances* de précision de **Béranger**, joli meuble de ménage qu'une maîtresse de maison peut laisser en évidence dans un office, et dont nous aurons à nous occuper.

A Bordeaux, de très-beaux *cartonnages* de la maison d'exportation **Cerf** et **Naxara**, boîtes de toutes formes, élégantes et soignées.

A Lyon, à Bordeaux, des *meubles* dont je ne dis rien aujourd'hui parce que l'ébénisterie est une des principales études à faire de l'Exposition française, et demande une étude toute particulière.

Quand une nation a exposé des ouvrages importants comme le buffet de **Fourdinois** et la bib'iothèque de **Barbédienne**, les meubles de goût artistique de **Tahan**, les fantaisies Pompadour de **Prétot**, une ébénisterie savante comme le charmant et magnifique travail de l'**Association des ouvriers ébénistes**, les innovations habiles et curieuses de **Krieger**, des caprices dans la physionomie desquels on retrouve l'inspiration du peintre, tels que le *Flammant dans les roseaux*, incrustations en teintes plates de **Cremer**, tout cela veut un chapitre spécial et demande des pages.

Aujourd'hui j'étais sous l'empire de l'ensemble, je ne voyais pas le détail.

Un des grands succès de l'Exposition française, après **Lemonnier,** dont les diamants montés avec un goût exquis sont un triomphe pour notre joaillerie, après **Lemonnier**, aucun exposant ne reçoit autant de visiteurs que **Constantin**.

Il faut dire que sa serre artificielle est quelque chose de prodigieux ; il s'est surpassé lui-même, il a littéralement imité la nature. Au fond de la petite serre, sur laquelle tombent des colonnes de volubilis, on voit des plantes vulgaires ; un soleil grand comme nature ; sa fleur principale est dans toute sa fraîcheur, celle de dessous est flétrie, les graines en sont déjà détachées ; les feuilles qui entourent la tige sont de place en place déchirées par le vent ; c'est plus vrai que la plus fidèle peinture ; c'est vrai comme la nature. Au pied d'un arbuste a poussé une solannée des chemins, sa longue feuille dentelée retombe sur le sol, et la fleur, devenue graine, n'offre plus que des houppettes dont l'une entre autre, en s'effeuillant, a laissé quelques brins aux parois de la vitre Une amarante au feuillage purpurin est sur le devant du parterre ; l'une de ses longues queues commençant à former graine, a pris cette teinte jaunâtre de la fleur qui vieillit. Au milieu, un rosier dont le nom d'espèce échappe à ma science très-bornée d'horticulteur, ainsi que des fleurs de serre admirables, que j'ai parfaitement reconnues, mais dont j'oublie les noms. Un lis rose avec quelques fleurs d'une fraîcheur délicieuse, d'autres un peu altérées ; une autre enfin totalement fanée.

C'est l'ensemble de cela qu'il faut voir, c'est cette nature irrégulière, jeune et flétrie comme tout ce qui a vie ; ce n'est plus l'œuvre industrielle, c'est l'œuvre savante. Aussi cette serre, d'une assez grande dimension, est-elle placée dans la galerie des ouvrages d'art, et l'exposition marchande de Constantin se trouve-t-elle dans les galeries du haut avec ses confrères. — Mais là rien de saillant ; pour trouver quelque chose qui puisse être cité après ce que je viens de dire, il faudra parler des fleurs en cire de l'Angleterre, — spécialité toute différente.

J'ai dit tout à l'heure que l'on avait divisé les fleurs en deux parties ; il en a été de même des éventails. **Duvelleroy**, qui expose ses éventails de commerce à 1 franc, et je crois même à 2 sous, commerce qui fournit des éventails à l'Inde, à la Chine et à l'Espagne, ne vous en déplaise, Duvelleroy a une vitrine réservée pour des ouvrages artistiques : montures travaillées avec la plus grande perfection, feuilles modernes peintes par nos maîtres de genre. Un public connaisseur s'arrête constamment devant une charmante peinture de *Camille Roqueplan*, et les curieux donnent une longue attention à un très-bel éventail de nacre sculpté comme œuvre d'art, sans dorure, et dont la feuille représente toute la famille royale d'Angleterre, peinte avec finesse.

Ici, ce n'est plus de la fantaisie capricieuse que Duvelleroy a cherché à faire ; c'est de l'art appliqué à l'industrie ; lui qui, le premier, a compris tout ce qu'un homme de goût, artiste comme lui, pouvait apporter de perfectionnement à une industrie qui repose sur l'élégance.

Je voudrais dire tout ce qui fait sensation dans ce vaste champ clos, mais ma feuille est remplie. — Je ne dis rien des bronzes ni de l'orfévrerie, phalange puissante, malgré ce que les journaux ont établi de la supériorité anglaise.

Dans l'orfévrerie, nous comprendrons les procédés *Elckington*, portés au plus haut degré de perfection : légèreté, finesse délicate.

L'*argenture* est devenue la rivale de l'argent, et bientôt elle sera tout-à-fait son égale.

M. *Christofle* a une magnifique exposition dont je ne puis dire rien de plus vrai et de plus précis, que, placée à côté d'Odiot, de Durand, etc., on regarde et on admire l'argenture sans se douter qu'on ait sous les yeux autre chose que de l'argent pur habilement ciselé.

Bien des innovations réclament notre attention spéciale. L'application du cristal à divers objets employés dans l'ameublement est une de celles dont nous aurons souvent à nous occuper ; M. *A. Corderant* s'est fait une étude de cette spécialité. Partout où il lui est possible de remplacer le métal par le verre, il lui donne une telle solidité, que le verre a plus de durée que le métal, ne s'altérant jamais, et ne subissant par conséquent aucune de ces dégradations qui choquent l'œil. Si je parle de ses plaques et de ses boutons de porte, ne croyez pas les connaître ; c'est qu'il en a fait des nouveautés, charmantes par leur forme et les cristaux mats qu'il emploie. Partout où le métal régnait exclusivement, il y substitue le cristal ; des entrées de clefs, des croissants de cheminées, des porte-chapeaux ; ces objets, presque toujours vulgaires, deviennent chez lui des fantaisies de goût. Je m'étendrai plus longuement, dans ma prochaine revue, sur les avantages que l'on trouve à cette innovation perfectionnée dans ce qui sert à l'*ameublement des bâtiments*, détail qui se sépare de l'appartement, et qui cependant en fait partie.

Parmi les noms que les *Abeilles* répètent souvent, je retrouve *Cazal*, avec ses jolies ombrelles et ses petits parapluies coquets dont il faudrait s'occuper sérieusement, si nous parlions industrie. Mais je n'ai pas cette prétention hors de propos, et je raconterai seulement comment son petit nègre réjouit la foule, en tenant à la main une ombrelle à système, qui s'ouvre et se ferme sans effort, se renverse et se replie sur elle-même sous la pression la plus délicate. *Cazal*, dont le nom a pris aujourd'hui une place de premier ordre dans le monde élégant, a un grand mérite en dehors de celui-là, c'est d'occuper la première place, dans sa spécialité, à toutes les Expositions qui constatent les progrès de l'industrie.

Le **Cosmacéti** a une exposition simple qui n'aurait rien de remarquable, si je n'avais entendu dire par les bruits d'exposition qu'il a été distingué et apprécié du jury. — Je l'ai cru d'autant mieux, que le **cosmacéti** est, de tous les vinaigres, celui qui renferme le plus de qualités agréables, et est le plus complétement exempt d'inconvénients nuisibles à la santé.

————

Exposition de l'Industrie parisienne.

COMPTOIR DES INVENTEURS.

Il ne faut pas remettre à donner un bon avis ; c'est pourquoi, malgré le peu d'espace que j'ai aujourd'hui, je veux au moins consacrer une colonne à vous parler d'un établissement qui me semble créé par une pensée semblable à celle qui a inspiré les *Abeilles* :

C'est le **Comptoir des inventeurs**, rue de la Banque, 17.

Cet établissement, fondé et dirigé par un homme intelligent, est un véritable bienfait pour les étrangers, qu'il dispense de courir tout Paris pour une recherche plus ou moins utile ; pour les Parisiens, ignorants presque toujours des mille innovations qui naissent chaque jour à l'extrémité de la ville opposée à celle qu'ils habitent.

Le Comptoir des inventeurs est l'intermédiaire entre le marchand et l'acheteur. —

C'est un bazar privé, avec tous les avantages d'un choix immense, du calme de la maison, et d'une prévenance toute particulière. C'est en même temps l'*administration* et le *magasin*; c'est la réunion de tout ce qui fait les richesses d'une maîtresse de maison et les innovations inconnues.

Nous y reviendrons donc bien souvent, ne fût-ce qu'un moment chaque mois, pour mentionner ce qui peut s'y rencontrer de nouveau.

Nous y trouvons ce qui est spécial au service de table, les nouvelles cafetières à procédé, et des ustensiles de ménage dont on ne suppose souvent pas l'existence, facilité de service dont on est ravi.

Les chasseurs y trouvent des fantaisies utiles, et les voyageurs un bagage portatif.

Le Comptoir des inventeurs est un ami qui prend la peine d'aller chercher ce dont vous pouvez avoir besoin, et à qui je vous conseille d'aller le demander.

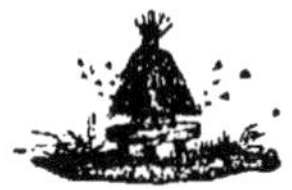

CONCERTS.

Ceci est pour mémoire : — la place me manque totalement. Un mot seulement pour rappeler les succès croissants des deux jeunes frères Lyonet, dont la réputation a pris un grand essor depuis quelques mois. Ces deux voix, ces deux talents, presque à l'unisson, sortent de la ligne banale, et on les recherche avec le plus réel intérêt. Une soirée de musique compte pour un succès à ces jeunes artistes, dont les voix adoptent également les chants graves et patriotiques, et les chansons légères.

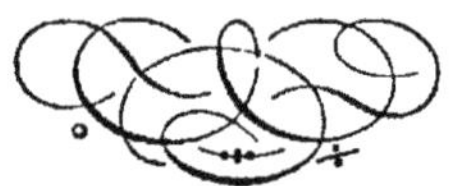

BOURDONNEMENTS.

Paris va perdre un de ses plus beaux spectacles. Ce serait un vrai malheur s'il ne lui était promis d'en voir un autre lui succéder. Le Panorama de la Bataille d'Eylau, va être fermé prochainement ; mais des bruits consolants laissent espérer que le voyage du colonel Langlois dans l'Orient sera le sujet d'une magnifique page destinée à remplacer ce drame historique et palpitant pris à cette grande guerre dont il est le narrateur d'une façon si pratique et si pittoresque. Hâtez-vous de voir Eylau si vous êtes en retard ; en attendant nouvel avis.

— Les ballons ne sont pas un plaisir ni une mode : c'est une passion qui a envahi tous les esprits parisiens. L'*Hippodrome* est trop petit pour les milliers de visiteurs ; le Champ-de-Mars est encombré. Les plaisirs en plein air et au grand jour sont devenus une nécessité pour ce qui reste à Paris de gens sédentaires condamnés à la capitale à perpétuité.

— Le soir, foule à Franconi ; les femmes même trouvent un plaisir extrême à voir ces exercices périlleux, et les enfants témoignent de l'intérêt qu'ils y prennent par les bravos et les trépignements les plus énergiques. Chaque dimanche on refuse à la porte autant de spectateurs que l'on en reçoit.

Pour les enfants qui vont avoir de longues vacances, et par conséquent plusieurs soirées à passer, je vous rappelle le théâtre de la jeunesse, *Comte*, l'ancien ami de notre enfance à tous. La scène du passage Choiseul réunit tout ce que peut souhaiter ce public dont les distractions sont bornées : comédies, féeries, danse, petits drames; son théâtre lui donne tout. Ajoutez-y, mères, pour lesquelles j'écris, qu'ils y entendront de bonnes choses, bien pensées, bien dites, exprimées avec âme. Les enfants subissent ces impressions, eux sans doute, ces jeunes cœurs, puisque nous autres nous trouvons quelquefois une larme dans les yeux, à un couplet naïvement dit par quelques-uns de leurs favoris, Arquet, Poulet, ceux qui regardent comme certain mérite d'émouvoir ce public de leur choix, et qui mettent quelque gloire à y être applaudis.

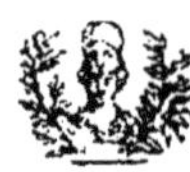

MÉMENTO.

Il ne faut pas cependant que Londres nous fasse tout à fait oublier Paris. Voici quelque temps que nous n'avons parlé *maison*, et j'ai à vous rappeler **Osselin,** dont nous avons dit l'utile innovation. C'est à la campagne, surtout, que cette recherche simple est adoptée ; rien n'est joli à la campagne comme une tenture uniforme. Le plus beau papier, en désaccord avec les draperies, fussent-elles magnifiques, ne vaudra jamais un papier pareil à la tenture, fussent-ils tous deux simples et ordinaires. Cet enseignement, mis en pratique chez M. *Osselin*, lui amène dans son magasin de la rue de la Monnaie une clientèle nombreuse, et je ne puis assez vous engager à le visiter, quelle que soit l'importance de vos acquisitions.

Vous avez bien des nouveautés au magasin de cheminées du boulevart des Italiens, 19, désigné récemment sous le nom de *Léon Bidau*, aujourd'hui Mme **Audran.** Il y a des formes de cheminées tout à fait nouvelles, et des calorifères qui doivent ravir des maîtresses de maison, toujours un peu gênées l'hiver pour le service de la salle à manger. Mme Audran continue d'adapter à ses cheminées les systèmes Descroizilles ; mais elle a apporté aux formes extérieures que nous connaissons déjà, des variétés charmantes, qui réclament une visite toute particulière. Le poêle-buffet, le petit calorifère portatif et le chauffe-assiette sont de véritables connaissances à faire, et je me propose de vous en parler prochainement sur un ton plus savant que celui que je puis me permettre moi-même.

Chatel avait ces jours derniers une garniture de cheminée d'un goût parfait et distingué : deux grands vases de forme d'urne égyptienne, en porcelaine, vert malaquite, à dessins hiéroglyphes et or mat, sont destinés à recevoir alternativement les lampes modérateur, ou des masses de fleurs d'or. Cette simplicité élégante et sobre de détails ressort de tout ce qui se fait aujourd'hui. Les flambeaux, de même genre, se composent d'un personnage de style égyptien, tenant sur sa tête un vase élégant, duquel s'élèvent quatre bougies. Les deux petits vases qui accompagnent le devant de la cheminée, et font ordinairement partie de cet ensemble, sont en petit la répétition des grands. Vous ne devez pas oublier que les lampes modérateur de **Chatel**, place d'Angoulême, sont les meilleures que je puisse vous enseigner, très-préférables, selon moi, aux Carcel, dont elles ont tout les avantages et aucun des inconvénients.

N'oubliez pas l'adresse de ma jeune couturière, Mme **Dubois**, rue Rochechouart, 9 ; elle a terminé ces jours derniers, pour un mariage, des ouvrages que je regrette de n'avoir pu vous signaler, mais qui établissent ses rapports de bonne clientèle, et qui vous garantissent du goût et du savoir. — Il y avait entre autres des peignoirs de chambre tout à fait recherchés.

Voici la saison des fruits ; hâtez-vous de faire connaissance — si elle n'est déjà faite — avec les délicieuses tartes aux fruits de **Mercier-Limet**. Ses flans anglais aux abricots sont des chefs-d'œuvre de gourmandise, et je vous ai déjà recommandé, sans doute, ses tartes de fraises et framboises mêlées. Pour accompagner les fruits au dessert, essayez ses galettes de plomb si appréciées avec le thé ; vous trouverez bon l'avis que je vous donne. C'est à présent que les macédoines de fruits glacés au kirsch sont demandées à *Mercier-Limet* pour entremets, et que je vous les rappelle comme recherche dans un diner soigné.

A cette époque du temps variable, il est difficile de se procurer du lait qui se conserve quelques heures. A la **laiterie flamande**, rue Lamartine, 40, vous êtes assurés d'avoir cinq fois par jour du lait nouvellement trait, pur et de bonne qualité, en raison des soins tous spéciaux que reçoivent les vaches dans cet établissement modèle. La laiterie de M. de **Verdière**, est au milieu de Paris, une ferme, où les malades et les enfants doivent se donner rendez-vous.

LES ABEILLES PARISIENNES

Paraissent le 25 de chaque mois.

PRIX pour un an :

	fr.	c.
PARIS	6	»
DÉPARTEMENTS	10	»
ÉTRANGER	15	»
UNE LIVRAISON	»	50

Les Abonnements ne peuvent être de moins d'un an, et datent du 25 novembre ou du 25 mai.

AVIS.

Les Abonnés de Province ou de Paris qui ne recevraient pas exactement leur abonnement sont instamment priés d'en donner avis à la rédaction, rue de Milan, 12.

Pour les Abonnements :

PARIS,

Magasin de Léon Bidau et Cie, *boulevart des Italiens, 19;*
Maison du Cosmacéti, *rue Vivienne, 55.*

DÉPARTEMENTS,

Adresser un bon sur la Poste à Mme **C. AUBERT, à la rédaction,** *rue de Milan, 12.*

(Affr.)

PARIS. — IMPRIMERIE CENTRALE DE NAPOLÉON CHAIX et Ce, RUE BERGÈRE, 2

2ᵉ Année.   25 Octobre 1851.   N° 10.

LES ABEILLES

PARISIENNES

ILLUSTRATION DE L'INDUSTRIE COMFORTABLE

PAR

Mᵐᵉ Constance Aubert.

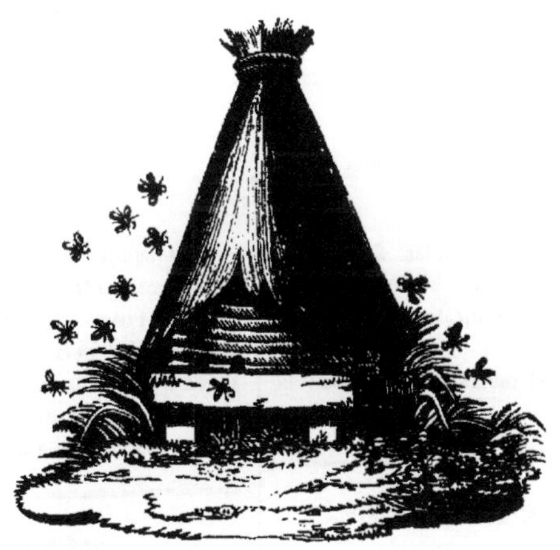

PARIS,

Magasin de Cheminées, *boulevart des Italiens, 19;*
Maison du Cosmacetl, *rue Vivienne, 55.*

LONDRES,

Melnotte, *Old-Bond street, 23.*

MAISONS SPÉCIALEMENT RECOMMANDÉES.

Alexandrine	*Modes*	rue d'Antin, 14.
Aumoitte	*Graveur*	passage des Panoramas, 47.
Maison L. Bidau	*Calorifères*	boulevart des Italiens, 19.
Biétry	*Cachemires français*	rue Richelieu, 102.
Blum frères	*Vêtements pour hommes et enfants.*	rue Montmartre, 139, Villes de Suisse.
Bona	*Dessinateur*	place de la Madeleine, 10.
Chatel	*Lampes modérateur,*	place d'Angoulême.
Clémençon (Madame)	*Corsets*	rue du Port-Mahon 8
Cazal	*Cannes et ombrelles*	boulevart des Italiens, 27.
Cosmacéti	*Vinaigre de toilette.*	rue Vivienne, 55.
Constantin	*Fleurs artificielles*	rue d'Antin, 7.
Demy-Doineau	*Étoffes pour meubles*	rue Vivienne, 55.
Duvelleroy	*Éventails*	passage des Panoramas, 17.
Eau Napoléon	*Eau de toilette*	place Vendôme, 23.
Froment-Meurice,	*Joaillier.*	rue du faubourg Saint-Honoré, 52.
Fessart	*Étoffes de soie.*	rue Vivienne, 11, aux deux l'ages.
Groult	*Pâtes*	passage des Panoramas, 3.
Guerlain	*Parfumeur*	rue de la Paix, 15.
A. Giroux	*Papeterie*	rue du Coq Saint-Honoré.
Kiesel	*Tapissier*	boulevart du Temple, 33.
Lachaume	*Fleurs naturelles*	rue de la Chaussée-d'Antin, 46.
Lenègre	*Relieur*	rue Saint-Germain-des-Prés, 11.
Masson	*Chocolat.*	rue Richelieu, 28.
Mercier-Limet	*Boulanger-Pâtissier*	rue Taitbout, 44.
Montel Galy (Madame)	*Modes.*	boulevart des Capucines, 5.
Noel (Mesdames)	*Modes*	rue Favart, 8.
Osselin	*Papiers peints*	rue de la Monnaie, 2.
Rudolphi	*Bijoutier*	rue Tronchet.
Sajou	*Ouvrages et dessins*	rue Rambuteau, 52.
Savary et Mosbach	*Diamants faux*	rue Vaucanson, 4.
Tahan	*Coffrets et meubles*	rue de la Paix, 32.
Thomas	*Argenture.*	boulevart des Italiens, 10.
Trois-Quartiers	*Nouveautés*	boulevart de la Madeleine.
Verdière (de)	*Laiterie modèle*	rue Lamartine, 4.

HOTEL DU HELDER,

Rue du Helder, 9.

Appartements et chambres meublés. Service actif et intelligent. Proximité du boulevart, de la Bourse, de l'Assemblée, des théâtres ; très bonne table.

On trouve dans l'hôtel même un restaurant et des voitures de remise.

LAMPES ET BRONZES.

CHATEL,

Place d'Angoulême-

Lampes modérateurs, d'un système simple et durable. Modèles d'une grande richesse. Modèles très simples. Genres très nouveaux. Vases et candélabres en porcelaine et en bronze. Ouvrages d'art.

MERCIER-LIMET,

Rue Taitbout, 44.

Boulangerie fine, petits pains de toutes sortes, et tout ce qui tient le milieu entre le pain et le gâteau à l'usage des déjeuners et du thé du soir. Muffings. Pâtisserie de table. Galette de ménage. Petits Fours pour dessert. — *Spécialités :* Messinois, tartes aux fruits à l'anglaise, pour entremets. Gelées, macédoines glacées, mousses meringuées.

BLUM FRÈRES.

AUX VILLES DE SUISSE.

Rue Montmartre, 139.

Vêtements d'homme très élégants et très solides. Habillements complets de 25 à 150 fr. Costumes d'enfant : Blouses, Vestes, Tuniques et Cabans.

AVIS.

**Adresser les Réclamations ou les Mandats d'Abonnement
à Madame C. AYBERT, rue de Milan, 12.**

TOILETTES D'OCTOBRE.

—

La mode n'est à peu près encore qu'en projet et en conjectures. Personne ne saurait avancer à la fin d'octobre quelle sera la mode de l'hiver, mais il est à cette époque transitoire quelques innovations qui suffisent aux jours incertains de l'automne.

Les capotes de satin avec des ornements de velours, un manteau de velours sur une robe de taffetas, indiquent assez que nous touchons à l'été qui finit et à l'hiver qui approche.

Du reste rien n'est favorable à cet intérim comme la mode des casaques pareilles aux robes.

Les jours où le froid devient un peu plus vif, le châle de cachemire vient remplir son rôle d'utilité ; tant que le soleil conserve sa chaleur, la casaque ou le mantelet pareils à la robe suffisent.

On commence à voir de très petits mantelets en drap léger ; je ne saurais trop désigner cette forme autrement qu'en disant : un mantelet long derrière, à petits pans devant. Quelquefois il est en drap marron clair et bordé de velours noir.

Mais en vérité c'est trop tôt se prononcer ; quoique ceci me paraisse fort joli , mon appréciation est trop insuffisante pour appuyer une forme plutôt qu'une autre.

Ce qui semble affermi dans la faveur générale, ce sont les corsages ouverts, détachés de la jupe : corsages à basques qui laissent voir un gilet ou une lingerie recherchée.

Les *Abeilles* ont été des premières à signaler ces corsages créés par Mme *Dreuë-Bué*, et ces petits gilets si coquets et si pleins de *fantaisie.* Elles ont surpris l'hiver dernier les corsages et les gilets brodés d'or et de soie ; bientôt elles

vous diront quelle est l'innovation qui s'élabore dans les ateliers de la rue de Choiseul.

Toutes les robes sont et seront garnies.—Le simple ne parait pas devoir reprendre faveur.

La lingerie est d'une richesse réelle. Il faut avoir un grand nombre de fichus et de manches, et forcément avoir des broderies et des dentelles. Les canezous, qui exigent une grande recherche de détails, sont devenus partie de toute garde-robe.

J'ai, à propos de lingerie, un avis important à vous donner. Mme *Bernard-Dorigny*, à laquelle nous demandons souvent ses jolies créations, vient de quitter la rue Richelieu pour la rue St-Roch, 45.

Mme Bernard est sans contredit une des personnes qui aient compris avec le plus d'intelligence à demander à la lingerie ancienne, et tout ce que la lingerie nouvelle avait de secrets nulle n'a plus qu'elle l'art de confondre une vieille dentelle à une broderie en rapport.

J'ai vu récemment chez elle des mouchoirs de poche brodés en fil, avec des jours dans la batiste, comme la guipure. — C'est une curiosité antique des plus charmantes.

Du reste, elle a une célébrité pour le choix artistique des mouchoirs de poche, ce luxe universel aujourd'hui.

Mme *Bernard-Dorigny* est connue de toutes les femmes de goût qui veulent porter de jolies fantaisies inédites, et qui craignent en même temps ce qui est étrange. Je vous parle de la distinction, de la recherche minutieuse du beau, ce qui attire en un mot la femme comme il faut et la fait remarquer, non pas du vulgaire, mais des gens distingués comme elle.

Aujourd'hui voilà tout le secret de l'élégance ; il y a dans la toilette une physionomie à saisir. ce n'est ni le luxe ni l'étrangeté : c'est le goût.

Tout le monde se met bien, et on ne demande compte à aucune position sociale de ce qui convient et ce qui plaît. Mais toutes les femmes ne savent pas ce qui leur convient à elles-mêmes. Bien des femmes riches croient être arrivées au but en achetant fort cher ; et combien alors manquent tout l'effet qu'elles cherchaient. Rien n'est trompeur comme la lingerie adoptée en ce moment. Parcequ'une paire de manches vaut 60 francs, elle ne convient pas toujours à une toilette habillée, tandis que celle-ci de 25 fr. tiendra tout à fait à la parure.

Les manches, pagodes fermées, seront portées le jour par les femmes qui ne sont ni très élégantes, ni très jeunes. C'est un peu plus habillé que les bouillons, et c'est beaucoup moins coquet que les pagodes ouvertes.

Je ne crois pas que l'on voie cet hiver, à pied, une manche pagode portée par une femme comme il faut.

Les bouillons brodés en plain peuvent être très jolis, et ils se prêtent à toutes sortes de fantaisies ; on raie en biais la manche, soit avec des petits plis et des broderies, soit avec des broderies et des jours, soit encore avec des entre-deux de dentelle ; un semé de fleurs ou un plain compact en broderie anglaise, comme serait une étoffe brodée à la pièce, et un négligé habillé.

La forme nouvelle, juste milieu entre toutes les formes ouvertes et fermées, est le bracelet un peu lâche, garni d'une manchette qui retombe sur la main ; on aperçoit l'avant-bras, mais il ne se montre pas.

Les robes carrées sont encore portées en toute toilette par les femmes jeunes ; elles ne le sont qu'en toilette habillée par celles qui ne le sont plus.

Le corsage carré, ou simplement ouvert, motive sur le devant des traverses de ruban avec de petits nœuds qui habillent bien et donnent un certain caractère à une toilette.

Mais ceci n'est pas nouveauté, — pour les **robes,** je ne voudrais pas aujourd'hui donner **un enseignement** hasardé.

De même pour les chapeaux. Ce qui est nouveau n'est que passager ; c'est le chapeau d'automne, moitié satin et moitié velours. — Un des plus jolis que j'aie vus, fort simple cependant, mais distingué, est en satin à calotte tendue, à coulisses dans le milieu de la passe, et accidenté sur le bord, par devant, par des velours épinglés, à travers lesquels paraît le satin brillant ; de chaque côté, et sous la passe, des fleurs de satin mêlées à des ornements de velours ; en maïs et en blanc, c'est un charmant chapeau habillé pourle jour.

Celui que j'ai vu, en satin maïs, faisait partie d'une corbeille de mariage, dont Mmes Noël, rue Favart, 8, avaient fait les coiffures.

Il y avait aussi une capote de velours noir à plumes, avec des fleurs bleues de France dessous, et des petits bonnets du soir d'une grâce délicieuse.

On dit que l'on fera les calottes de chapeau tendues, quelques maisons même annoncent les faire plates.

J'espère que les bords clairs de dentelle ont fini leur temps.

ÉTOFFES DE ROBES.

Je ne connais pas de meilleur enseignement, à propos des étoffes de robes, qu'une causerie sur un bon magasin.

Tout exprès à votre intention, je suis allée, il y a peu de jours, visiter les Trois-Quartiers, qui ont, vous le savez, ma prédilection, et la vôtre, j'en suis sûre.

Commençons par les étoffes simples, celles du négligé de matin.

La flanelle renouvelée comme dessins, avec des raies mouchetées que l'on nomme *damas,* et une flanelle moirée assez originale. Pour robes de chambre, les premières doivent être d'un grand et bon effet.

Pour les robes de ville, ce sont d'abord les *draps.* Je parlerai tout à l'heure des draps de fantaisie ; mais nous devons nous arrêter avec attention aux draps proprement dits, légers et fins, dont j'ai trouvé là un choix remarquable. L'amazone, exacte, avec son corsage en gilet, a plus de cachet lorsqu'elle est faite, comme l'amazone de cheval, en vrai drap, et je vous engage beaucoup à voir ceux-ci. Depuis un magnifique drap noir à 19 fr. le mètre, jusqu'au drap mélangé gris, noisette, café, de 7 à 8 fr., nous trouverons de fort jolies nuances, marron, bronze doré de 11 à 12 fr., très à la mode.

La robe de drap est la seule qui soit celle de tout le monde.

Elle est riche par elle-même : c'est le négligé de la femme élégante qui sait tirer parti d'une recherche un peu grossière.

C'est la robe de la femme raisonnable, qui peut la mettre en toute occasion, et qui la portera quatre ans peut-être sans s'en lasser.

Les nuances grise ou noisette, très bon marché, 7 ou 8 fr., ne sont pas destinées à cette dernière catégorie ; elles ont, au contraire, une certaine originalité qui sera remarquée. Mais ce sont des robes de 32 fr. !

Descendons aux draps de fantaisie : Chambord, Montpensier, deux étoffes connues, mais qui ne vieillissent pas. Le drap Montpensier, croisé serré, est le plus solide ; il a du soutien et habille bien. Les nuances vert foncé, vanille, palissandre, sont les préférées.

Le drap Chambord a du rapport avec le reps de laine : c'est un travail qui fait la mille raie. Ce sont des robes de 50 fr. environ.

Viennent ensuite les *popelines de laine* dont le nom fait la description, à l'œil c'est tout le travail de la popeline. Seulement c'est une laine douce et moelleuse, quelques-unes ont des carreaux noirs tracés sur fond de demi-teinte.

La *pluie de laine* est une jolie étoffe qui ressemble à l'armure épaisse, et souple.

Le *velours grec* est, en laine, ce qu'était en soie il y a quelque quinze ans le velours d'Afrique.

Les *satins de laine* unis ou à bordures, le cachemire broché sont de jolies étoffes qui se partagent les demi-toilettes, avec le valancias satiné. Ceci est une nouveauté fort apparente.

Il y a cette année une grande recherche et beaucoup de variété en robes de laines.

La soierie est magnifique de travail, et vise à de grands effets.

Les pompadours, style correct, ont toujours une place de premier ordre, et je vous signale la copie d'une étoffe du temps qui porte avec elle son caractère de grande parure.

Différents genres, très distincts, conviennent aux toilettes du jour ou du soir, alternativement, par le choix des nuances ; il importe peu qu'une étoffe soit d'un très grand prix et fort riche ; si elle est un peu sombre, elle convient à la journée, tandis que pour le soir un taffetas de couleur tendre est porté dans la plus grande parure.

Ce que je vous dirai avec détail ce sont les étoffes nouvelles à larges fleurs d'un effet de velours épinglé sur fond brocatelle ou reps. Ceci est tout ce que vous pouvez imaginer de plus pompeux et de plus coquet, et la robe ne coûte pas plus de 180 fr.

J'ai vu aux Trois-Quartiers de ces merveilles que je vous décris à regret, parceque je ne saurais vous les rendre et qu'elles valent la peine d'être comprises ; ce sont des étoffes qui seront portées généralement, et c'est toute une révolution dans le costume qui n'a plus rien de simple.

Du gros de Tours à double fond, à ramages, couvert par un autre ramage brillant.

D'autres, fond glacé et damassé, couverts de fleurs vives et saillantes.

Le lampas grec, à fleurs aquatiques. Le plus joli, à mon goût, est vert anglais et noir.

Un écossais très nouveau et distingué forme un grand carreau tracé par une ligne-satinée de plusieurs couleurs, sur fond de reps blanc ou noir.

En généralités plus connues, mais dont je vous parle comme renseignements précis, il y a des popelines d'un prix que vous croirez à peine ; popelines charmantes, à carreaux ravissants : 3 fr. 90 c. N'est-ce pas surprenant ?

Un peu plus cher, mais bon marché encore, celles de 4 fr. 90 c., à petits quadrilles de couleurs tendres. Charmantes robes du soir pour une jeune personne.

Maintenant retenez bien ceci. Il y a une étoffe magnifique d'aspect, forte et solide, qui tient tout à fait du travail de la *brocatelle*, c'est à dire que l'envers est en fil et l'endroit en soie. — Elle est riche et simple, c'est un reps à petits quadrilles en couleur foncée, et son prix est de 2 fr. 95 c. C'est pour rien.

N'oubliez pas, si, pour robes du soir, vous voulez un joli taffetas, de demander un *vert de lumière*, nouvelle nuance, un peu douteuse au jour, mais qui reste verte le soir, ce qui ne se rencontrait guère les années dernières.

J'ai à vous parler, puisque nous sommes aux Trois-Quartiers, de quelques très jolis modèles de manteaux ou par-dessus. Ne disons rien encore du velours et des fourrures.

Je veux vous recommander spécialement une forme commode et gracieuse, presque toujours en drap, formant un peu le Talma, arrondi derrière et à pointes devant, avec cette différence qu'une couture sur le bras forme la coupe de la manche, et qu'étant un peu échancré à cette place, on peut le relever sans avoir une masse de plis au dessus du poignet. Un capuchon très grand accompagne les épaules. En drap couleur tabac, bordé de velours noir, c'est le vêtement de fatigue, distingué, on le nomme Chambord.

Toujours les Talma, et une espèce de châle qui enveloppe avec grâce.

Des arabesques en velours, des velours plats, avec de très larges galons façonnés, sont les ornements que j'ai remarqués.

Une forme assez étrange, très simple, dont je ne saurais vous dire le nom, mais que vous reconnaîtrez à l'esquisse que je vais vous en faire, est un paletot de marin, en drap marron, à manches, avec un petit collet et des poches sur le côté ; pour tout ornement, un large galon de même couleur et des boutons en agate larges comme une pièce de deux francs, qui le ferment droit sur la poitrine.

Ceci est d'une simplicité qui trouvera certes beaucoup d'appréciateurs. Il y a un peu de la lionne dans ce vêtement bizarre par sa naïveté.

Quelque chose de charmant encore est le Chambord, dont je parlais plus haut, en drap bège, bordé d'un galon à peu près de même nuance. C'est un délicieux petit manteau de jeune personne ou de femme simple, et il ne coûte que 50 fr.

Croyez-vous que j'aie tout dit ? non sans doute ; mais nous ajournerons pour le reste au mois prochain.

UNE MESSE

DE MARIAGE.

—

C'était le soir, à minuit, dans la chapelle d'un pensionnat, où avait été élevée la jeune mariée. On avait paré ce temple privilégié d'une profusion de fleurs et de lumières ; tout était festons et guirlandes ; les jeunes filles rangées alentour priaient ; quelques-unes pleuraient de cette émotion qui accompagne tout acte important de la vie ; il se faisait un silence imposant.

Les époux sont jeunes tous deux, beaux et riches tous deux. Quand la mariée entra avec sa jolie parure il sortit de toutes les bouches comme un cri réprimé.

Je n'ai jamais vu plus de dignité sur un jeune visage, tant de noblesse dans le maintien d'une femme de seize ans.

Sa toilette sera un enseignement que je vous demande de lire avec attention.

Elle avait une robe en pou-de-soie extrêmement longue ; le corsage carré, bordé d'une guipure plate, à manches pagodes demi-longues, laissait voir une guimpe carrée en crêpe lisse qui ne montait presque pas plus haut que la robe ; les manches découvraient l'avant-bras seulement.

La coiffure était resplendissante.

C'était une guirlande de lis d'argent mêlés à des feuillages verts ; la fleur gracieuse du lis, éclairée par toute cette lumière, se détachait brillante d'une chevelure noire comme l'ébène.

On eût dit une couronne d'étoiles.

Rien ne peut donner l'idée de l'effet que produisit cette parure à la fois simple et magnifique ; il y avait je ne sais quoi de virginal dans ces lis d'argent.

Je regrette de ne pouvoir vous dépeindre plus exactement la forme de cette guirlande, une des plus artistiques et des plus gracieuses que j'aie jamais vues.

Elle venait de chez Mme *Noël*.

J'ai retrouvé en effet dans cette coiffure ce qui caractérise les parures de cette maison : la distinction et le bon goût. C'est, avec la liberté de l'improvisation, une grande richesse d'exécution. Il y a un certain laisser-aller qui révèle la fantaisie et l'oubli des sentiers battus.

Je crois vous avoir dit que Mmes *Noël* savent par une expérience toute personnelle ce qui convient aux femmes du monde ; et c'est beaucoup pour en comprendre les finesses élégantes. Cette guirlande de lis ressemble à ces pittoresques essais que les peintres arrangent avec art sur le front d'un modèle privilégié. Chaque fleur a une raison d'être ; c'est complet.

La jeune mariée fera certainement une grande sensation au premier bal où elle la portera. C'est une de ces parures qui feraient au besoin une réputation de femme à la mode.

GUERLAIN.

—

Vous savez qu'à cette époque difficile nous nous occupons avec quelque détail des soins du visage et de la chevelure, toujours altérés par le changement de la saison.

Vous savez aussi que c'est à *Guerlain* que nous demandons avec confiance les secrets réparateurs ou conservateurs, et que nous mettons en ses mains le soin de la jeune beauté qui veut rester belle, et celle du second âge qui voudrait disputer aux années les charmes qui la quittent.

Autrefois on parlait tout bonnement du blanc et du rouge. — On avouait ou on n'avouait pas en mettre, mais c'était naïvement le blanc et le rouge.

Aujourd'hui il y a bien encore le rouge de la reine et le *rouge de la cour*, mais le petit pot tient au vieux préjugé, et on s'en défend, quoique celui de Guerlain soit d'une grande fraîcheur, et que l'on puisse le nier au besoin. Le rouge que l'on porte impunément, c'est le *damask drops*. Celui-là, d'une fixité à l'épreuve, ne présente aucune espèce d'inconvénient, et il commence à prendre une place fondamentale sur toutes les toilettes, à côté du *diapasme oriental*.

Il fallait en venir à dissimuler ces deux mensonges, et les voilà si bien déguisés que les teints les plus mal partagés paraissent très passables, et reçoivent souvent de sincères compliments.

Le diapasme est un secret que l'on doit entièrement à *Guerlain*. C'est un brillant nacré qu'il répand pour ainsi dire sur le visage, sans qu'il soit possible à l'œil le plus investigateur d'en découvrir la moindre trace.

Guerlain a renouvelé d'Orient la *Pyromée*, cette préparation qui donne au regard une expression profonde, en cerclant l'œil d'une ligne sombre, au milieu de laquelle il s'éclaire d'une lueur pénétrante. Les Arméniennes apprécient comme un grand attrait cette beauté, naturelle à quelques femmes de l'Orient ; et celles qui ne la possèdent pas cherchent à l'acquérir.

Avec tous ces secrets de coquetterie, croyez-vous qu'une femme ne puisse facilement modifier les imperfections de la nature, et qu'elle ne soit parfois très redevable au savant alchimiste qui lui donne une seconde beauté.

Il me reste à vous parler de la *lotion* de Guerlain. Ceci est pour les jeunes visages blancs et roses qui, en dépit de la mode, n'ont besoin d'aucun *fard*, mais qu'il faut soigner par un sage préservatif. La lotion est excellente pour les peaux susceptibles, qui craignent l'action du feu ; pour les enfants dont l'épiderme tendre se gerce aux premiers froids ; et surtout c'est le remède par excellence des visages couperosés, dont elle apaise l'ardeur et détruit les boutons, sans aucune suite fâcheuse.

Dans cette saison, la chevelure s'altère et souffre ; il faut se souvenir de l'*Eau lustrale*, qui, en nettoyant les cheveux, les parfume et les fortifie ; et aussi de la *Graisse d'oie de Russie*, importation nouvelle dont *Guerlain* a fait une préparation parfaite pour ajouter au brillant des cheveux, ce qui ne contrarie pas le traitement par l'eau lustrale.

Je voulais parler aujourd'hui des parfums à la mode et des sachets que j'ai remarqués rue de la Paix ; mais il faut ajourner ce petit travail, moins pressant que l'hygiène de la personne.

L'ÉBÉNISTERIE

A L'EXPOSITION DE LONDRES.

L'ébénisterie française n'occupe pas au palais de cristal une place aussi ambitieusement importante que l'Angleterre et l'Allemagne ; mais elle y tient un rang de premier ordre.

Nos exposants ont laissé disséminer leurs ouvrages ; il faut chercher les œuvres capitales, et l'on passe devant sans s'arrêter quelquefois à y jeter les yeux.

L'ensemble est pour beaucoup dans une exposition de ce genre, et l'ameublement complet que l'Allemagne a envoyé eût perdu la plus grande partie de ses avantages à être vu çà et là dans le palais.

Les meubles anglais sont pour la plupart de mauvais goût. Il est à remarquer, qu'en ameublement comme en toilette les Anglais ne comprennent que le simple ; alors ils sont rationnels et peuvent passer pour maîtres. Mais dès qu'ils cherchent *la façon*, dès qu'ils veulent fleurir l'idée, c'est une confusion, un embarras d'ornements inutiles et de mauvais goût.

Ainsi, nous voyons de charmants casiers de toilette, des armoires basses et des bureaux à glace, qui sont d'une grande élégance parcequ'elle est simple.

Mais si nous abordons les bois dorés et les sculptures, les lits à colonnes, écrasés sous les raperies et les détails d'ornementation, on ne comprend pas que les uns et les autres aient la même origine.

Il n'y a pas une jolie chaise, un joli fauteuil.

J'ai dit de l'Allemagne tout ce que j'avais à en dire, ainsi que des sculptures italiennes, des incrustations et des mosaïques.

Il me reste à parler de la France.

Tous les journaux ont proclamé le succès spontané de *Fourdinois* ; c'est, en effet, d'une beauté indiscutable. Ces magnifiques chiens au repos, ces beaux groupes savamment exécutés, représentant les saisons, tout l'ensemble de ce bel ouvrage, d'une simplicité rigide, mérite la louange et l'admiration générale.

Près de là, *Barbedienne*, qui expose une bibliothèque en ébène, rehaussée de bronzes artistiques, d'un style sévère, sans lourdeur, quoique un peu chargée de détails. Les petites figures, les bas-reliefs en bronze sont disposés sur le meuble à la manière des sculptures dans l'architecture gothique.

Ceci est pour l'ébénisterie grandiose. Viennent ensuite les expositions artistiques ; puis l'ébénisterie de goût ; puis enfin l'ébénisterie usuelle, plus ou moins perfectionnée.

L'exposition artistique, vraiment novatrice, vraiment progressive, est celle de *Tahan*. S'il a des œuvres d'art de grand prix, il a aussi des choses de goût pour tous. Ce qui fait le mérite de ce que Tahan expose, c'est qu'il n'a pas fait tel ou tel objet pour Londres. Il n'a pas rêvé pendant des mois à produire quelque chose qui fît de l'effet ; il a simplement choisi dans les objets vendus chaque jour chez lui ceux qui composeraient un tout complet, et il a pris dans ses magasins quelques jolies tables, des éta-

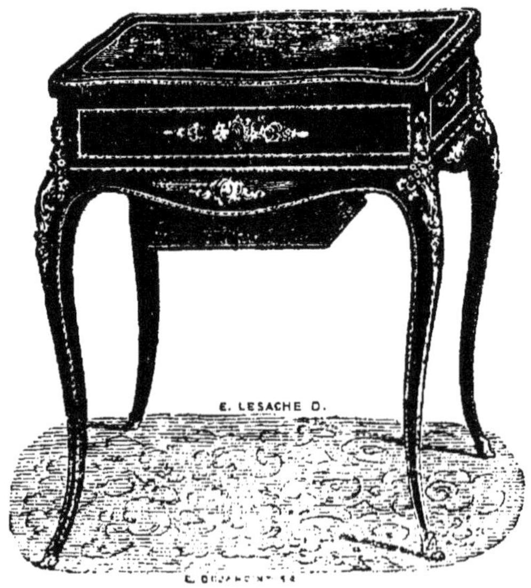

gères, un prie-Dieu, et ces ravissantes fantaisies que nous admirons sans cesse, et sans cesse renouvelées.

Ce prie-Dieu gothique, en chêne sculpté, est une des choses les plus remarquables. C'est d'une grande pureté de composition et d'une grande finesse de travail; les artistes compétents l'ont fort admiré.

Puis les incrustations de porcelaine : à peine étaient-elles créées que les premières paraissaient rue de la Paix.

Les jardinières, les coffrets et les pupitres en poirier sculpté ont obtenu à Londres le succès de faveur qu'ils ont eu ici? Leur sévérité a quelque chose d'impérieux qui force l'attention ; rien n'est délicieux comme les fleurs dans ce bois sombre.

Tout ce qui est boîte d'utilité ou de fantaisie est réuni comme type. Je ne crois pas que la vieille célébrité du nécessaire anglais résiste à la rivalité que *Tahan* a établie. Comme élégance et comme fabrication, c'est la perfection.

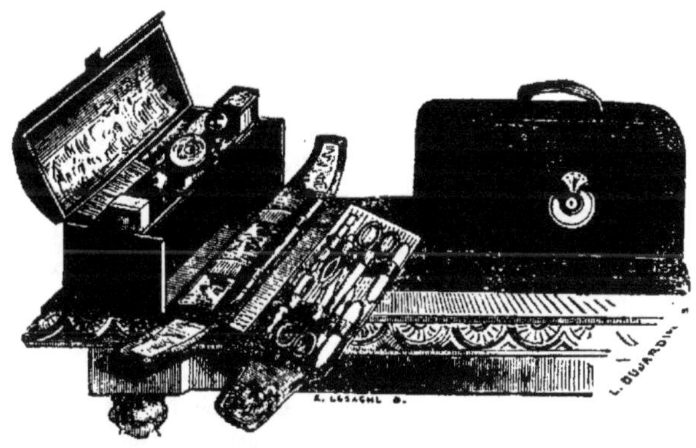

C'était véritablement là que l'on pouvait juger le goût parisien, avec toute sa distinction et tout son savoir recherché. C'est là vraiment le luxe dans l'industrie, l'art confondu à la vie matérielle ; la science du sculpteur, du peintre, guidant l'artisan et se faisant facile pour être acceptée de tous.

Tahan a rendu un éminent service à l'industrie dont il s'occupe. Il en a fait une étude constante, et il lui donne des soins puissants. Le plus petit détail est pour lui l'objet d'une attention sévère, et il se passe peu de semaines sans qu'une amélioration n'ait été faite par lui à quelque objet plus ou moins important.

La grande raison de cette préoccupation incessante, c'est un sentiment intime de ce qui est bien, élégant et distingué. C'est un sens artistique qui ne trompe jamais celui qui cherche. J'en ai dit beaucoup peut-être ; j'en aurais autant à dire encore. Mais je suis à Londres en ce moment, nous nous retrouverons à Paris.

J'ai dit l'ébénisterie de goût. J'entends par là ces jolis meubles bien faits, travaillés avec soin et habileté ; mais qui ne sont que les plus

beaux de leur sorte, sans ouvrir une ligne nouvelle.

Dans ce genre, l'exposition de M. *Pretôt* est certainement une reproduction très perfectionnée. Ses meubles Louis XV en marqueterie de bois de rose sont tout ce que l'on peut faire de mieux, et c'est charmant comme meuble. Ses imitations sont magnifiques. Boule n'est certainement pas plus riche, et il est incontestablement moins bien fini.

J'ai parlé d'un secrétaire de *Cremer* avec une incrustation amplement dessinée, que je recommande aux gens de goût. C'est un Flamand représenté dans un fragment de paysage ; sa grâce est admirable, les couleurs avec lesquelles l'oiseau et les plantes sont nuancées sont belles comme une bonne peinture. Ce meuble est un des plus jolis de l'exposition. Les magasins de M. *Cremer* sont rue de l'Entrepôt, 39.

MM. Daubet et *Desmarest*, de Lyon, ont quelque chose de merveilleux comme travail ; c'est un bureau qui joue avec une facilité prodigieuse. Touchez un des tiroirs, et à volonté tous les tiroirs se trouvent ouverts ou fermés à secret. Du reste, le meuble est joli, simple, mais admirablement travaillé, aussi achevé qu'une petite boîte à ouvrage.

L'ébénisterie usuelle, celle qui a montré les meubles courants, n'a pas eu de très nombreux représentants.

Krieger est celui qui est le plus en évidence. Il a un buffet de dimension capitale, et des meubles à plusieurs fins qui demandent à être cités. Sa toilette-bureau pourra être jugée plus tard sous le rapport du comfortable. Aujourd'hui, en parlant industrie, il faut dire que c'est une des belles pièces exposées. Mais ma prédilection est une table fermée : c'est une table ovale, milieu de salon ; ouverte, on la divise en petites tables de jeu, et séparée par le milieu on en fait deux consoles. Ceci est charmant, c'est utile, c'est une de ces économies de bon goût, bien rare, et qui me semble destinée à un immense succès près de toutes les personnes ayant un petit salon où ces trois meubles distincts ne peuvent trouver place séparément.

J'arrive à l'*Association des ouvriers ébbénistes*. Ses deux bibliothèques en palissandre sculpté sont peut-être les ouvrages les plus onsciencieux et les plus soignés. Comme meubles, il y a du talent de dessin ; comme accessoires, il y a un véritable savoir et de l'inspiration. Tout s'y rencontre : richesse et juste mesure d'ornements. Rien de trop, rien de moins. On regarde l'ensemble avec plaisir, et on étudie le détail avec curiosité. L'association est rue de Charonne, 5. Nous y reviendrons pour paler encore de cette exposition vraiment remarqnable.

EXPOSITION UNIVERSELLE.

Les Ouvrages de Femme.

J'ai été surprise de ne pas voir une plus riche exposition d'ouvrages à l'aiguille, en songeant à la marche énorme qu'a suivie cette industrie artistique depuis plusieurs années.

L'Allemagne, qui remplit le monde entier de sa réputation depuis un demi-siècle, s'est présentée à ce grand concours avec ces mêmes broderies, ces mêmes dessins, ces mêmes travaux qui la distinguaient des autres quand les autres étaient dans l'ignorance.

Les fameuses laines de Berlin, si célèbres jadis, sont aujourd'hui sinon distancées, du moins égalées par nos laines d'Alsace, magnifiques comme fil, plus magnifiques encore comme teinture.

Ce qui manquait, ce que j'ai cherché, était une exposition faite par la maison Sajou. En me souvenant de toutes les innovations qui ont paru ici depuis quelques années, je me suis demandé pourquoi elle n'était pas à cette lutte. Comment cette maison, qui pour cette industrie représente la France dans les deux mondes, n'a-t-elle pas eu le désir de la poser dans cette arène sur laquelle tant de femmes avaient les yeux ? Ses dessins au tracé blanc auraient eu le double succès de l'amélioration et de la nouveauté ; et je puis avancer que, pour les dessins de tapisserie, l'avantage ne fût pas resté à ceux de Berlin.

Quant aux ouvrages anglais, ils n'offrent guère qu'une médiocrité assez uniforme. De même que ceux d'Allemagne ils manquent de goût ; du reste rien de saillant, même en inventions, fussent-elles excentriques et hasardées, c'est tout ce qu'il y a de plus ordinaire en tous points. Tapisseries vulgaires, broderies faibles, fantaisies faciles. Rien n'approche du dessus de lit que M. Sajou avait exposé à Paris en 1849, ni aux charmantes et savantes compositions qui sont sorties de son magasin depuis lors.

On dirait, en présence de toutes ces vieilles tapisseries fanées, que les Anglaises ont exhumé d'antiques travaux abandonnés ; il n'y en a pas un qui ne soit au dessous du plus ordinaire chef-d'œuvre d'une pensionnaire.

Mais ce qui demande une mention toute particulière, c'est un tableau compliqué, un tricot représentant des personnages, un chien, des fleurs, tout cela si grotesque, si informe que l'on se demande avec quel passeport cet ouvrage primitif a pu entrer dans ce savant concours.

Pour les petites comme pour les grandes choses, l'exposition de Londres a eu cet utile et moral résultat de rendre à chacun selon ses œuvres. Chaque peuple se présentant avec son bagage s'en retournait avec sa part de succès et de gloire. C'est pourquoi grandes et petites choses devaient se présenter, mais malheureusement la France a à se reprocher beaucoup de défections.

Certes, je ne puis classer ni parmi les ouvrages de goût, ni parmi ceux du progrès, des broderies pointillées *en cheveux*, représentant la famille royale anglaise, le pape, la sainte famille : bien que ce soit un véritable tour de force à l'aiguille ; car, à quelques pas, cette broderie a l'illusion de la gravure. Mais, dites-moi, quand une ouvrière douée de l'adresse, de la patience et de la bonne vue nécessaires à un tel travail aura accompli sa tentative, quelle exigence aura-t-elle satisfaite ? qui est-ce qui peut gagner à cette reproduction toujours uniforme, sinon la difficulté vaincue. Pour moi, je me suis arrêtée devant ces tableaux avec une peine profonde, je me sentais prise d'une vraie pitié en pensant qu'on avait englouti dans cette œuvre stérile tant de jours de la vie d'une femme, et par dessus tout l'assuidité persévérante qu'elle y avait apportée pendant si longtemps.

Quelque chose de beau, de vraiment curieux et remarquable, ce sont deux très grands tableaux brodés en soie au passé ; ils ont peut-être bien toujours contre eux de n'être qu'une imitation factice de la peinture et de coûter beaucoup plus cher. Mais outre que les sujets sont copiés de deux magnifiques peintures de maître, ils ont encore le mérite d'être merveilleusement copiés, et nuancés comme avec le pinceau. Ajoutons à ces mérites positifs le mérite relatif, mais capital selon moi, d'être faits par un homme. Son nom, que je voulais consigner, échappe à ma mémoire ; ce dont j'ai souvenir, c'est qu'il est Italien. On peut certainement classer ces deux paysages au nombre des curiosités. Il est impossible de rendre avec l'aiguille les dégradations de tons plus finement et avec plus d'harmonie. Mais, je le dis encore, si on doit louer la patience et l'habileté de l'artiste, on cherche en vain l'art ou l'industrie. C'est peut-être une œuvre d'art par l'exécution ; mais c'est un fait isolé, qui ne doit avoir ni rivaux ni maîtres.

J'ai parlé des broderies blanches. Paris vient après Saint-Gall. Nancy a un très beau couvrepied. J'ai dit la jolie robe espagnole.

Si je mets quelques mots sur l'Inde et sur ses broderies, c'est pour m'étonner de ce que nous ayons encore l'air de croire que l'on y fait de belles broderies en or et en soie. Aucune régularité dans le dessin, aucune précision dans le point ; c'est lâche et incorrect.

C'eût été donc un triomphe certain pour notre industrie travailleuse si elle s'était présentée avec tous ses avantages, c'est à dire avec ses résultats et avec ses moyens d'exécution ; si la maison qui a obtenu aux expositions françaises des attestations si flatteuses pour ses dessins était venue les mettre en parallèle avec ceux de Berlin. Il importait de constater que nos dessins, sur la même ligne, *au moins*, que ceux d'Allemagne, avaient cet immense avantage d'un prix moins élevé.

La tapisserie est l'ouvrage national. La tapisserie, le filet et le crochet se partagent pour l'ameublement le loisir des mains féminines ; il est d'un grand intérêt d'en suivre les détails et l'existence. La France n'est plus tributaire de l'Allemagne, *au contraire*. La meilleure preuve que j'en puisse donner, c'est que les fabricants de Berlin, qui avaient des dépôts à Paris, les ont supprimés, malgré l'entrée libre de leurs produits chez nous. Ce fait seul parle plus haut que tous les éloges que l'on pourrait adresser à M. Sajou ; mais cependant nous ne pouvons terminer cet article sans louer cet industriel de la lutte acharnée et souvent désespérée qu'il a eue à soutenir contre le préjugé qui existait chez nous : qu'il était impossible de faire aussi bien qu'à Berlin. Si, pour avoir un succès facile et prompt, il eût fait ce qui est malheureusement en usage dans l'industrie, il eût donné une indication inexacte qui eût fait croire que ses dessins étaient allemands, la France ne serait pas encore affranchie. Il en serait des dessins comme des aiguilles anglaises, des crayons anglais, etc., etc. Partout on en vend, et nous pouvons dire qu'il n'y en a nulle part. Il en est de même des laines de Berlin, qui ne peuvent entrer en France pour cause de prohibition.

Le coloris des dessins de nos tapisseries est positivement aussi beau que celui de Berlin :

quant au dessin en lui-même, il est infiniment supérieur. La fantaisie ne conserve pas moins tous ses droits , et les teintes plates, cette mode du jour, sont habilement adaptées.

Les étrangères ont beaucoup à nous demander pour la grâce et l'élégance ; c'est pourquoi j'ai exprimé le regret très grand que j'ai éprouvé de notre absence là où la France eût obtenu un véritable succès.

A PROPOS DES OUVRAGES DE FEMME,

—

J'ai dit tout à l'heure — Il en est comme des aiguilles anglaises, qui ne sont nulle part.

Exceptons, je vous prie , de cette appréciation les aiguilles *Kirby*, réellement importées en France.

Que dans quelques mois on vende sous l'étiquette Kirby Beard et Cie, des aiguilles fabriquées sur le continent, cela n'est pas impossible; mais nous savons la source, et N° 47, rue Richelieu, nous serons toujours sûrs de ne pas être exposés à la contrefaçon.

Je vais vous donner, puisque nous parlons ouvrages d'aiguille, l'adresse du meilleur coton à coudre qui existe. Je ne fais pas d'exception, ni les cotons anglais ni les fils dits *d'Irlande* ne valent les fils d'Alsace de MM. *Dolfus-Mieg* de Mulhouse. Vous les trouverez à Paris , chez *Lheman*, rue Vivienne, 45.

Le fil Dolfus n'emprunte aucun éclat à l'apprêt qui donne aux autres cotons du même genre un brillant sans aucune portée. Il est souple et fort, uni et soyeux. Sa force peut se comparer à celle d'une bonne soie; vous ne pouvez faire aucune comparaison avec les cotons en usage et celui-là. J'ai voulu comparer les cotons anglais, j'ai cherché les plus renommés, ils sont restés bien en arrière du fil d'Alsace.

Lehman a un petit magasin, mais ne vous préoccupez pas de cette apparence modeste; c'est peut-être à cela que vous devez de trouver, là toute la mercerie au prix de la rue Saint-Denis, des gants à 1 fr. 85 c. d'une qualité

irréprochable, et des rubans charmants à un prix surprenant de bon marché.

Je ne connais rien d'ennuyeux comme d'aller rue Saint-Denis faire des emplettes de ménage; j'ai donc apprécié tout d'abord une maison placée au centre des affaires habituelles , où l'on pût trouver l'unique avantage de la rue Saint-Denis : le bon marché. N'oubliez pas ma recommandation toute spéciale pour les cotons Dolfus.

UN MOT A PROPOS DES MÉDAILLES.

—

Une publication qui s'occupe, comme *les Abeilles,* de tous les progrès de l'industrie, ne peut pas négliger les récompenses qui lui sont décernées.

Cette livraison est achevée au moment où la liste des médailles est connue ; la livraison prochaine en tiendra compte.

LIVRÉES.

—

Les habits avec la culotte courte, et le chapeau rond bordé d'un galon d'argent ou de soie, sont plus usités que les redingotes pour accompagner une berline à deux chevaux.

La redingote convient aux coupés et aux voitures d'homme.

Quant à la couleur, on ne saurait dire quelle est la plus à la mode ; sinon le bleu ou le vert.

Pour boutons de livrées, la forme bombée, avec une lettre gravée en mat sur le fond bruni, est celle qui est le plus généralement adoptée.

Mais la nouveauté, celle qu'*Aumoitte* enseigne comme la plus récente et la plus élégante, est beaucoup plus plate, grande, en cuvette de montre.

On voit derrière quelques voitures armoiriées deux valets de pied poudrés.

Une aiguillette de couleur unie est assez jolie avec une livrée unie. Celles que j'ai vues ne m'ont paru que des exceptions. C'était simple et distingué. L'aiguillette d'or, ou de soie jaune, ou de la couleur du galon, est plus apparente et ne produit pas le même effet. C'est du reste une mode anglaise qui se généralise en France,

---

MAGASIN SPÉCIAL.

AUX DEUX PAGES,

FESSART, *rue Vivienne*, 11.

—

Il reste à Paris peu de magasins de soierie, proprement dits ; la plupart de ceux qui ont respecté *la spécialité* sont d'un ordre fort élevé, et par conséquent fort chers.

Celui dont je vous parle en ce moment, ancienne maison de goût et de confiance, tout en restant dans la ligne qu'il avait suivie à ses débuts, ne s'écarte pas d'un bon marché rigoureux.

Je devrais vous dire quelle est la nouveauté attrayante qui m'a le plus frappée en visitant ce magasin, ou l'occasion la plus saillante de bon marché que j'y ai trouvée. Mais, selon moi, ce n'est pas là l'enseignement qui convient à ma recommandation. Elle vous dira simplement de visiter les *Deux Pages*, quand il vous faut une belle robe classique, ou une de ces robes simples dont la qualité soit le premier mérite ! si vous voulez du velours dont le prix inouï, en raison de sa beauté, est une véritable séduction.

La maison des Deux Pages est restée, au milieu du Paris élégant, rue Vivienne, ce qu'étaient autrefois, dans les quartiers vieillis, les magasins de confiance. Là, du moins, la mode n'y est pas sacrifiée, et vous y entrerez, ne fût-ce que pour ses nouveautés élégantes.

LE COURS DE DANSE.

—

J'ai un avis important à vous donner.

Mme Th. Jarry, notre jeune professeur de danse, a quitté la rue Mogador pour venir rue Saint-Georges, 44.

Voici revenir les bals et les petites réunions de jeunes filles. On y retrouvera certainement la polka devenue nationale, et toutes les redowa, mazourka plus au moins variées que vous avez apprises l'hiver dernier chez Mme Jarry. Mais cette année vous avez des nouveautés à lui demander ; elle enseigne une certaine Sicilienne à laquelle vous devrez bien des succès. C'est une danse gracieuse et distinguée qu'il est important pour vous de connaître.

Je dirai aux mères qui peut-être lisent les *Abeilles* pour la première fois que le talent de Mme Jarry n'est pas uniquement ce qui motive ma recommandation très instante. C'est que je compte comme une bonne fortune de rencontrer un cours de danse dirigé par une femme de très bon ton ; un cours qui ressemble à une réunion de famille, et où une jeune fille, en apprenant exactement les danses du monde, prend, indépendamment de la pose pendant ses exercices, une excellente tenue qu'elle conserve.

Quant à nous toutes qui allions rue Mogador, nous reviendrons certainement rue Saint-Georges.

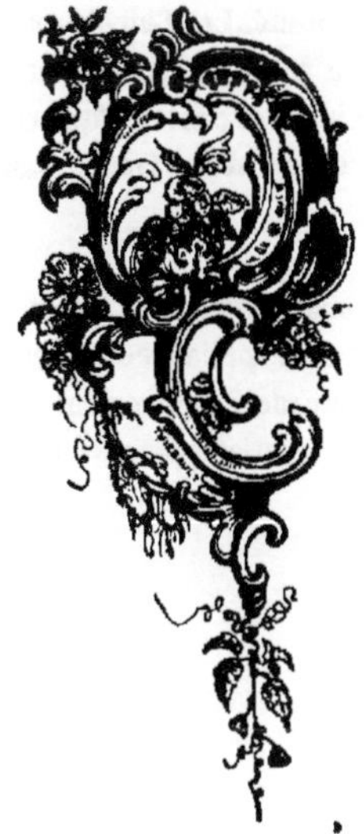

Bourdonnements

—

Les grands théâtres n'ont pas de nouvelle pour nous.

Je m'occuperai matériellement des soirées d'hiver et des plaisirs dont notre jeunesse plus ou moins exigeante peut profiter. *Robert-Houdin* continue ses exercices fantastiques avec un succès qui ne s'affaiblit pas : tous les soirs sa jolie petite salle est comble.

———

— Le théâtre Choiseul n'est pas plus mal partagé. *Le Chat botté*, féerie très divertissante, amuse toute l'assemblée, tandis que les *Deux frères*, cette charmante comédie où Mlle Mars fut si admirable, attire un public plus sérieux et plus difficile.

———

— J'ai parlé dans une dernière livraison du panorama qui doit remplacer la bataille d'Eylau. C'est, dit-on, une vue d'Egypte, et une des plus belles pages qu'ait encore produites le talent saisissant du colonel Langlois, si l'on en juge par quelques indiscrétions échappées aux artistes qui ont entr'ouvert les cartons du peintre historien.

———

— La famille chinoise est une des distractions à la mode. Ce n'est pas un grand plaisir, mais c'est une curiosité. Les Chinois sont peu voyageurs, on a soi-même assez peu d'occasions d'aller en Chine, et c'est quelque chose d'avoir entrevu l'intérieur d'une famille chinoise.

———

— Le grand plaisir, celui qui du moins a de l'intérêt, est une expérience de somnambulisme ; mais il résulte de l'engouement du jour que beaucoup de charlatanisme se trouve encouragé. Il n'en est pas moins vrai que quelques séances aient offert un intérêt vraiment curieux. Alexis, Mlle Prudence, ont témoigné d'une lucidité incontestable, et s'il ne sont pas infaillibles il est bien avéré aujourd'hui qu'ils sont sincères. Nous y reviendrons par quelques récits.

———

Un Diorama de salon.

J'ai assisté, il y a quelques jours, à une joyeuse réunion d'enfants, où j'ai grandement pris part à un des divertissements qui leur était offert. C'était un diorama représentant environ une quarantaine de vues, merveilleusement éclairées par des oppositions de lune et de lumière et produisant des effets d'une complète illusion.

Ces vues, du reste, dessinées avec talent, seraient déjà de bons tableaux par la vérité, et deviennent remarquables par l'attrait de la *mise en scène*. Il y a des intérieurs : la salle de l'Opéra avec ses mille lustres un jour de bal ; des fêtes aux lanternes ; une maison éclairée, entrevue de loin sur le côté d'un paysage à la nuit, et bien d'autres dont la définition m'entraînerait trop loin.

M. Henri Morin, l'auteur de ce diorama portatif, n'a besoin pour l'exécution de ce charmant spectacle que d'une table et une lampe. Point de préparatifs, pas le moindre déplacement.

C'est une fort agréable manière de faire passer une soirée, je ne dirai pas seulement à des enfants, mais fort bien à plusieurs personnes réunies.

Nous reparlerons du Diorama. J'ai quelques détails à vous donner sur la façon dont il faut s'adresser à M. Morin pour lui demander de vouloir bien se rendre chez vous, et aussi sur les appareils que l'on peut, je crois, se procurer, et se donner ainsi le plaisir de représentations aussi fréquentes que le désire le bon plaisir.

MÉMENTO

Nous n'avons pas parlé depuis longtemps de nos habitués ; mais je pense que vous n'aurez pas négligé de les visiter. Je vous rappelle la *Laiterie flamande*, qui fait sans cesse des améliorations et à laquelle on demande du lait de tous les quartiers de Paris. M. de Verdière donne à son établissement des soins d'amateur. Ses quarante-huit vaches, bien placées dans de bonnes étables, ont un excellent lait, crémeux et léger, et on voit des convalescents et des enfants en sevrage venir au nº 40 de la rue Lamartine, aux heures de traite, pour prendre sur place ce sevrage qui vaut, pour la plupart, tous les remèdes que la médecine ne saurait offrir. On vend partout quelque chose qu'on nomme du lait, mais il est inappréciable de savoir où il s'en vend du bon, ou pour mieux dire du *vrai*.

—

Depuis que nous sommes allés ensemble chez *Mercier-Limet*, il a augmenté son répertoire d'un plat d'entremets que je vais vous signaler : mais voilà que le nom m'échappe et je ne puis que vous le décrire. C'est une espèce de charlotte russe au café, glacée au café en dehors. Son apparence sur la table est celle d'un biscuit glacé ; mais quand on le sert, on trouve une crême à l'intérieur. C'est le moment de dire un mot en souvenir des *tartes anglaises*, dont Mercier-Limet a sinon le monopole, du moins la célébrité.

—

Et *Groult ?* Il me semble que c'est faire injure aux maîtresses de maison instruites de ce qui fait le succès d'une bonne table que leur rappeler le passage des Panoramas, comme l'unique magasin où les *pâtes* et les *farines* soient vraiment supérieures. Voilà l'hiver ; les farines seront des ressources précieuses.

—

Vous devez vous rappeler l'eau dentifrice de M. *Philippe*, dont nous avons dit, il y a quelque

temps, les qualités sérieuses. Je vous la remets en mémoire en vous engageant à l'essayer en toute confiance, non seulement pour l'usage habituel et quotidien, mais comme topique si vous souffriez de quelque douleur. (Rue Saint-Martin, 69.)

—

Il vient de paraître, depuis quelques mois, un cosmétique des plus efficaces contre les taches de rousseur, et d'un emploi très facile et très simple. Le *lait antéphélique* s'applique avec un petit linge que l'on imbibe de quelques gouttes, et dont on touche matin et soir les taches répandues sur le visage ; en quinze jours seulement le traitement se fait déjà reconnaître. Le dépôt du lait antéphélique est chez M. *Viel*, boulevart Saint-Denis.

—

Le *Cosmaceti* ne perd rien de la faveur qu'il a conquise. C'est le vinaigre de toilette préféré ; il a non seulement ses qualités positives comme hygiène de toilette, mais ses qualités relatives comme parfum.

—

Je vous recommande spécialement, pendant ce mois des emménagements et des *réparations* d'appartements, les jolis ornemeuts de portes et de rampes d'escalier que l'exposition de Londres a mis en évidence, et que leur inventeur, M. *A. Corderant*, rue de Paradis (Marais), 12, a perfectionnés pour cette grande circonstance. Vous ne sauriez imaginer à combien de variations M. Corderant a soumis le cristal, en lui donnant en même temps une solidité bien plus certaine que n'en peuvent avoir le bois ni le fer. Aujourd'hui encore c'est comme détail d'ameublement intérieur ou extérieur que je vous en parle ; le mois prochain etser a comme innovation de fantaisie.

LES ABEILLES PARISIENNES

Paraissent le 25 de chaque mois.

<hr>

PRIX pour un an.

PARIS	6	»
DÉPARTEMENTS.	10	»
ÉTRANGER..	15	»
UNE LIVRAISON...	»	50

Les abonnements ne peuvent être de moins d'un an, et datent du 25 novembre ou du 25 mai.

<hr>

AVIS.

Les abonnés de Province ou de Paris qui ne recevraient pas exactement leur abonnement sont instamment priés d'en donner avis à la rédaction, rue de Milan, 12.

<hr>

Pour les Abonnements :

PARIS,

Magasin de Léon Bidau et Cie, *boulevart des Italiens*, 19;
Maison du Cosmaceti, *rue Vivienne*, 55.

DÉPARTEMENTS,

Adresser un bon sur la Poste à Mme C. AUBERT, à la rédaction, *rue de Milan*, 12.

(1 fr.)

PARIS, IMPRIMERIE DE POUSSILGUE, MASSON ET Cie, RUE CROIX-DES-PETITS-CHAMPS, 29.

LES ABEILLES

PARISIENNES

ILLUSTRATION DE L'INDUSTRIE COMFORTABLE

PAR

Mme Constance **Aubert.**

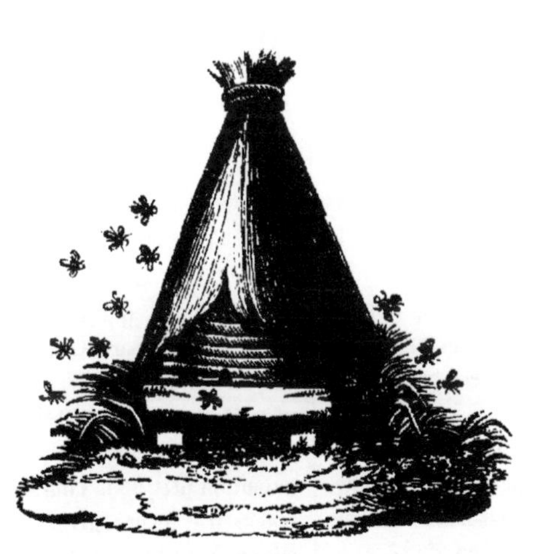

PARIS,

Magasin de Cheminées, *boulevart des Italiens*, 19;
Maison du Cosmacetl, *rue Vivienne*, 55.

LONDRES,

Melnotte, *Old-Bond street*, 23.

AVIS.

Adresser les Réclamations ou les Mandats d'Abonnement à Madame C. A   t, rue de Milan, 12.

JANVIER 1852.

—

Encore une date nouvelle sur le calendrier. Encore une année qui passe sur nos têtes. Pour les uns, un printemps de moins ; pour les autres, un hiver de plus ; à tous, espoir ou bonheur.

———

LES ÉTRENNES.

—

Ma mission est de visiter les magasins d'étrennes, sérieux ou futiles; de chercher l'étrenne et de vous la signaler. Je pense à un public universel. — Je ne me choisis pas pour lecteurs quelques exceptions qui dictent mes démarches, je pense à tout le monde, à la grand-mère qui va recevoir à son réveil tous les âges de la famille, depuis son fils, homme grave, jusqu'à son petit-fils dans les bras de sa mère, et la jeune fille qui n'est pas encore femme et n'est plus enfant.

J'ai trouvé de grandes ressources chez Alphonse Giroux. Lui aussi a pensé à tant d'obligations diverses, et les grand-mères — qui n'aiment généralement pas à courir — rencontreront rue du Coq ce qui peut plaire à chaque génération.

Giroux est le grand fournisseur de jouets intelligents.

Ce n'est pas seulement la *belle poupée* qui attire les regards de l'enfant, c'est le jeu amusant ou intéressant qui l'occupe. Je signale les *poupées articulées*, faisant des mouvements les plus souples, remuant bras et jambes, se pliant en tous sens, et cependant extrêmement solides. L'éléphant qui remue la tête et agite

sa trompe est un joli présent à faire ; les *bouquetières*, avec leur charge de fleurs, sont des nouveautés de l'année. Pour les enfants dont l'âge ne permet plus le joujou, il y a peu de choix à faire ; c'est une bonne fortune de trouver une idée. Je vous recommande les *boîtes spéciales*, dont je vais vous indiquer quelques-unes. Pour une jeune fille dont on peut déjà apprécier le travail il y a des *magasins* tout approvisionnés pour le filet , le crochet ou la tapisserie , avec les soies ou les laines , selon l'ouvrage, et un modèle à copier et à continuer. — Les fleurs en papier avec tout l'attirail, les matériaux et un bouquet pour modèle. — Pour un jeune garçon de 12 à 15 ans, notez bien ceci, tout particulièrement : le géographe. C'est un joli coffre contenant une mappemonde et une sphère, assez grandes pour l'étude ; des instruments de mathématique , et des couleurs d'aquarelle. Tout cela, si j'ai bonne mémoire, ne coûte que 40 fr. — Je crois qu'il est difficile de mieux placer 40 fr. dans cette donnée. — Un jeu hors ligne, et qui pourra bien être autant le plaisir des parents que celui des enfants, est le *steeple chase*. Plaine boisée, coupée de barrières en reliefs, animée par de jolis petits personnages, cavaliers qui se disputent le prix de la course, avec une physionomie très expressive. — Ce jeu est tout à fait une actualité ; et c'est tout un travail d'exécution.

Les petits meubles en marqueterie et les boîtes sont d'une élégance fort soignée. Les bronzes artistiques, pour garnitures de bureaux ou de cheminées, répondent au cadeau sérieux : j'ai remarqué une fort jolie garniture de cheminée, d'une petite dimension, en vieil argent sur des socles émaillés. Moins importants, des bronzes isolés, ou de beaux cristaux en vieux Bohême à riches ou élégantes montures d'or, objets de bureaux ou d'étagères

Ce qui frappe l'attention des visiteurs c'est la magnificence d'un bronze ou d'une porcelaine de grand prix à côté d'une petite fantaisie qui ne coûte que cinq francs.

J'oubliais de mentionner deux meubles en ébène avec des incrustations d'agates en relief, et une étagère mobile, en bois de rose, de forme carrée, vitrée sur ses quatre faces, et montée sur un pied bas. Elle peut faire encognure ou entre-deux à volonté.

Je ne dis rien des mille fantaisies de toute nature qui remplissent les magasins de Giroux; on sait que les salons de la rue du Coq sont le quartier-général de l'étrenne, et que près d'un objet de douze ou quinze cents francs on trouve celui de 3 fr. 50, qui prend toute la valeur du nom de Giroux, dont il est appuyé.

LES BONBONS

Masson, *rue Richelieu*, 27.

Le bonbon proprement dit a fait des progrès dont je n'essaie pas de vous faire un récit; depuis la vieille et bonne réputation du doyen de la rue des Lombards, *le Fidèle berger*, jusqu'à *Boissier*, l'innovateur moderne, on a perfectionné la praline classique, aussi bien que le caramel à l'ananas,

Ma recommandation porte donc sur une spécialité, sur le chocolat, et particulièrement sur le chocolat praliné, le plus à la mode de tous. Je ne sais pas s'il existe une chose plus universellement aimée que ce bonbon simple et parfumé, onctueux et solide tout à la fois.—Celui de Masson est la merveille des merveilles, et un donneur d'étrennes peut être assuré d'un succès certain en offrant une boîte ou un panier rempli de cette excellente friandise. Et puis il y a je ne sais quoi de distingué dans ce choix exclusif; le bonbon d'une apparence peu importante fait valoir le cadeau qui le renferme. J'ai vu chez Masson des corbeilles charmantes et des boîtes d'un goût parfait; l'etrenne y est comprise d'une façon très complète, et l'on y rencontre à la fois le joujou que l'enfant brise avec d'autant moins de regret que..... les morceaux en sont bons, et le présent pour la femme élégante à laquelle on veut offrir un souvenir sous le prétexte d'un bonbon.

Le chocolat à la crème ou au lait d'amandes, aux pistaches, le chocolat au café prennent des formes diverses ; et une attention materternelle qui conserve toute sa faveur, c'est le choix intelligent des objets. Dans cette ligne le bonbon prend tout de suite une importance, quoique le contenu soit de peu de valeur. Ainsi une corbeille de marrons, un panier de mûres, une bourriche de truffes, une caisse de bouteilles sont — un cadeau.

Quant à ce qui se désigne vulgairement par un sac de bonbons, tenez pour certain qu'il suffit de lire le nom de Masson sur un simple papier blanc pour être fort reconnaissant de l'offrande.

MEUBLES COMFORTABLES.

Le meuble de luxe véritablement utile, et transformé par l'innovation intelligente, a obtenu un succès à Londres, représenté par un de nos plus habiles fabricants du faubourg Saint-Antoine, *Krieger*.

Il n'est donc pas hors de la vérité de dire que Krieger a inventé des meubles inconnus; et en allant lui demander le cadeau d'étrennes, nous trouvons la fantaisie et l'imprévu dans l'objet le plus positif.

Par dessus tout, ce que je recommande aux grands parents qui veulent compléter un mobilier, c'est la table-console dont voici la savante combinaison, simple et compliquée tout à la fois. La *table-console* est l'expression la plus complète de l'idée ingénieuse de M. Krieger ; dans son entier, elle forme table ovale pour milieu de salon ; divisée, elle devient ou deux consoles, ou deux tables de jeu, ou encore, selon l'occasion, une console et une table de jeu. On comprend, sans que j'appuie bien fort sur ces avantages, combien il est commode, quand on habite un petit salon, d'avoir habituellement une table ovale, qui est

--- 5 ---

...elle dont l'usage est le plus familier, et lorsqu'on reçoit, sans rien ôter, sans rien apporter, avoir à sa disposition une console pour poser des lampes et des fleurs, et une table de jeu pour un coin d'appartement.

Un premier point incontestable, c'est que l'on est toujours gêné d'une table à jeu ; c'est un meuble dont l'emploi est exceptionnel, et en général on le relègue où il n'est point vu. M. Krieger a fait de simples tables consoles qui ne forment pas, comme celles dont j'ai parlé précédemment, table ovale, mais qui font simplement console et table de jeu. C'est toujours une seule place pour deux meubles, deux charges remplies par le même serviteur.

Je me suis arrêtée un peu longtemps à cette innovation, parcequ'elle me paraît un véritable bienfait pour un appartement élégant et restreint, et qu'il convient de signaler les progrès de l'industrie.

Mais je devrais jeter un coup d'œil général sur les meubles usuels des magasins de M. Krieger. Ce ne sont pas des dorures ni des fantaisies qui le font le premier parmi les maisons de ce genre ; c'est une fabrication riche et hardie, c'est le travail fini de l'ouvrier, réuni à l'imagination du dessinateur et à l'exécution du sculpteur ; en un mot, c'est le meuble soigné, en dehors d'une ligne vulgaire et répondant à toutes les demandes qu'exige un appartement distingué.

Au Concours universel, Krieger a obtenu la médaille. Aux Expositions françaises, voici déjà plusieurs années qu'il est remarqué comme un des plus habiles et des plus ardents novateurs.

————

L'Étrenne de Communauté.

—

Beaucoup de maris, pour échapper à la loi du premier de l'an, font un cadeau à leur femme comme maîtresse de maison. Beaucoup de femmes, lasses de demander un embellissement intérieur, acceptent le présent comme s'il leur était personnel ; et ainsi tout ce qu'il y a dans ce fait de l'étrenne, c'est que, sans ce prétexte, les rideaux neufs eussent été mis aux fenêtres avant l'hiver, c'est que le tapis eût été posé aux premiers froids.

Dans beaucoup de maisons il faut une raison à une dépense ; les femmes profitent de l'époque du premier de l'an pour faire passer au budget les dépenses extraordinaires rejetées toute l'année.

Il s'est vendu cette semaine, dans la maison Demy-Doineau, des étoffes délicieuses pour tapis et pour portières ; cette maison est maîtresse dans tout ce qui est tapisserie. La moquette et le tapis d'Aubusson demandent un grand choix, et elle en a un immense. Une innovation assez récente, que je signale avec insistance, est un tissu sans envers, étoffe forte, solide, faisant rideau ou portière sans nécessiter de doublure, et qui rend son emploi non seulement moins dispendieux, mais plus commode.

Je ne dis rien des étoffes d'ameublements ; l'étrenne a seule droit à notre attention.

————

TAHAN.

—

Plus que jamais, la fantaisie doit avoir une certaine utilité ; et l'idée détermine le cadeau.

Nous sommes bien loin du temps où il fallait, pour montrer son savoir vivre, offrir une inutilité de grand prix. Quand il était reconnu que l'on avait dépensé beaucoup d'argent, tout était dit. Aujourd'hui, au contraire, de quelque valeur qu'il soit, le présent n'a de mérite que s'il est agréable à la personne qui le reçoit ; il faut consulter les goûts et la position. Il faut que le donataire ait réfléchi et qu'on reconnaisse un choix discuté.

Chez Tahan l'incertitude n'est pas longue, parceque tout est prévu. Si vous voulez un meuble positivement utile, vous savez que vous ne pouvez chercher ailleurs de plus jolies petites tables, quels qu'en soient la forme et l'usage ; que ses étagères, ses petits bureaux de femme sont à cette époque des nouveautés inédites.

Comme ouvrages principaux, je vous rappelle des prie-Dieu d'un style élégant et correct,

Une bibliothèque, genre Boulle, reproduction d'un des plus riches modèles fort admirés à l'exposition universelle.

Et en généralités, des bureaux en de bois rose avec des ornements en marqueterie ou des dorures fines et délicates.

Les objets de moyenne importance, — ne parlons pas de nécessaires, pour lesquels Tahan s'est fait une immense réputation d'estime, — mais arrêtons-nous à tout ce qui est boîte, coffre ou coffret. N'importe quel en puisse être l'emploi, une boîte de chez Tahan est un cadeau capital, fussent seulement de ces petits riens que l'on pose sur une cheminée et dont la dimension se prête à recevoir tout au plus quelques bagues, un trousseau de petites clefs ou la correspondance de la journée.

J'ai remarqué une boîte à cigarres en bois de poirier, qui est sans contredit un des plus beaux cadeaux que l'on puisse offrir à un homme de goût. Rien n'est plus simple en apparence. Le bois sculpté, sans aucune dorure, a cette sévérité d'aspect qui n'éloigne pas cependant le sentiment que l'on prend immédiatement de sa valeur, assez notable pour une fantaisie, 400 fr.

Le bois de poirier est exclusivement réservé aux gens d'un goût distingué; il faut chercher le mérite de ce travail, sobre d'effets, pour le trouver, et encore faut-il avoir en soi quelque chose qui repousse l'éclat pour comprendre ce qu'il y a de doux et de calme dans ce genre artistique.

Les jardinières sont en grande prédilection. Sous le prétexte d'offrir une bruyère ou un réséda on envoie un charmant petit meuble qui dure la vie. Je reviens au bois de poirier pour les jardinières, parceque celles de Tahan sont si belles que le bon goût me paraît ne pouvoir aller au-delà. Mais le bois de rose, le bois de violette, l'ébène même vous plairont mieux peut-être; je ne veux rien spécialiser.

Puisque nous avons causé un peu longuement de l'étrenne chez Tahan, je vous engagerai à vous souvenir que rue de la Paix sont les petits objets de goût, les boîtes, les coffrets, etc., et rue Basse-du-Rampart, 10, au magasin de réserve, les meubles, tables ou petits bureaux.

LA TOILETTE.

—

La toilette joue un grand rôle dans l'étrenne de famille. La quantité de chapeaux roses, de petits ou grands manchons, de manteaux et de robes qui voient le jour dans ces dernières semaines, ne peut pas se détailler ni s'apprécier. Je vous dirai quelques-unes de mes recherches, et en présence de l'appréciation qu'elles me laissent, je m'applaudis de vous avoir inspiré certaines prédilections.

Parlons d'une maison où vous trouvez en même temps toutes les étrennes de toilette que vous pouvez donner ou recevoir; parlons des **Trois Quartiers.**

Entrez-y pour le manteau de velours ou la sortie de bal; pour le manchon de martre de 800 fr. ou celui de 30 fr. Achetez une robe en brocatelle de 180 f., ou de la popeline à 3 f.; je ne crains pas de vous dire que je ne sache pas un côté faible à aucune de ces spécialités diverses. Le grand mot de cette supériorité, c'est que les choix sont faits avec un goût intelligent et consciencieux, et qu'il se retrouve comme la physionomie donnée à toute chose. En étoffes de soie je vous rappelle des occasions dont nous avons causé au mois d'octobre, telles que les brocatelles unies, fil et soie, à 2 fr. 95, charmantes robes négligées du soir; puis encore, étrennes désirées par toute jeune fille, les taffetas unis, pour robe de bal. J'ai parlé des popelines; si les petits quadrilles de deux couleurs ne sont pas épuisés, ne négligez pas de les voir.

J'insiste sur les manteaux et les fourrures, sur la lingerie et le linge. Ne croyez en aucun point que ces spécialités soient traitées d'une façon incomplète dans une maison où elles semblent complémentaires; elles y ont toute l'importance que peut attendre l'exigence la plus éclairée. Quant aux étoffes de toutes sortes, les draps de robe, les satins, les moires et les fantaisies, je ne puis assez insister sur la quantité prodigieuse que vous trouvez réunie dans cette même maison, et, comme je le disais plus haut, en commençant à la robe de chambre, pour arriver aux plus splendides parures.

CHAPEAUX ET BONNETS

—

Si vous avez à coiffer un jeune visage, vous irez demander à Mme *Ode* ou à *Alexandrine* quelques-unes de ces coquetteries capricieuses qui sortent de l'utilité banale et qui soient un véritable cadeau. Je vais vous donner une idée d'une ravissante petite forme, à laquelle *Alexandrine* donne un nom très pittoresque, mais qui m'échappe. Je le regrette parceque un nom c'est comme la physionomie d'une chose ; j'essaierai d'y suppléer. La passe, très petite, tendue, ne faisant qu'un avec la calotte, se retrousse légèrement en dehors sur les bords, comme pour laisser passage à une garniture bouillonnée garnie de plusieurs rangs de petite blonde, légère et nuageuse près du visage. Par devant, tout à fait au bord, presque au milieu de la passe, un nœud ou une plume. Je n'ai rien vu de plus étrange, de plus gracieux et de plus coquet que ce petit chapeau, qui, par exemple, exige, à mon avis, une certaine grâce naturelle de la part de celle qui le porte.

Selon moi, c'est faire un compliment à la femme à laquelle on l'offre que de la juger assez bien pour le porter.

Une coiffure de soir, en blonde et velours avec des touffes de fleurs, est une parure de la plus réelle distinction.

Puisque **nous** parlons d'Alexandrine, je vous recommande ses *épinglettes*, luxe économique au moyen duquel on paraît changer de chapeau ou de bonnet bien qu'on ait toujours les mêmes. Mais ici il n'y a pas de description possible, il faut voir.

—

CACHEMIRES.

—

Ceci n'est que pour mémoire, car en parlant de cachemire comme grand cadeau d'étrenne toujours immortel, vous savez que c'est à Biétry que je vous adresse. Moi qui m'intéresse à l'exécution de mes conseils, je crois utile de vous dire en quelques mots que Biétry, dont le nom est devenu européen par sa bonne renommée, a cependant besoin de rappeler que son magasin n'a aucune entrée sur la rue ; que ses salons, n° 102, rue Richelieu, sont au premier. Cette recommandation semble superflue à ceux qui connaissent Biétry ; mais en apprenant chaque jour que des visiteurs sont entrés par erreur je ne sais où, on comprendra qu'il soit utile de les renseigner. Pour ma part, je tiens à ce que mon avis n'ait pas une fausse interprétation, et je me fais un devoir de ce mot d'insistance,

—

BRONZES.

—

Les bronzes occupent une place importante dans l'ameublement ; un lustre, des candélabres, les montures somptueuses de porcelaines rares comptent pour beaucoup dans le luxe de l'intérieur élégant.

C'est à **M. Matifat**, qui a obtenu, à l'exposition de Londres, une grande médaille, que nous ferons notre visite de fin d'année.

M. Matifat tient le milieu entre les éditeurs de bronzes artistiques et les fabricants qui ne cherchent que le luxe marchand. Ses modèles sont à lui, il les compose avec étude et savoir ; il appelle à son aide tout ce que l'art peut allier au bronze, et il en fait un tout complet.

Ses modèles de lustres sont autant de genres différents : que l'on ait à éclairer un salon ministériel ou un petit boudoir, il a un lustre pour chacun, depuis celui qui n'a pas moins de cent huit lumières, jusqu'au petit lustre *Chardon*, en bronze, dont les branches simulent cette plante, et au milieu desquelles on voit un nid de colombes, qu'un serpent va dévorer. Un lustre indien, réfléchit ses lumières dans des cristaux de couleur, auxquels se mêlent des branches d'or et des glands de soie, ornements capricieux comme les parures de femmes. J'en passe plusieurs pour parler d'un des plus particuliers ; il est en cuivre poli, genre flamand, avec des boules en cuivre repoussé. — Il est simple et d'un goût savant.

M. Matifat ne s'attache pas seulement au bronze classique de l'appartement, il s'occupe de la fantaisie ; on remarquait beaucoup, à l'exposition, une ravissante petite fontaine destinée à une serre, mais qui, à Londres, servait à jeter au public les jets d'eau de Cologne que Farina offrait aux visiteurs.

Quelques fort belles montures suffiraient à témoigner du goût de ce fabricant, qui a, par dessus tout, dans ses conceptions originales, le sentiment d'une grande distinction.

Une foule de jolis petits objets vous attendent, 9, rue de la Perle, au Marais ; c'est un baguier en bronze argenté, de forme antique, des encriers, des bougeoirs, des coupes de porcelaine ou de bronze ; modèles spéciaux qui ont presque la distinction de l'œuvre originale.

Aujourd'hui le petit lustre de six à huit bougies est presque obligatoire dans un appartement recherché ; vous vous applaudirez d'avoir été le demander à M. Matifat.

LES PARFUMS.

—

C'est moins pour son excellente parfumerie que pour ses parfums distingués qu'il faut nous remettre en mémoire d'aller chez **Guerlain** à cette époque de l'année. Aujourd'hui, les femmes qui entendent la coquetterie de leur personne et les soins du visage, qui font, hélas ! presque la beauté, savent bien qu'il faut demander à Guerlain comment elles doivent conjurer la rigueur de la saison et les fatigues de l'hiver. — Elles veillent impunément, elles exposent au froid leur visage découvert, et elles savent qu'il a les secours contre ces petites misères journalières qui altèrent plus ou moins une réputation de jolie femme.

Une fois que l'on a su cela, on ne l'oublie plus.

C'est donc le choix de ses parfums et surtout l'élégance charmante de ce qui les renferme que je veux vous rappeler aujourd'hui. Je dirais que *Guerlain* a une *spécialité de sachets*, si je ne vous voyais d'ici sourire à ce malheureux mot si ridiculisé. C'est que je voudrais vous faire bien savoir deux choses : l'une, que vous ne trouverez pas ailleurs cette fantaisie aussi bien comprise ; l'autre, que tout ce que vous pourrez avoir rêvé en ce genre, vous le verrez exécuté rue de la Paix.

Le sachet a plusieurs destinations. Tantôt il n'est qu'un coussinet odorant, tantôt c'est une enveloppe dans laquelle on enferme des gants, ou des mouchoirs de poche.

Celui-ci a souvent presque de l'importance ; j'ai vu chez Guerlain un sachet algérien, à broderies mosaïques sur velours, qui est bien certainement un des plus jolis cadeaux que l'on puisse offrir à une femme riche.

En satin, avec des broderies de jais ou de corail, c'est peut-être plus coquet, mais peut-être aussi moins magnifique. Puis, le velours, le satin, le taffetas, brodés en soie ou en or.

Enfin, le velours, le satin, le taffetas, simplement garnis de ruban, de dentelle ou d'effilés.

Ces derniers, tout à fait simples, et d'un prix très abordable, font toujours un immense plaisir à la femme qui les reçoit. Les poudres qui les parfument ont cette finesse exquise qui porte avec elle son cachet de distinction, et avec quelques nœuds de ruban, une ruche, un falbala, on trouve là le secret de faire de l'économie et de l'élégance.

LES ÉVENTAILS.

—

J'ai dit *les éventails*, j'aurais mieux fait de dire DUVELLEROY : car l'un est identifié à l'autre, et de plus il faut aussi nous occuper des écrans en entrant dans le petit salon du passage des Panoramas.

Vous savez certainement que Duvelleroy a eu des succès à l'exposition universelle autant pour la généralité de ses éventails que pour quelques exceptions magnifiques. Il y avait une grande vitrine remplie d'ouvrages très appréciables, mais à tous prix, et plus loin celle devant laquelle les artistes s'arrêtaient comme devant un petit musée. Un éventail de Camille Roqueplan, entre autres, attirait la foule et la fixait.

Mais ceci est loin et serait inutile si je ne vous le disais pour vous faire voir que, selon le chiffre que vous vous êtes fixé pour l'étrenne que vous avez à offrir, vous êtes assuré de rencontrer ce que vous souhaitez : depuis 30 fr. jusqu'à 1,200, l'éventail de la jeune fille et celui d'une souveraine.

J'ai parlé des écrans. L'écran est devenu un certain luxe. On a envoyé d'Algérie des modèles si coquets et si pittoresques que nos pauvres petites feuilles de carton gravé sont rejetées bien loin. Je ne parle pas du laque et des peintures chinoises sur taffetas, ceci est devenu pour ainsi dire l'écran national ; mais je vous engage à demander à Duvelleroy ses nouveautés spéciales, celles qui n'appartiennent qu'à lui, et que je puis vous assurer d'avance être d'une grâce parfaite et de véritables coquetteries d'ameublement. Les écrans rentrent dans cette catégorie dont j'ai parlé tout à l'heure, *l'utilité sans conséquence*. De la part de celui qui donne, un écran n'est rien ; pour la personne qui reçoit, c'est un cadeau qui a son prix.

Voyez au Cosmaceti de jolies boîtes en ébène contenant deux beaux flacons de cristal. Ces boîtes à odeur sont de charmants cadeaux à offrir à une femme. Le Cosmaceti est devenu classique, et il n'y a pas une toilette qui n'en soit pourvue. L'espace me manque pour en parler longuement aujourd'hui ; mais je vous engage à entrer rue Vivienne pour compléter votre choix d'étrennes comfortables.

ÉTRENNES

DE LA MAISON DETOUCHE.

—

C'est dans la rue Saint-Martin, j'en conviens ; mais une fois arrivée là, quand vous y aurez trouvé des diamants en profusion, des pendules du plus grand prix, des bijoux ravissants, une argenterie splendide, dites-moi, que sera-ce pour vous d'avoir été chercher tout cela rue Saint-Martin, surtout si en raison de cette con-

sidération vous payez moins cher ce que vous aurez acheté en grande confiance.

Detouche, qui en tout temps a une quantité prodigieuse de bijoux et de montres, de vaisselle et de pendules, renouvelle plus particulièrement chaque année à cette époque. Dire ce qui entre chez lui d'acheteurs pendant cette dernière quinzaine est impossible. C'est la foule qui se presse dans ce magasin vaste à double étage. Tantôt vous entendez marchander une bague de 6 fr., tantôt un bracelet de 25 louis. A côté de l'artisan qui achète une petite montre d'argent de 30 francs, passe le financier qui vient de choisir une magnifique pendule de 1,000 francs. En un mot tous viennent parceque Detouche a pensé à tous, et que sa maison renferme de quoi satisfaire à toutes les exigences de fortune, au luxe comme à l'économie.

AUX MAITRESSES DE MAISON.

—

Chaque année une maîtresse de maison renouvelle certaines provisions de ménage ; de même elle peut renouveler celles d'une fille, d'une amie, et lui être fort agréable en lui composant un choix de ces bonnes choses qui, sans être indispensables, sont cependant d'une utilité positive. Je vous rappelle encore cette année les *Magasins de la Ménagère*, que vous pouvez composer de différentes choses. La base doit être les pâtes et les farines de **Groult.** Faites un choix des pâtes recherchées, et joignez-y les farines de légumes.

J'ai plusieurs fois donné l'idée de cette étrenne sérieuse, et toujours elle a eu le plus grand succès. Quand il est admis que la personne à laquelle on offre est dans une position à ce que les choses les plus utiles soient préférées à toute autre, rien ne peut être dans une donnée plus convenable que cette fantaisie de luxe et de première nécessité en même temps.

Aujourd'hui la table la plus modeste emploie ces recherches, qui font valoir un dîner ordinaire et qui simplifient de vieux moyens en évitant de la peine tout en étant une économie réelle. **Groult**, qui les a créés, les perfectionne tous les jours.

Toutes les familles ont, pendant les temps de solennités, quelques réunions intimes ou cérémonieuses. Je sais une maison chez laquelle il faut prendre rang si vous voulez être sûr d'avoir à jour et heure fixe une *tarte anglaise*, c'est chez **Mercier-Limet**. Elles ont un véritable succès d'enthousiasme ; il est vrai de dire qu'il n'existe pas, je crois, une friandise plus délicate, plus fine, plus exquise que cette pâtisserie, soignée comme si elle sortait de chez un confiseur. C'est le plus joli plat de famille que je puisse conseiller aux mères, tout en disant aux maîtresses de maison qu'elles compléteront un dîner avec intelligence en faisant choix de cette nouveauté dont Mercier-Limet fait, je puis le dire, une *spécialité*. Je ne sais pas si je vous ai parlé déjà d'un entremets que je ne puis vous désigner autrement que par le nom d'une *tour en meringues*, et qui a une brillante faveur à un dîner de jeunes convives. La muraille, formée de petites meringues en guise de pierres de taille, contient de la crème que l'on parfume à volonté au café, à la vanille, à la rose ou au chocolat. C'est encore un des triomphes de Mercier-Limet.

Puisque je suis en train de causer avec les mères, je leur rappelle que, pendant l'hiver, le lait en général est échauffé par la vie trop sédentaire que les vaches passent dans des étables fermées, et que les enfants, à cette époque, sont de plus disposés eux-mêmes à souffrir toute indisposition.

C'est donc le moment de penser sérieusement à une vacherie conduite avec intelligence et grand soin. Je crois faire une bonne action maternelle en rappelant la vacherie flamande rue Lamartine, où plus de 40 vaches habitent des stalles propres et aérées, ce qui rend le lait sain, léger et digestif. On n'aurait pas toute sécurité en demandant le lait qui est porté à domicile, on aurait du moins celle très grande de voir traire le lait soi-même, ce que l'on peut faire très aisément en choisissant l'heure de l'une des *trois* traites qui se font chaque jour chez M. de Verdières.

OUVRAGES D'AIGUILLE.

—

Combien de bonnes intentions sans résultat ; combien d'ouvrages commencés qui restent inachevés. Cependant l'obligation est là, et le temps manque. L'obligation est impérieuse, et le temps est irrévocable. On avait commencé une belle tapisserie, un joli crochet ; le cadeau rêvé longtemps à l'avance avait été pour ainsi dire inspiré par celui ou celle qui devait le recevoir, et un faux calcul, un peu de langueur peut-être mettra tout en question. L'ouvrage ne peut être fini.

Que faire ? — Il n'y a pas à en tenter un autre. — Il faut aller chez M. Sajou, rue Rambuteau. Il doit avoir des ouvrages tout faits pour les retardataires ; et, comme ce qui est chez lui ne peut être que fort bien, vous serez toute consolée du retard malencontreux.

Une étrenne que j'engage nos jeunes lectrices à se faire donner, c'est un abonnement au journal de M. Sajou ; c'est fort charmant pour une personne qui travaille beaucoup de trouver tous les mois des dessins et des instructions qui la mettent à même d'exécuter seule tous les ouvrages, quels qu'ils soient.

LES FLEURS.

Constantin et Lachaume.

—

Vraies ou non, les fleurs sont une heureuse étrenne. Mettez sous les yeux de la personne à laquelle vous souhaitez de bons jours une image riante et gracieuse, c'est un présage pour la série des jours qui va suivre.

La nature vraie, les fleurs de *Lachaume* dans une jardinière de *Tahan*, ou dans un vase de *Toy*, c'est l'idée simplement exprimée. Je ne puis vous dire ce qui se donne de fleurs le 1er janvier à Paris, et ce qui vient de chez Lachaume, qui les dispose avec un goût artistique.

La fleur artificielle doit être fort belle. Une guirlande de **Constantin** est, par sa beauté réelle et sa valeur, un présent qui se compte.

Il n'y a pas une jolie femme qui n'ait souhaité porter au bal une fleur de Constantin.

Toutes ne peuvent pas se les donner !

Mais on ne saurait offrir une guirlande si l'on n'est pas dans une certaine intimité. Voici ce qu'il est assez bien de faire. On choisit des fleurs montées comme nature sur leurs tiges, et on les dispose en bouquet, comme si les fleurs étaient naturelles. C'est un cadeau précieux sans apparence, et de plus c'est une idée.

Constantin vient de grandir sa renommée par le succès qu'il a obtenu à Londres, où il était non seulement le premier de son industrie, mais un des premiers de tous. Il est impossible d'être plus admiré qu'il ne l'a été. C'était unanime ; la foule ne s'éclaircissait ni les jours réservés ni les jours publics ; elle le proclamait par son admiration enthousiaste.

Le jury lui a donné la grande médaille, et une grande médaille donnée à cette industrie témoigne du cas que l'on a fait du talent qui la représentait.

En effet Constantin n'est plus seulement un industriel ; c'est un artiste. Après celles du grand concours, des récompenses ont été données à Paris. Comment la France n'a-t-elle pas senti qu'il était juste de donner à l'étranger qui ajoutait une perle à sa couronne la décoration qui était due au talent.

Quelques bons avis sur l'amazone.

—

J'ai déjà eu l'occasion de m'arrêter un peu longuement sur l'élégance des robes de drap, et je ne crois pas inutile de donner ici quelques détails à ce sujet.

L'amazone est une des plus gracieuses physionomies de la femme. Celle que comprend l'attrait que renferme ce costume un peu masculin et qui surtout en a étudié les exigences doit le porter avec un charme tout particulier.

L'amazone ne doit pas être un vêtement excentrique, mais simple. Il n'est pas nécessaire de monter à cheval pour porter l'amazone pure ; elle est fort jolie comme robe de ville, avec cette seule différence que le jupon rond est celui d'une robe ordinaire, — à part

quelques détails dans la manière de former la jupe et d'ouvrir les poches.

Il est difficile de trouver une couturière qui fasse parfaitement une amazone ; il sera donc agréable de connaître un tailleur spécial qui inspire toute confiance, qui comprenne qu'une robe de ville doit avant tout conserver le cachet des toilettes de ville, tout en étant une robe exceptionnelle qui habille avec précision.

C'est après examen que je vous parle de M. **Billard** ; soit que l'amazone doive être portée à cheval, soit qu'elle doive être portée à la ville, vous serez contente de la forme correcte et gracieuse qu'il sait lui donner. Ses basques amples jouent en ondulant, son corsage, qui presse et allonge la taille, ne resserre pas les épaules, comme il arrive généralement aux tailleurs habitués à habiller les hommes.

Une jeune fille, de jolie tournure, est merveilleusement bien dans une robe de drap ainsi faite.

Corsage boutonné avec des boutons cotelés moyens ; point de collet. Les manches plates, fermées comme celles des habits, à trois boutons. Le corsage, devant et autour des basques, est bordé d'un simple galon à cheval, sans ornements ni soutaches.

Je reviens à M. Billard, dont je vais vous donner l'adresse : rue de la Ferme-des-Mathurins, 23, et rue Tronchet ; son prix est accessible, ce qui est bien quelque chose pour une façon d'amazone, que les tailleurs de premier ordre taxent à des chiffres effrayants.

M. Billard, bien qu'ayant un talent de premier ordre, n'en a pas les exigences.

Le chapeau d'amazone peut tenir le milieu entre une innovation et la forme classique. **Jay**, dont nous devons reconnaître le savoir et le bon goût, a fait récemment un charmant chapeau de castor ras, de forme basse, rebords assez prononcés, dans des proportions qui vont mieux à la coiffure des femmes que les chapeaux d'homme ordinaires. Autour de la tête, un ruban de moire noire, large de trois doigts, venait s'attacher sur le côté, formant un joli nœud simple, à une seule coque, retenant la base d'une plume saule, maintenue contre la tête de façon à l'accompagner sans voler au vent. C'est réellement une innovation de bon goût : ce n'est plus complétement le chapeau traditionnel, ce n'est pas non plus l'invention excentrique d'un genre bizarre et douteux.

Je profite de cette circonstance pour engager les femmes qui se plaignent de ce que la coiffure d'amazone ne tient pas sur la tête à se rappeler que le *Jayotype* rend les difficultés presque nulles, et qu'avec une mesure prise par le *Jayotype* elles peuvent galopper à toute bride, sans craindre que leur chapeau tombe, ni même se déplace dans le mouvement.

ÉTRENNES MUSICALES.

—

Parmi les publications musicales qui signaleront l'époque sacramentelle de la fin de l'année, la plus remarquable au point de vue de l'art sera sans contredit celle des frères **Bonoldi**. C'est un recueil bien petit, bien succinct, mais bien précieux, qui renferme dans son écrin, sur lequel on voit le portrait de l'auteur, une romance, une ballade et une mélodie de Méhul, de l'illustre auteur de *Joseph*, œuvres posthumes, dont la découverte est tout un roman, et que la gracieuse poésie de M. Emile Deschamps va rendre populaires en France.

Cet important recueil vient d'être publié en même temps qu'un album de piano composé de six ravissants morceaux de salon, par Ad. Finnagalli, jeune pianiste milanais, qui excite en ce moment un véritable enthousiasme chez les heureux privilégiés qui reçoivent, dans les salons fashionables de Paris, la confidence de son talent.

Les mêmes éditeurs offrent au public quelques romances nouvelles de Hocmelle, de J.-J. Masset, *le Rêve de Noël*, paroles d'Emile Deschamps, romance de circonstance, et de Fr. Bonoldi, l'auteur du *Vieux Caporal*, de *l'Hirondelle*, de *Marie Stuart* et de maintes autres romances en vogue.

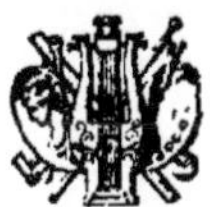

COURS DE DANSE.

—

Voici bientôt les bals ; c'est le moment de se perfectionner dans les enseignements que vous a donnés l'an dernier notre jeune professeur, Mme **Jarry**. Cette année vous avez à apprendre la Sicilienne ; c'est un nouveau pas qui ne manque pas d'une certaine grâce.

J'ai dû vous dire que Mme Jarry ne demeure plus rue Mogador; elle est maintenant rue Saint-Georges, 44.

La Carte de Visite.

—

Bien que l'usage en passe un peu, la carte de visite reste le souvenir sans conséquence que se donnent à cette époque les gens qui conservent de bons rapports sans intimité. Ces relations-là sont nombreuses, la carte vivra longtemps. Celles en carton ordinaire ont pris la place de la porcelaine ; celles-ci se font en majorité, mais elles sont moins distinguées que les autres. **Aumoitte**, passage des Panoramas, 47, est le graveur du monde élégant, c'est à lui qu'il faut demander cette règle dont il vous enseignera toutes les nuances.

En même temps vous trouverez chez lui un choix très complet de carnets et de cachets, fantaisies qui se rattachent aux spécialités dont s'occupe M. Aumoitte, les cartes de visite et la gravure sur pierre.

Plaisirs du Jour de l'An.

—

Beaucoup d'enfants préfèrent à un sac de bonbons, à un petit cadeau de peu de valeur, une soirée de plaisirs. C'est à eux que je pense en voyant l'affiche du théâtre Choiseul, qui met toute sa coquetterie à répondre aimablement à cette préférence. Depuis quelque temps on a eu quelques fort jolies pièces que beaucoup de collégiens n'ont pas pu voir, et pendant les jours fêtés la salle sera trop petite. Du reste, les parents peuvent apprécier que les enfants ne trouvent pas seulement de la distraction à ce spectacle, où ils entendent toujours quelques mots qui touchent le cœur et élèvent l'esprit. Le répertoire s'est augmenté de grandes scènes, où certains acteurs font preuve d'un certain talent. *Les Deux Frères* sont joués avec entrain, sentiment et esprit, par *Arquet*, très aimé avec raison de son public.

— Aux soirées de *M. Bosco* il y a foule tous les jours. Les personnes raisonnables s'y font conduire par un fils ou une petite nièce, et ce ne sont pas les enfants qui y trouvent le plus de plaisir. M. Bosco a un langage naïf qui occupe l'esprit en même temps que ses habiles mains occupent les yeux : il passerait facilement pour sorcier dans certains villages de France. Tout Paris donnera une soirée aux séances de M. Bosco.

— Les fleurs magiques que M. Hébert fait fleurir en moins d'une heure sont des curiosités d'un intérêt amusant et sérieux : amusant pour l'enfant qui peut croire au prodige, sérieux pour l'homme qui explique le fait par un procédé de la science. Quand on examine avec attention la fleur éclose par la volonté de M. Hébert, on lui reconnaît quelque chose de convulsif et de la pâleur comme à un être né avant terme.

MÉMENTO.

L'étrenne utile qui embrasse en même temps le luxe et la fantaisie a de grands succès près de la généralité. *L'argenture* est une ressource à laquelle bien des gens se rattachent, parceque l'effet produit est de beaucoup au dessus de la dépense. On est assuré de faire un grand plaisir en donnant une pièce d'orfévrerie plus ou moins nécessaire, mais toujours utile et toujours agréable. Rien qu'à passer sur le boulevart des Italiens, devant les magasins de **M. Thomas,** on voit la quantité de visiteurs qui pensent ainsi et auxquels on montre toutes les recherches du service de la table qui font passer sur la simplicité du repas. Aujourd'hui il se vend à Paris — aux gens riches — plus *d'argenture* que *d'argenterie* ; il est inutile de dire que les moins riches n'ont pas la ridicule *persistance* de tenir à une dépense au dessus de leurs moyens. Il n'y a pas de maison, quelque simple qu'elle soit, où des casseroles à légumes, une cafetière, le service à thé, des salières ne ont très convenablement admis. C'est une recherche peut-être, mais qui aujourd'hui n'affiche pas un luxe déplacé ; c'est de l'élégance intérieure, très permise, même à des fortunes modestes. Le magasin de M. Thomas est, vous le savez, considéré comme une succursale de la maison Christofle ; et c'est à lui qu'il faut demander tous ces charmants modèles qui ont valu à Londres un grand succès au procédé Elckincton.

Une belle robe de soie est un présent intime, assez généralement bien reçu pour que l'on ne pense souvent à en faire l'acquisition ; mais c'est un père, un mari, qui n'a personne en aide et qui se trouve perdu dans ces grands magasins où la cohue d'acheteurs se presse également autour des tapis, des étoffes, des robes et des dentelles. Il existe à Paris une maison bien connue des femmes qui savent acheter, où l'on est calme et renseigné sur le choix que l'on veut faire, c'est le magasin des

Deux Pages, rue Vivienne, 11. La nouveauté y est choisie avec goût, et la nouveauté n'y exclut pas le bon marché. En ce moment M. **Fessart** vous montrera des étoffes de soie sans envers, dont le nom m'échappe, et qui ne s'élèvent pas à 50 fr. pour une robe, et des brocatelles de 160 à 180 fr. la robe d'une grande beauté comme nuance et comme tissu.

M. **Corderant**, de rue Paradis, 12, au Marais, a été spécialement remarqué par nous, vous devez vous le rappeler, à l'exposition universelle, pour son excellente et charmante invention du cristal, introduit dans l'ameublement et diverses fabrications, à la place des métaux. C'est à M. Corderant que l'on doit les boutons et les plaques de porte en cristal, et différentes innovations appréciées sur tout des constructeurs. Je vous signale un objet tout nouveau, que les maîtresses de maison apprécieront fort ; c'est un *casse sucre*, petite manivelle avec laquelle on peut casser dix livres de sucre sans faire une miette autour de soi. Ce petit objet, d'un emploi si facile qu'un enfant de quatre ans pourrait en faire usage sans fatigue, se fixe dans un office, et permet à une femme la plus recherchée de s'occuper de ces détails que l'on regrette souvent d'abandonner à des soins subalternes.

J'ai remarqué dans les magasins de M. Corderant de petits objets de goût tout en cristal, charmants cadeaux d'étrenne.

Près de là, vous avez **Chatel**, place d'Angoulême, 32, à qui vous devez demander les lampes qu'il a disposées pour ces derniers jours. Jolies porcelaines dans des montures d'or ou de bronze, qui ne sont vraiment pas d'un grand prix. Il a entre autres une forme de buire, fond bleu-de-ciel à petites figures Watteau, montées avec des anses en têtes de bouc ; elles sont d'une grandeur au dessus de l'ordinaire, et font un effet prodigieux. Chatel a d'excellents systèmes Carcel et des modérateurs estimés.

MAISONS SPÉCIALEMENT RECOMMANDÉES.

Alexandrine	*Modes*	rue d'Antin, 14.
Aumoltte	*Graveur*	passage des Panoramas, 47.
Maison L. Bidau	*Calorifères*	boulevart des Italiens, 19.
Blétry	*Cachemires français*	rue Richelieu, 102.
Blum frères	*Vêtements pour hommes et enfants.*	rue Montmartre, 139, Villes de Suisse.
Bona	*Dessinateur*	place de la Madeleine, 10.
Chatel	*Lampes modérateur,*	place d'Angoulême.
Clémençon (Madame)	*Corsets*	rue du Port-Mahon, 8
Cazal	*Cannes et ombrelles*	boulevart des Italiens, 27.
Cosmaceti	*Vinaigre de toilette.*	rue Vivienne, 55.
Constantin	*Fleurs artificielles*	rue d'Antin, 7.
Demy-Doineau	*Étoffes pour meubles*	rue Vivienne, 55.
Duvelleroy	*Éventails*	passage des Panoramas, 17.
Eau Napoléon	*Eau de toilette*	place Vendôme, 23.
Froment-Meurice	*Joaillier.*	rue du faubourg Saint-Honoré, 52.
Fessart	*Étoffes de soie.*	rue Vivienne, 11, aux deux Pages.
Groult	*Pâtes*	passage des Panoramas, 3.
Guerlain	*Parfumeur*	rue de la Paix, 15.
A. Giroux	*Papeterie*	rue du Coq Saint-Honoré.
Kiesel	*Tapissier*	boulevart du Temple, 33.
Lachaume	*Fleurs naturelles*	rue de la Chaussée-d'Antin, 46.
Lenègre	*Relieur*	rue Saint-Germain-des-Prés, 11.
Masson	*Chocolat.*	rue Richelieu, 28.
Mercier-Limet	*Boulanger-Pâtissier*	rue Taitbout, 44.
Montel Galy (Madame)	*Modes.*	boulevart des Capucines, 5.
Noel (Mesdames)	*Modes*	rue Favart, 8.
Osselin	*Papiers peints*	rue de la Monnaie, 2.
Rudolphi	*Bijoutier.*	rue Tronchet.
Sajou	*Ouvrages et dessins*	rue Rambuteau, 52.
Savary et Mosbach	*Diamants faux*	rue Vaucanson, 4.
Taban	*Coffrets et meubles*	rue de la Paix, 32.
Thomas	*Argenture.*	boulevart des Italiens, 10.
Trois-Quartiers	*Nouveautés*	boulevart de la Madeleine.
Verdière (de)	*Laiterie modèle*	rue Lamartine, 44.

HOTEL DU HELDER,

Rue du Helder, 9.

Appartements et chambres meublés. Service actif et intelligent. Proximité du boulevart, de la Bourse, de l'Assemblée, des théâtres; très bonne table.

On trouve dans l'hôtel même un restaurant et des voitures de remise.

LAMPES ET BRONZES.

CHATEL,

Place d'Angoulême.

Lampes modérateurs, d'un système simple et durable. Modèles d'une grande richesse. Modèles très simples. Genres très nouveaux. Vases et candélabres en porcelaine et en bronze. Ouvrages d'art.

MERCIER-LIMET,

Rue Taitbout, 44.

Boulangerie fine, petits pains de toutes sortes, et tout ce qui tient le milieu entre le pain et le gâteau, à l'usage des déjeuners et du thé du soir. Muffings. Pâtisserie de table. Galette de ménage. Petits Fours pour dessert. — *Spécialités :* Messinois, tartes aux fruits à l'anglaise, pour entremets. Gelées, macédoines glacées, mousses meringuées.

BLUM FRÈRES.

AUX VILLES DE SUISSE.

Rue Montmartre, 139.

Vêtements d'homme très élégants et très solides. Habillements complets de 25 à 150 fr. Costumes d'enfant : Blouses, Vestes, Tuniques et Cabans.

LES ABEILLES PARISIENNES

Paraissent le 25 de chaque mois.

PRIX pour un an.

PARIS . . . . 6 »
DÉPARTEMENTS. . . . . 10 »
ÉTRANGER.. . . . . 15 »
UNE LIVRAISON... . . . . » 50

Les abonnements ne peuvent être de moins d'un an, et datent du 25 novembre ou du 25 mai.

AVIS.

Les abonnés de Province ou de Paris qui ne recevraient pas exactement leur abonnement sont instamment priés d'en donner avis à la rédaction, rue de Milan, 12.

Pour les Abonnements :

PARIS,

Magasin de Léon Bidau et Cⁱᵉ, *boulevart des Italiens, 19;*
Maison du Cosmaceti, *rue Vivienne, 55.*

DÉPARTEMENTS

Adrésser un bon sur la Poste à Mᵐᵉ **C. AUBERT, à la rédaction,** *rue de Milan, 12.*

(Affr.)

PARIS, IMPRIMERIE DE POUSSIELGUE, MASSON ET Cⁱᵉ, RUE CROIX-DES-PETITS-CHAMPS, 29.